AF239476

6 wortstark
BASIS

Sprach-Lesebuch Deutsch
Differenzierende Ausgabe

BASIS

Sprach-Lesebuch Deutsch
Differenzierende Ausgabe

Herausgegeben von
August Busse und Peter Kühn

Erarbeitet von
August Busse, Lyane Berndt-Kroese, Beatrice Driesch-Roth,
Angelika Föhl, Irmgard Honnef-Becker, Peter Kühn
und Fritz Wiesmann

Mit Anregungen und Beiträgen von Simone Depner, Ingrid Hintz, Heiderose Lange,
Gerd Ludwig und Eleonore Preuß

westermann GRUPPE

Druck A^5 / Jahr 2019
Alle Drucke der Serie A sind im Unterricht parallel verwendbar.

Redaktion: Nicola Birkner
Herstellung: Andreas Losse
Illustrationen: Heike Heimrich, Niels Schröder und Yaroslav Schwarzstein
Umschlaggestaltung und Layout: Janssen Kahlert Design & Kommunikation, Hannover (unter Verwendung von Abbildungen: Thinkstock, Getty Images)
Satz: tiff.any GmbH, Berlin
Druck und Bindung: Westermann Druck GmbH, Braunschweig

ISBN 978-3-507-**48341**-5

10 Miteinander geht es besser

28 Geschichten liegen auf der Straße

46 Der Wald

Inhaltsverzeichnis

Inhaltsverzeichnis

wahr
rechnen
hindern
fröhlich
enden
Wahrheit
Rechnung
Hindernis
Fröhlichkeit
End

So könnt ihr mit „wortstark“ arbeiten

Wie das Buch aufgebaut ist

- In den **Themenkapiteln** (Seite 10–181) geht es – wie der Name schon sagt – um interessante Themen wie „Der Wald“, „Kinder in aller Welt“, „Internet“ oder „Fabeln“. Hier findet ihr Texte, Bilder, Aufgaben und Anregungen zum Lesen, Sprechen, Schreiben und Spielen.

1 Blaue Aufgaben bearbeitet ihr, wenn ihr bei einem Thema seid. Hier wird alles Wichtige erarbeitet.

/// Graue Hilfestellungen unterstützen euch bei der Bearbeitung der Aufgaben. Entscheidet, wann ihr sie nutzen möchtet.

2 Rote Aufgaben könnt ihr zusätzlich machen, um am Thema weiterzuarbeiten. Oft sind sie ein bisschen kniffliger als die blauen ...

3 An vielen Stellen des Buches könnt ihr auswählen, wie ihr weiterarbeiten möchtet (Wahlaufgaben a b).

In der Mitte der Themenkapitel findet ihr *Werkstattseiten*. Hier lernt ihr Schritt für Schritt, was beim Sprechen, Schreiben und Lesen wichtig ist. Am Ende der Kapitel könnt ihr überprüfen, was ihr gelernt habt – und woran ihr noch arbeiten solltet *(Überprüfe dein Wissen und Können)*. Daran schließt sich ein *Extrateil* an – hier könnt ihr am Thema weiterarbeiten und anwenden, was ihr auf den Werkstattseiten gelernt habt.

- In den drei ausführlichen **Werkstätten** im zweiten Teil des Buchs (S. 182–275) wird sprachliches „Handwerkszeug“ vermittelt, das ihr immer wieder verwenden könnt: Ihr denkt darüber nach, wie unsere Sprache aufgebaut ist, und wendet dieses Wissen an *(Werkstatt Sprache* und *Werkstatt Rechtschreibung)*. Außerdem lernt ihr wichtige *Methoden und Arbeitstechniken* wie das Führen eines Lerntagebuchs, das Überarbeiten von Texten oder das Nachschlagen im Wörterbuch.
- Im Deutschunterricht werdet ihr eine Menge lernen und nach und nach immer mehr wissen und können. Im Nachschlageteil **Wissen und Können** (S. 276–283) könnt ihr noch einmal das Wichtigste nachlesen, wiederholen und kleine Übungen dazu durchführen.

Gemeinsam lernen

- Gemeinsam lernen macht Spaß und ist oft besonders erfolgreich. Deshalb findet ihr überall im Buch Ideen, wie ihr miteinander lernen könnt, z. B.:
  - Ein Rollenspiel entwickeln (S. 17)
  - Sich einigen (S. 18)
  - Vortragen – Zuhören – Beobachten (S. 69)
  - Ein Partner-Interview führen (S. 101)
  - Gallery Tour (S. 158)
  - Texte in der Schreibkonferenz überarbeiten (S. 260–263)

Unterstreichungen im Buch? – Mit Folientechnik kein Problem!

Mit einem Buch, das dir nicht gehört oder das du ausgeliehen hast, solltest du sorgfältig umgehen. Dazu gehört auch, darin keine Markierungen und Notizen zu machen. Oft ist es aber ganz wichtig, beim Lesen Textstellen zu unterstreichen. Mithilfe der Folientechnik kannst du mit Farbstiften an Texten arbeiten, ohne dass das Buch Schaden nimmt:

- Besorge dir eine möglichst feste, klare Prospekthülle in Größe DIN-A4.
- Schneide die Prospekthülle an der Längsseite und der offenen Querseite so weit ab, dass sie die Größe einer „wortstark“-Buchseite hat. Jetzt kannst du deine Prospekthülle über eine Buchseite schieben. Probiere aus, ob du mit einer Büroklammer Buchseite und Prospekthülle an der einen offenen Kante zusätzlich zusammenheften möchtest.
- Um auf der Prospekthülle zu schreiben, brauchst du Folienstifte. Die sind nicht ganz billig. Kauft euch vielleicht zu zweit zwei oder drei wasserlösliche Stifte in verschiedenen Farben.
  Die Markierungen lassen sich mit einem feuchten Papiertuch entfernen und du kannst deine Prospekthülle immer wieder verwenden.

Miteinander geht es besser!

Überall seid ihr mit anderen Menschen zusammen. Meistens läuft es gut, doch manchmal ist man unterschiedlicher Meinung. Dann solltet ihr euch austauschen, auf andere zugehen und euch verständigen. Das Ziel ist dabei, gemeinsam nach Lösungen zu suchen, mit denen alle zufrieden sind.

In diesem Kapitel lernt ihr,

- bei Streitigkeiten gemeinsam nach Lösungen zu suchen,
- in Diskussionen Meinungen und Argumente auszutauschen,
- eure Meinung schriftlich zu formulieren und zu begründen.

Es ist nicht entscheidend,
ob du einem Menschen begegnest,
sondern **wie** du ihm begegnest.

Franz Schmidberger

1 Schaut euch die Fotos an.

▸▸ Was machen die Personen auf den Bildern? Wähle eines aus und erzähle.

▸▸ Welche Situationen kennt ihr aus eigener Erfahrung?

2 Was meint Franz Schmidberger mit seiner Aussage?
Achte auf die Wörter, die fett gedruckt sind.

▸▸ Welches Bild passt zu seiner Aussage am besten? Begründe!

Über Begegnungen nachdenken

Wenn ihr mit anderen zusammen seid, habt ihr oft mehrere Möglichkeiten zu reagieren. Manfred Mai beschreibt einige in seinem Gedicht.

Manfred Mai

Möglichkeiten

Du kannst mit deinen Worten
andere Menschen trösten
oder
sie verletzen.
Du kannst mit deinen Beinen
andere Menschen treten
oder
auf sie zugehen.
Du kannst mit deinen Armen
andere Menschen halten
oder
nur die Ellenbogen benützen.
Du kannst mit deinen Händen
andere Menschen schlagen
oder
sie streicheln.
Du kannst!

1 Lies das Gedicht erst einmal still für dich. Auf den Fotos haben Schüler versucht, das Gedicht in Standbildern darzustellen. Ordnet die Fotos den Zeilen zu.

2 a) Notiert, welche beiden Möglichkeiten Manfred Mai jeweils gegenüberstellt. Worte: trösten – verletzen… Beine: …

b) Stellt jeweils den ersten Teil jeder Strophe in einem Standbild nach und löst ihn auf zu einem Standbild, das das Gegenteil darstellt.

> **Tipp**
> *Macht nach dem ersten Bild jeweils ein Foto und überlegt, was ihr verändern müsst.*

3 Schaut euch noch einmal die letzte Zeile des Gedichts an.
Jemand meint dazu: *Manchmal gelingt mir das, aber nicht immer.*
Was sagt ihr dazu?

Die Möglichkeiten, sich zu begegnen, werden auch in vielen Redensarten thematisiert. Dabei wird durch eine bildhafte Sprache das ausgedrückt, was zwischen den Menschen passiert.

jemandem auf den Keks gehen

jemandem in den Rücken fallen

jemanden auf den Arm nehmen

etwas satt haben

eine Schraube locker haben

eine große Klappe haben

einen ersten Schritt machen

jemandem auf die Schulter klopfen

jemandem die Schuld in die Schuhe schieben

jemandem etwas vor die Füße werfen

4 Welche der genannten Redensarten kennst du?
Erzähle, in welchem Zusammenhang sie verwendet werden.

5 Klärt die Redensarten, die ihr nicht kennt, im Gespräch oder mithilfe eines Wörterbuchs.

6 Entwickelt kleine Situationen, in denen solche Redensarten geäußert werden könnten, und spielt sie vor.

7 Forscht nach, wo die Redensarten herkommen.
Nutzt dazu ein Wörterbuch.

Auszug Wörterbuch:

Mit *Hand* gibt es recht viele Redensarten:

1. *zwei linke Hände haben: ungeschickt sein.* Die Gegen-Redensart heißt: eine glückliche Hand haben;
2. *die Hände aufhalten: immer Vergünstigungen, z. B. Geld, geschenkt haben wollen;*

Über Streit nachdenken und Lösungen suchen

1 Welche Gedanken gehen dir durch den Kopf, wenn du die Überschrift „Einer gegen alle“ liest? Tauscht euch aus.

Klaus Kordon

Einer gegen alle

Enno hat lange in Peru gelebt. Zu Beginn des Schuljahres ist er mit seinen Eltern nach Bakenburg gezogen. Enno wollte nicht zurück nach Deutschland. Daher fühlt er sich in seiner neuen Umgebung nicht wohl. Auch zu seinen neuen Mitschülern findet er keinen Kontakt. Er spricht mit niemandem. Besonders Sascha fühlt sich durch Ennos Verhalten provoziert. Nur Paula, die im gleichen Haus wie Enno wohnt, möchte Enno helfen. Sie setzt sich immer wieder für ihn ein, was weder die Mitschüler noch Paulas beste Freundin Hennie verstehen.

Nach der Schule passierte genau das Gleiche wie tags zuvor. Wieder lauerten Sascha, Kevin, Dennis und der Rest der Klasse vor dem Schultor auf Enno.

„Da kommt ja der kleine Süße mit seiner Mama“, rief Sascha, als Enno und hinter ihm Paula endlich die Schule verließen. Und Kevin rief: „Er lässt sich wieder nach Hause bringen, damit er sich nicht verläuft.“

Wütend schmiss Enno seine Schultasche auf den Boden. „Ihr sollt mich in Ruhe lassen!“

„Ach ja?“ Sascha kuckte herausfordernd. „Sollen wir das?“ Und dann wollte er Enno wieder so vor die Brust stoßen, wie er es tags zuvor getan hatte. Aber diesmal war Enno schneller: Er bückte sich und rammte Sascha seinen Kopf in den Bauch, dass der zusammenknickte. Sofort wollten Dennis und Kevin sich auf Enno stürzen, aber da sprang Paula vor und breitete beide Arme aus.

„Das könnte euch so gefallen, drei gegen einen, was?“

▸▸ Wer ist hier der „Eine“, wer sind „alle“?

„Ach, jetzt hat sie wieder Angst um ihren Liebsten!"
Das hatte Hennie gerufen. Mit ganz verzückter Stimme. Und natürlich lachten nun alle und Paula wurde rot.
„Blöde Ziege!", rief sie. „Bist ja selbst verliebt. Und zwar in Dennis."
Das stimmte gar nicht mehr. Doch was Paula gesagt hatte, tat seine Wirkung: Hennie und Dennis wurden knallrot und protestierten so wütend, dass alle anderen dachten, dass die beiden doch ineinander verliebt waren. Paula lachte zufrieden – und da sagte Hennie etwas, das Paula ihr nie, nie im Leben verzeihen würde. Sie sagte: „Na ja, wenn eine schon Kussmaul heißt, dann lügt sie auch."
Hennie tuschelte noch ein bisschen mit Marie und ging schließlich mit ihr fort. Auch das war Absicht. Ausgerechnet mit Marie ging sie fort; Marie, mit der Paula fast immer im Streit lag, weil sie sich ständig beim „Steinchen" einschleimte.

- ⏩ Was ist hier passiert?
- ⏩ Wie geht es wohl weiter?

Sascha, der sich von dem Kopfstoß erholt hatte, stürzte sich erneut auf Enno. Enno wehrte sich, doch er hatte keine Chance gegen den viel größeren Sascha. Wieder wollte Paula eingreifen. Sie konnte nicht mit ansehen, wie hart Sascha zuschlug. Aber jetzt hielten Kevin und Dennis und auch Tayfun, Markus und Dimi sie fest. „Misch dich nicht ein!", drohten sie ihr. „Einer gegen einen, das ist fair." Das war nicht fair! Wie konnte das denn fair sein, wo Sascha doch so viel stärker war als Enno? Und wo es doch in Wahrheit nicht einer gegen einen, sondern eine ganze Klasse gegen einen ging. „Hört auf!", schrie Paula. „Hört alle beide auf!" Enno sollte nicht denken, sie hätte ganz allein um ihn Angst. Doch Sascha hörte nicht auf, auf Enno einzuschlagen. Und Enno versuchte zurückzuschlagen, bis Sascha wieder auf seinem Bauch saß und von oben auf ihn herabtrommelte. Diesen Anblick aber hielt Paula ganz und gar nicht aus. Sie riss sich so heftig los, dass die fünf Jungen, die sie festhielten, beinahe hingestürzt wären, und zerrte Sascha von Enno weg, „Es reicht!", schrie sie ihn dabei an. „Du hast gewonnen. Was willst du denn noch mehr?"

- ⏩ In welcher Situation greift Paula ein?

Enno stand auf, schnupfte Blut in sein Taschentuch und blickte finster um sich. Er sah schlimm aus. Zwei Veilchen würden blühen, das sah man jetzt schon, und seine Lippen und eine Backe waren auch aufgeplatzt. Doch er sagte kein Wort, spuckte nur seinen Kaugummi aus, schnupfte noch ein paar Mal, nahm seine Schultasche und ging.

Sofort lief Paula ihm nach. „Soll ich deine Tasche tragen? Ist es sehr schlimm?“ Das war zu viel für Enno. Er blieb stehen und schrie sie mit wutverzerrtem Gesicht an. „Hau doch endlich ab! Ich brauch dich nicht. Du bist eine richtige Zecke! Nie wird man dich los.“ Schrie es, starrte sie noch kurz mit bösen Augen an und stürzte schließlich davon.

2 Schreibt die Namen der Schüler aus der Geschichte auf Zettel.
- Ordnet die Zettel dann so, dass man erkennt, wer auf wessen Seite steht.
- Schreibt auch auf, **wie** die Kinder zueinander stehen.
  Vergleicht eure Lösungen.

ist wütend auf … — *…*

Paula — *Sascha*

3 Beantwortet die Fragen mithilfe der passenden Textstellen:
- Wie provozieren Sascha und Kevin den Streit?
  Zeile 3 bis 6: Sascha und Kevin …
- Wie endet der Konflikt zwischen Paula und Hennie?
  Zeile 26 bis 29: …
- Warum findet Paula die Prügelei nicht fair?
  Zeile 41 bis 45: …
- Warum ist Enno am Ende wütend auf Paula?
  Zeile 56 bis 60:

4 Versucht, im Rollenspiel Lösungen für das Ende der Geschichte zu finden.

- Lest dazu den letzten Textabschnitt auf Seite 16 (Z. 46-60) noch einmal. Arbeitet dann in Gruppen.
- Arbeitet nach der Methode „Ein Rollenspiel entwickeln“ und spielt die Szene zuerst einmal so, wie sie im Text steht. Benutzt dazu die Rollenkarten.

Methoden und Arbeitstechniken

Gemeinsam lernen: Ein Rollenspiel entwickeln

1. Legt eure Spielideen fest:
   - die Rollen
   - die Spielszene
2. Spielt die Szene.
3. Wertet die Spielszene aus:
   - Wie haben sich die Spieler in ihrer Rolle gefühlt?
   - Was war nach Meinung der Zuschauer gelungen?
   - Was könnte verbessert werden?
     Tipp: Manchmal kann man seine Vorschläge besser vermitteln, indem man sie vorspielt.
4. Macht mehrere Spielversuche und berücksichtigt eure Auswertung.

Rollenkarte Paula:
Du bist Paula. Enno tut dir leid. Um ihm zu helfen, stellst du dich gegen alle und bekommst sogar Krach mit deiner besten Freundin Hennie. Doch Enno beschimpft dich und lässt dich einfach stehen.

Rollenkarte Enno:
Du bist Enno. Du fühlst dich in der Klasse nicht wohl und wirst von den Mitschülern gemobbt. Gerade haben sie dich wieder verprügelt. Paulas Hilfe nervt dich, denn sie macht in deinen Augen alles noch viel schlimmer.

5 Sucht gemeinsam eine Lösung, mit der alle leben können, und spielt sie im Rollenspiel vor.

6 Wähle eine Aufgabe aus.

a Paula schreibt nach der Prügelei einen Brief an Enno.

b Enno schreibt über die Prügelei in sein Tagebuch.
Verwende die Ich-Form.

Miteinander diskutieren und sich einigen

Für die Klasse 6c steht in einigen Wochen der Wandertag an. Die Meinungen über das Ausflugsziel gehen weit auseinander. Ein Besuch im Kino, eine Wanderung zur Burg Schroffenstein, ein Besuch des Freizeitparks oder gemeinsames Grillen in der Waldhütte stehen zur Diskussion. Um zu einer Entscheidung zu kommen, nutzen die Schüler die Arbeitstechnik „Sich einigen“.

– Sitzordnung?
– Klassenfest?
– Beitrag beim Schulfest / Sporttag?
– …

1 Diskutiert darüber, wohin euer Klassenausflug gehen soll. Ihr könnt auch ein eigenes Thema suchen.

2 Führt die Diskussion nach der Methode „Sich einigen“ durch.

Methoden und Arbeitstechniken

Sich einigen

1. Bildet Kleingruppen und wählt in jeder Gruppe einen Diskussionsleiter. Sammelt eure Vorschläge und schreibt sie auf Kärtchen.
2. Jeder versucht, die anderen von einer der Ideen zu überzeugen.
3. Am Ende des Gesprächs lässt der Diskussionsleiter über die einzelnen Vorschläge mit Handzeichen abstimmen.
4. Die Idee mit den meisten Stimmen ist der Vorschlag, der der Klasse gemacht wird.
5. Nun werden die Vorschläge der einzelnen Gruppen an der Tafel gesammelt.

Tipp

Beachtet die Gesprächsregeln! (siehe Wissen und Können, Seite 272)

Überlegt, ob ihr jemanden bestimmt, der das Gesprächsverhalten beobachtet und bewertet.

6. Die Diskussionsleiter der Gruppen diskutieren nun vor der Klasse die Vorschläge. Sie versuchen, für ihren Vorschlag eine Mehrheit zu finden.
7. Am Ende stimmt die ganze Klasse über die Vorschläge ab. Jeder darf neu abstimmen. Das Ergebnis wird an der Tafel festgehalten.

Nutzt beim Diskutieren Formulierungen aus dem Ideenspeicher:

Formulierungshilfen für Gesprächstbeiträge:

So leitest du einen Gesprächsbeitrag ein:	*„Ich meine, dass …“* …
Du möchtest etwas noch genauer wissen:	*„Kannst du das noch einmal wiederholen?“* *„Was meinst du mit …“* …
Du bist mit jemandem einer Meinung:	*„Ich bin derselben Meinung wie …“* …
So widersprichst du einer Meinung:	*„Dagegen spricht, dass …“* *„Dieser Meinung bin ich nicht, weil …“* …
Du willst jemanden überzeugen:	*„Findest du nicht auch, dass …“* *„Siehst du auch, dass …“* …

3 Wertet die Diskussion aus:
- Was hat gut geklappt?
- Seid ihr gut aufeinander eingegangen? Woran wurde das deutlich?
- Was ist weniger gut gelungen?
- Was wollt ihr verbessern?

Schriftliche Stellungnahmen formulieren

Wenn man etwas für sich oder andere erreichen will, geht das oft am besten mit einem Brief. Dabei muss man wissen, dass es nicht einfach darum geht, etwas zu fordern oder zu behaupten. Man muss seine Meinung durch überzeugende Argumente stützen. Wie dir dies gelingt, kannst du in dieser Werkstatt üben. Lies dazu zunächst den Brief, den der Schulleiter der Bergschule an seine Schüler geschrieben hat.

Kirchheim, den 06.09.20...

Liebe Schülerinnen und Schüler,

nach den schlechten Erfahrungen im letzten Schuljahr möchte ich in diesem Jahr keine Disco an unserer Schule erlauben.

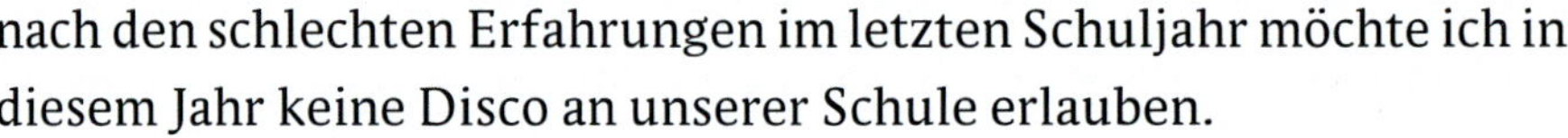

Unsere Schule ist auf ein gutes Verhältnis zur Nachbarschaft angewiesen, was aber gerade durch die Disco gefährdet worden ist. So haben Schülergruppen die Vorgärten der Nachbarn mit Müll verunreinigt.
Die Kolleginnen und Kollegen unserer Schule fühlten sich sowohl bei der Aufsicht als auch beim Aufräumen im Stich gelassen. Das vereinbarte Helferteam war nur in geringem Umfang ansprechbar. Als zusätzliches Problem erwiesen sich Schüler anderer Schulen, die sich nicht an die vereinbarten Regeln hielten.
Natürlich weiß ich, dass die Einnahmen aus der Disco für die SV wichtig sind, da sie damit viele wichtige Projekte, wie beispielsweise die Spielekisten, finanziert. Aber vielleicht lassen sich da andere Möglichkeiten finden.
Aufgrund dieser Überlegungen kann eine Disco in diesem Schuljahr nicht stattfinden.

Mit freundlichen Grüßen
A. Meier
Schulleiter

Die Klassensprecher der Bergschule sitzen im Schülerrat zusammen und sprechen über den Brief:

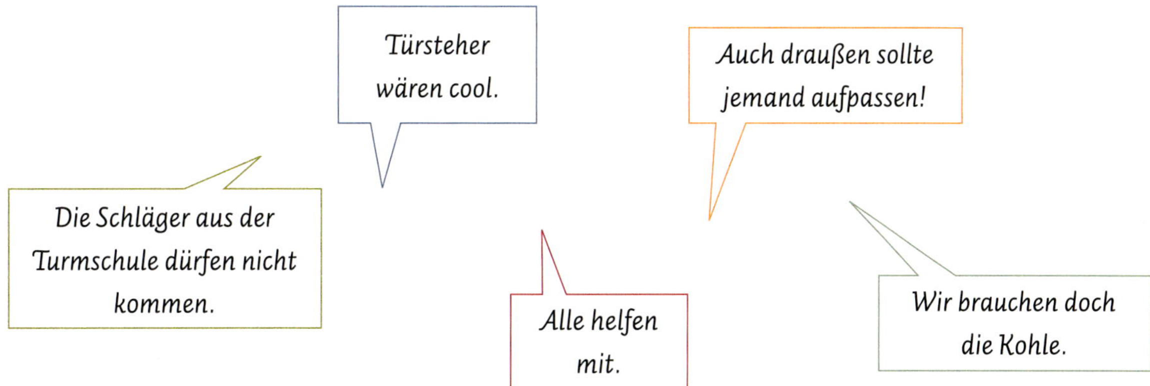

1 Der Schülersprecher notiert die wichtigsten Gesichtspunkte. Ergänzt seine Notizen.
- *die Einnahmen sind wichtig für die SV*
- *nur Schüler der eigenen Schule dürfen kommen*
- *Helferteam verbindlich festlegen*

Du sollst jetzt den Brief für den Schülervertreter schreiben. Versuche, den Schulleiter davon zu überzeugen, die Disco doch stattfinden zu lassen.

Schritt 1: Das Schreiben vorbereiten – Gesichtspunkte sammeln und auswählen

2 Welche Gesichtspunkte aus dem Ideenspeicher **A** sind besonders gut dazu geeignet, den Schulleiter zu überzeugen? Wähle zwei aus. Du kannst auch eigene Ideen ergänzen.

A Gesichtspunkte, die für die Disco sprechen:
- *die Disco stärkt das Gemeinschaftsgefühl*
- *Ärger mit fremden Schülern ist vermeidbar*
- *Schüler lernen Verantwortung zu tragen, zu planen und zu organisieren*
- …

Schritt 2: Das Schreiben vorbereiten – Gesichtspunkte zu einem Argument ausbauen

3 Baue deine Gesichtspunkte zu überzeugenden **Argumenten** aus. Nutze dazu Ideen aus dem Ideenspeicher **B** und Formulierungshilfen aus Ideenspeicher **C**.

B Ideen, um Gesichtspunkte zu Argumenten auszubauen:
- *Einlass beschränken durch Eintrittskarten*
- *Organisationsteam erstellt einen Helferplan*
- *gemeinsames Feiern verringert Konflikte*

C Formulierungshilfen:
Es ist sinnvoll die Disco durchzuführen, denn dies stärkt das Gemeinschaftsgefühl und verringert Konflikte. ..
denn ... Wir könnten ..., damit ...
Außerdem ...

Schritt 3: Den Brief entwerfen – die Ideenspeicher nutzen

4 Schreibe nun einen Entwurf des Briefes. Nutze die Wortspeicher **D** und **E**.

a) Schreibe zuerst Ort und Datum oben rechts in den Briefkopf. Setze zwischen Orts- und Zeitangabe ein Komma.
b) Wähle eine passende Anrede: *Sehr geehrter ...*
c) Formuliere in einer neuen Zeile, worum es geht (Ideenspeicher **D**).
d) Mache einen Absatz und begründe euer Anliegen. Nutze dazu deine Argumente.
e) Wirb zum Schluss noch einmal für dein Anliegen (Ideenspeicher **E**). Beginne dazu eine neue Zeile.
f) Beende den Brief mit einer passenden Grußformel.

D Einleitungssätze:
- *Die SV wendet sich heute an Sie mit der Bitte ...*
- *In der SV-Sitzung haben wir über Ihr Disco-Verbot gesprochen ...*
- *Wir haben eine große Bitte ...*

E Schlusssätze

- *Wir bitten Sie, ...*
- *Wir wünschen uns, dass ...*
- *Wir werden Ihnen zeigen, dass ...*
- *Geben Sie uns die Chance ...*

5 Du kannst in deinem Brief zusätzlich auf die Argumente des Schulleiters eingehen und diese entkräften. Schau dir dazu noch mal den Brief des Schulleiters auf Seite 20 an.

Schritt 4: Den Entwurf überarbeiten – eine Checkliste nutzen

6 Lies deinen Entwurf durch und überprüfe ihn mit der Checkliste.

Tipp: Du kannst den Entwurf auch in einer Schreibkonferenz vorstellen und dir Tipps einholen. Hinweise dazu findest du auf Seite 260-263.

Checkliste
zur Überarbeitung eines Briefs:
Du hast ...
- in der Einleitung gesagt, worum es in dem Brief gehen soll?
- Gesichtspunkte mit guten Ideen zu Argumenten ausgebaut?
- im Hauptteil eigene Argumente zum Thema vorgetragen?
- im Schlusssatz das Anliegen wiederholt und verstärkt?
- Formulierungen gefunden, die zum Adressaten (Schulleiter) passen?
- Anredepronomen großgeschrieben?
- alle formalen Vorgaben des Briefs erfüllt?

→ Hilfen und Übungen zur Großschreibung von Anredepronomen findest du in der Werkstatt Rechtschreibung auf Seite 246/247.

Schritt 5: Die Reinschrift anfertigen

Tipp
Nutze den Computer für den Brief. Die Unterschrift soll aber trotzdem handschriftlich und lesbar sein.

7 Fertige nun die Reinschrift an. Schreibe den Brief sorgfältig auf ein unliniertes Blatt Papier.

Schriftliche Stellungnahmen formulieren

Euer Schulhof soll neu gestaltet werden. Auch die Schüler sollen Vorschläge dazu machen. Bisher war das Ballspielen im Schulhof nicht erlaubt, weil es immer wieder zu Unfällen kam.

1 Du setzt dich für das Ballspielen in der Hofpause ein und schreibst einen Brief an die Schulleitung. Nutze dazu die Anregungen aus dem Ideenspeicher. Du kannst aber auch eigene ergänzen.
Beachte die Briefform.

Das könnte wichtig sein:
- *Bewegung in der Pause ist wichtig*
- *Ballspiele stärken das Wir-Gefühl*
- *Bewegung ist gut für die Konzentration*
- …
- *gemeinsame Spiele sind soziales Training*
- *viele Schüler leiden unter Bewegungsmangel*
- *Ausgleich für das Sitzen im Unterricht*
- …

Das kann ich schon!

✔ meine Meinung mit Argumenten begründen
✔ eine schriftliche Stellungnahme in einem Brief verfassen
✔ einen Brief mit einer Checkliste überarbeiten

→ Wenn du noch einmal üben möchtest, eine Stellungnahme in einem Brief zu verfassen, bearbeite **EXTRA** Seite 25/26.
→ Du kannst auch noch einmal in der **Werkstatt** (Seite 20-23) üben.
→ Wenn du gern diskutierst, wähle eine der Aufgaben in **EXTRA** Seite 27.
Lass dich in jedem Fall von deiner Lehrerin oder deinem Lehrer beraten.

Einen Brief mit einer Stellungnahme schreiben

Ärger an der Tischtennisplatte ist in der Bergschule in den Pausen leider die Regel. Meist spielen dieselben Schüler und lassen die anderen nicht an die Platte. Die Schüler der Klasse 6b haben im letzten Klassenrat beschlossen, einen Brief an den Schulleiter zu schreiben und sich dafür einzusetzen, einen Spielplan für die Benutzung der Platte aufzustellen. Der Klassensprecher Paul hat sich schon einige Gesichtspunkte **(A)** *und Ideen zur Verdeutlichung* **(B)** *notiert.*

A

a) Es gibt keinen Ärger mehr in den Pausen.

__ Die jüngeren Schüler fühlen sich nicht mehr untergebuttert.

__ Ältere Schüler könnten die Aufstellung und Einhaltung des Plans übernehmen.

__ Am Anfang sollten Lehrer aufpassen, dass alles klappt.

B

__ Alle Schüler, auch die älteren, lernen, sich an Regeln zu halten.

a) So wird das Schulklima insgesamt verbessert.

__ Dadurch lernen die Schüler zu planen und zu organisieren.

__ Nach einiger Zeit wird alles gut klappen.

1 Paul hat durch den Buchstaben a) versucht, einen Gesichtspunkt mit einer passenden Verdeutlichung zu verbinden. Ordne ebenso (Folie).

2 Bilde mit den Zuordnungen Sätze und baue sie in Pauls Briefentwurf (Seite 26) ein.

Kirchheim, den 20.10.20...

Sehr geehrter Herr ...,
ich schreibe Ihnen heute im Namen der Klasse 6b und möchte Ihnen einen Vorschlag machen, wie ... Durch den Spielplan wäre gesichert, dass .... , weil ... Dadurch würde ... Keiner würde ... . Es wäre gut, wenn ... , denn ...Wir ..... Ein Lehrer könnte ..., da .... Später ... Bitte lassen Sie mich wissen, ob ...

3 Schreibe nun den ganzen Brief für Paul.
- Du kannst Pauls Entwurf verwenden.
- Natürlich darfst du auch eigene Ideen ergänzen.
- Nutze auch Satzanfänge aus dem Kasten.

In unserer Klasse wird darüber gesprochen, dass ...
Im letzten Klassenrat wurde beschlossen, ...
Sicherlich wissen Sie, dass ...
Vielleicht ist es möglich, ...
Ich möchte Sie bitten, unser Anliegen ...

4 Stelle deinen Brief einem Mitschüler vor. Nutzt zum Überprüfen die Checkliste auf Seite 23.

5 Schreibe den Brief auf ein unliniertes Blatt Papier oder am Computer. Denke daran, nach den einzelnen Teilen des Briefes Absätze zu machen.

Mit guten Ideen überzeugen

Einige Schülerinnen und Schüler der Klasse 6a sitzen in der Freizeit im Schülercafé zusammen. „Immer hängen wir hier rum – ist doch langweilig“, meint Lara. „Dieses Schülercafé ist echt öde“ antwortet Tim, „aber was sollen wir sonst machen?“ „Die ganze Schule ist öde, überall Dreck in den Ecken und dann noch das dauernde Rumspucken von einigen Mitschülern“, sagt Zilan. „Eigentlich sollten wir was ändern“, meint auch

Timo. Lara entgegnet: „Ich hab eine Idee: Ich schreib mal auf, wie ich mir die Schule wünsche: Disco in der Freizeit, interessante Zeitschriften in der Bücherei, Döner am Schulkiosk und und und ... Wenn ich das gut begründe, können wir ja vielleicht mal mit dem Schulleiter diskutieren." Timo sagt: „Da entwerfe ich lieber ein Diskussionsplakat für die SV-Wand. Ich erkläre, warum ich das Spucken so eklig finde und lade alle Interessierten zu einer Diskussion zu diesem Thema in der Freizeit ein."

1 Entwirf das Diskussionsplakat für Timo.

2 Was stört dich an deiner Schule? Kannst du das auch begründen? Hast du Ideen, wie deine Schule noch besser werden könnte? Findest du Argumente, mit denen du deine Vorschläge verdeutlichen könntest?

3 Wähle eine Aufgabe aus.

a Entwirf ein Plakat für deine „Wunsch-Schule".

b Sammle Ideen für deine „Wunsch-Schule". Schreibe sie auf und begründe sie.

Ideen und Anregungen:

→ Führt immer wieder Gesprächsrunden als **Positiv-Runden** durch: „Was hat dir heute/in der letzten Woche gut gefallen?" Was gestört hat, bleibt außen vor. Das geht ohne große Vorbereitung. Solche Positiv-Runden fördern das gute Klassenklima.

→ Was tut ihr, wenn es Probleme in der Klasse gibt? Erinnert euch an den **Klassenrat**. Er ist eine gute Möglichkeit, das Miteinander in der Klasse zu fördern und gemeinsame Lösungen zu finden.

→ Richtet eine **Pinnwand** ein, auf der ihr euch regelmäßig zu aktuellen Schulthemen äußern könnt.

→ Spielt ein **Diskussionsspiel**: Sammelt gemeinsam zu einem bestimmten Thema Meinungen, Gesichtspunkte und Beispiele. Arbeitet dann zu dritt. Einer schreibt eine Meinung auf, der nächste ergänzt einen wichtigen Gesichtspunkt und der dritte ein Beispiel.

Geschichten liegen auf der Straße

Uwe Kant

Der Geschichtenmacher

Jeden Morgen geht der Geschichtenmacher ein bisschen spazieren. So sieht es aus. In Wirklichkeit geht er Geschichten suchen. Die Leute haben gesagt: Geschichten liegen auf der Straße. Der Geschichtenmacher möchte sie finden.

Er nimmt eine große Tüte mit. Ach was, sagt der Geschichtenmacher, die Tüte ist für die frischen Brötchen da. Einmal haben ihn eine uralte Frau und ein uralter Mann nach dem Weg zum Hochzeits-Büro gefragt. Er hat gesehen, wie vier Feuerwehrleute einen angefrorenen Schwan vom Fluss geholt haben. Zu Haus jedoch waren jedes Mal nur Brötchen in Geschichtenmachers Tüte. Aber im Kopf hat er überlegt: Was wollten die Uralten auf dem Hochzeits-Büro? Haben die vier Feuerwehrleute nichts Wichtigeres zu tun?

Manchmal bekommt er etwas heraus und schreibt es auf. So machen es die Geschichtenmacher schon lange und überall. Deshalb gibt es so viele Geschichten auf der Welt. Und eben – hast du gehört – ist vielleicht eine neue dazugekommen.

Könnt ihr auch so gut Geschichten erzählen wie der Geschichtenmacher, über ganz alltägliche Dinge? Um so zu erzählen, dass andere euch gespannt zuhören, braucht ihr allerdings Kniffs und Tricks. Einige davon werden euch in diesem Kapitel vorgestellt.

In diesem Kapitel lernt ihr,

- eigene Geschichten zu erfinden und auszugestalten,
- beim Erzählen Spannung aufzubauen und aufrecht zu erhalten,
- spannende Geschichten schriftlich zu formulieren,
- eigene Geschichten zu überarbeiten.

1 Betrachtet die Bilder und tauscht euch aus:
- Wovon könnten die Erzähler den Zuhörern erzählen?
- Was geht den Zuhörern wohl gerade durch den Kopf?

2 Wann hört ihr anderen gerne zu? Erzählt von euren Erfahrungen mit dem Erzählen und Zuhören.

3 Lest noch einmal den Text „Der Geschichtenmacher“.
- Wodurch findet der Geschichtenmacher seine Geschichten?
- Habt ihr das auch schon einmal so erlebt? Erzählt davon.

4 Wenn ihr selbst gerne Geschichten erzählt, könnt ihr eine spontane „Erzählstunde“ einlegen.

Geschichten erfinden und mündlich erzählen

Ideen zu einer Geschichte entstehen ganz unterschiedlich. Manchmal braucht man eine erste Anregung. Das kann z. B. ein Bild oder ein Textabschnitt sein, aus dem sich Fragen ergeben.

A

B

„Psst!“, zischte Paula. Gerade als der Mond eine breite Lücke zwischen den Wolken erwischte und der alte Hühnerstall in seinem Licht deutlich zu sehen war, quietschte eine Tür. „Die Hintertür!“, flüsterte Peter. „Psst!“, machte Paula wieder. Sie hörten Schritte, die langsam am Haus entlang schlurften. Paula hörte dazu ihr Herz wie rasend klopfen. Da! Eine gebückte Gestalt bog um die Ecke.

Wer kommt da?

Was will die Person am Haus?

C

Als das Wasser zurückging, lösten sich die Kinder aus ihrer Erstarrung. Lukas schluchzte leise und Dimitri legte den Arm um ihn. „Keine Angst, es ist vorbei!“, sagte er beruhigend. Aber seine Stimme zitterte dabei ein wenig und er drückte Lukas ganz fest an sich.

Was ist vorher im Wasser passiert?

Warum weint Lukas?

D

Wer hat den Hund festgebunden?

Ob ihn wohl jemand mitnimmt?

1 Wähle aus den vier Anregungen **A–D** eine und gestalte sie zu einer Geschichte aus.
- Welche der Fragen sind wichtig für deine Geschichte? Schreibe sie auf.
- Notiere weitere Sprechblasen mit eigenen Fragen.
- Erzähle jeweils in zwei Sätzen, was vorher passiert sein könnte und was als nächstes passieren könnte.

➜ *Wenn ihr euch untereinander austauschen wollt, nutzt die „Ich-Du-Wir“-Methode, siehe Wissen und Können, Seite 282.*

2 Setzt euch in Gruppen zusammen und erzählt euch gegenseitig eure Geschichten.
- Denkt dabei auch daran, eure Stimme einzusetzen. Wechselt z. B. Lautstärke und Sprechtempo.
- Besprecht anschließend, woran es lag, dass ihr gern zugehört habt, und was ihr beim nächsten Mal verbessern wollt.
- Macht daraus einen Erzählwettbewerb in eurer Klasse. Jede Gruppe hat eine Stimme und entscheidet, welche Geschichte am besten erzählt wurde.

Von einem Profi lernen

An einem Beispiel könnt ihr hier entdecken, wie man Alltägliches möglichst spannend beschreiben kann.

Doris Meißner-Johannknecht

Geisterhaus oder: Das Grauen lauert hinter der Tür

Arvid ist gerade mit seinen Eltern in eine fremde Stadt gezogen. Alles ist neu: die Stadt, die Schule, das Haus. Das neue Haus ist Arvid von Anfang an unheimlich und viel zu groß. Weil seine Eltern arbeiten, kommt Arvid jeden Tag nach der Schule in das leere Haus. Arvid glaubt, dass sich jemand dort aufhält.

Zum Glück bin ich gleich da.
Besuch?
Vor unserem Haus steht ein Wagen.
Alles andere als unauffällig.
Mein absolutes Lieblingsmodell!
Passt überhaupt nicht in die Gegend.
Zu unserem Haus schon eher.
Am Steuer sitzt jemand.
Und dieser Jemand fährt jetzt einfach davon.
Mit diesem VW-Käfer.
Aus den Sechzigern.
In Moosgrün.
Wer war das?
Ich steck den Schlüssel ins Türschloss.
Dreh nach links.
Die Tür springt auf.
Komisch!
Ich hatte abgeschlossen!
Zweimal sogar!
Da bin ich sicher!
Absolut!
Ist schon jemand zuhause?

Wer sitzt eigentlich in dem Auto?

Das erfährt man gar nicht! Und wieso fährt derjenige einfach davon?

Mir fällt auf, dass es viele kurze Sätze gibt und viele Fragen gestellt werden.

Kann das sein?
Nein!
„Um fünf sind wir zurück!“ haben sie gesagt.
„Frühestens um fünf!“
Und der alte Volvo steht auch nicht in der Einfahrt …
Was bedeutet das?
Mir bricht der Schweiß aus.
Mein Herz beginnt zu rasen.
Die Angst sitzt mir im Nacken …
Vielleicht hab ich’s vergessen?
Hab nur gedacht,
dass ich abgeschlossen habe?

1 Zwei Schüler haben einige Eindrücke zum Text in Sprechblasen festgehalten. Ergänzt die Sprechblasen mit euren Eindrücken.
Was befürchtet Arvid? Wie fühlt er sich? Was würdest du an seiner Stelle tun?

2 Der Jugendbuchauszug enthält wichtige „Spannungsmacher“:
Nutzt die Checkliste und untersucht die Spannungsmacher.
- Sucht nach Beispielen für die Spannungsmacher. Begründet sie.
- Auch die Überschrift ist ein Spannungsmacher. Welche Erwartung wird durch sie geweckt?

Checkliste
Spannungsmacher

a) Man erfährt als Leser nicht genau, was passiert ist und kann auch nicht vorhersehen, was als nächstes passieren wird.
b) Die Figuren drücken ihre Ängste und Vermutungen aus. Erst dadurch wird die Geschichte für den Leser spannend.

Tipp
Bereite den Lesevortrag vor. Beachte dazu die Hinweise in Wissen und Können auf *Seite 272.*

3 Trage den Abschnitt so vor, dass die Spannung zum Ausdruck kommt.

Selber Geschichten schreiben

Reise-Enten: Eine Erzählidee entwickeln und aufschreiben

Stellt euch vor, ihr seid am Meer. Am Strand findet ihr plötzlich viele bunte Plastikenten. Unmöglich? Von wegen. Vor einigen Jahren hat ein Containerschiff im Sturm Ladung verloren, darunter einen Container mit 29.000 Plastikenten. Was so eine Ente unterwegs auf dem Meer wohl alles erlebt hat und wo und von wem sie gefunden wird? Ein ganz schön aufregendes Entenleben!

Dazu sollt ihr nun selber Geschichten schreiben.

Tipp
Ein guter Erzähler kennt das Ende seiner Geschichte von Anfang an. Achte darauf, von Anfang an auf ein Ende hin zu erzählen und nicht einzelne Ereignisse bloß aneinander zu reihen.

1 Überlege dir zunächst, was du erzählen willst.
- Du kannst aus verschiedenen Ideenspeichern auf der nächsten Seite wählen: aus Satzanfängen, Bildern und Schreibhinweisen.
- Selbstverständlich kannst du die Ideenspeicher auch durch eigene Ideen ergänzen. Übertrage sie dazu in dein Heft.
- Entscheide, ob du aus der Sicht der Ente oder aus der Er-Perspektive schreiben willst.

2 Überlege dir, wie du deine Geschichte spannend erzählst:
- An welchen Stellen erwartet oder befürchtet der Leser etwas?
- Gibt es ein Geheimnis, das der Leser erst am Schluss erfahren soll?

Schreibhinweise:	Bilder:	Satzanfänge:
Wie die Reise begann …		*Seit vielen Tagen trieb die Ente auf dem Meer. …*
Was die Ente dabei erlebte und fühlte …		*Unterwegs begegnete die Ente einem riesigen Wal …*
Eine gefährliche Begegnung …		*Einmal sah die Ente ein großes Kreuzfahrtschiff, auf dem …*
Eine unbekannte Küste …		*Endlich entdeckte sie am Horizont eine Insel …*
Wer die Ente schließlich fand …		*Ein Junge fand die Ente …*
Eine Überraschung am Schluss …		*Die Ente freute sich über das Wiedersehen mit …*

Tipp
Beachtet zur Schreibkonferenz die Hinweise in der Werkstatt Methoden und Arbeitstechniken auf Seite 260-263.

3 Schreibe deine Entengeschichte auf. Denke an eine Überschrift.

4 Lest eure fertigen Geschichten in einer Schreibkonferenz vor und gebt euch eine Rückmeldung.

Eine spannende Geschichte überarbeiten

Wenn du eine Geschichte oder einen Teil davon noch einmal liest, entdeckst du vieles, was schon ganz gut gelungen ist. Manches kann man aber auch noch verbessern. In dieser Werkstatt erfährst du, wie du eine Geschichte noch spannender machen kannst. Die Textbeispiele stammen aus „Entengeschichten“, die Schüler sich in einer Schreibkonferenz vorgestellt haben.

Schritt 1: Gelungenes und weniger Gelungenes entdecken

1 Eine Schülerin hat nach einer Einleitung ihre Geschichte so weiter geschrieben:

... Ich war schon tagelang unterwegs. Ich sah nichts anderes als Wasser um mich herum. Mir war sehr langweilig.

– Lies Kims Sätze. Was gefällt dir und ist gelungen? Sprich darüber mit einem Mitschüler.

2 Nach einer Überarbeitung klingt ihr Text so:

... Als ich nach einem Monat immer noch kein Land gesehen hatte, wurde ich ganz traurig und fühlte mich auf dem riesigen Ozean sehr einsam. Ich sah von morgens bis abends nur Wasser und dachte: „Wo bin ich?“.

– Welche Tipps zur Überarbeitung hat die Schülerin wohl erhalten? Schreibe sie auf.

Schritt 2: Überarbeitungsstrategien zur Verbesserung nutzen:
Eine Geschichte erweitern, etwas streichen, umstellen, ersetzen

Mehr zu diesen Überarbeitungsstrategien steht in der Werkstatt Sprache auf Seite 206-211.

3 Lies den Schülertext und Sonjas Kommentar dazu in der Textlupe.

Was eine Textlupe ist, steht in der Werkstatt Methoden und Arbeitstechniken auf Seite 261-263.

Die Ente wurde von einer Welle an den Strand geworfen. Ein Junge fand die Ente und nahm sie mit nach Hause. Was die Ente aber nicht wusste: Der Junge, der die Ente fand, war der Sohn eines berühmten Hollywood-Schauspielers.

Textlupe

Tipps von:	Das gefällt mir an deinem Text:	Hier fällt mir etwas auf, hier stört mich etwas:	Meine Tipps:
Sonja	*Dass der Junge berühmt ist, ist eine gute Überraschung.*	*Dass du die Überraschung nur in einem Satz beschrieben hast.*	*Mit mehr Fantasie über den Jungen schreiben.*

4 An welchen Stellen kann man den Text **erweitern**?
– Markiere sie mit dem passenden Korrekturzeichen (Folie).

5 Wie könnte die Überraschung noch besser gelingen?
Rege deine Fantasie an.

Tipp: Lies dazu noch einmal auf der Seite 33 nach, was du dort über spannendes Erzählen erfährst.

6 Erweitere jetzt die Geschichte mit deiner Fantasie und schreibe in einigen Sätzen auf, wie die Ente das Haus des Jungen zum ersten Mal sah und was sie dabei dachte.
- Wähle aus dem Ideenspeicher aus.
- Finde eigene Formulierungen.

Ideen und Formulierungshilfen:

- *eine große Limousine stand vor der Eingangstür*
- *ein Diener öffnete dem Jungen die Tür*
- *Fotos und Filmplakate hingen an den Wänden*

- *plötzlich ...*
- *völlig unerwartet ...*
- *im nächsten Augenblick*

- *... stockte der Atem*
- *... bekam vor Staunen den Mund nicht mehr zu*
- *... stieß einen Freudenschrei aus*
- *... glaubte zu träumen*

Tipp
Manchmal musst du auch noch ein Wort ergänzen oder im Satz umstellen.

7 Mache nach jedem Satz, den du ergänzt, die Klangprobe: Lies dir jeden Satz laut vor. Lies auch den vorhergehenden Satz und den nachfolgenden Satz. Dann hörst du besser, ob die Sätze zusammenpassen.

8 Wähle aus den folgenden beiden Textbeispielen eines aus und überarbeite es:
- Finde Gelungenes und weniger Gelungenes.
- Nutze Überarbeitungsstrategien und verbessere den Text.

Beispiel 1:

Die Ente war lange Zeit auf dem Meer und wäre fast von einem Hai gefressen worden. Und er merkte, dass sie nur aus Plastik war, und drehte ab. Sie war in Frankreich und England. Und jetzt ist sie in Amerika. Und dort lebt sie bei einer Entenfamilie im Central Park von New York.

Beispiel 2:

Der Junge öffnete die Tür und die Ente sah auf einem Regal zwanzig andere Plastikenten. Er setzte die Ente zu den anderen auf das Regal und sie war nicht mehr allein.

Eine spannende Geschichte überarbeiten

1 Lies Tinas Geschichte.

Gestern in der Schule war plötzlich mein Portemonnaie weg. In der letzten Stunde wurde Geld eingesammelt, da hatte ich es gemerkt. Ich suchte überall, unter dem Tisch, in den Taschen. Nichts. Meine Klassenkameraden halfen mir. Aber das Portemonnaie blieb verschwunden. Traurig ging ich nach Hause. Was würden meine Eltern schimpfen! Da hatte ich eine Idee. Ich lief zurück in die Turnhalle. Hatte ich es dort nicht auf die Bank gelegt? Aber da war es nicht. Ich fand es zum Schluss bei Frau Paulsen. Sie gab es mir wieder.

2 Gib Tina eine Rückmeldung zu ihrer Geschichte.
- Erstelle dazu eine Textlupe. Sieh dir dazu noch einmal die Schritte in der Werkstatt (S. 36-39) an.
- Formuliere so, dass man gut erkennen kann, was im Einzelnen noch zu tun ist. Was ist Tina gut gelungen? Was fehlt noch?
- Überarbeite Tinas Text mithilfe deiner Textlupe.

Das kann ich schon!

✔ Spannungsmacher in Geschichten entdecken
✔ Spannungsmacher beim Verfassen eigener Texte verwenden
✔ Mit Textlupen eigene und fremde Texte verbessern

→ Wenn du noch einmal üben möchtest, eine Geschichte mithilfe einer Textlupe zu verbessern, arbeite in EXTRA Seite 41.
→ Du kannst auch noch einmal die Werkstatt (Seite 36-39) bearbeiten.
→ Wenn du in einer Geschichte Anregungen für dein eigenes Schreiben finden möchtest, bearbeite EXTRA Seite 42-44.

Lass dich in jedem Fall von deinem Lehrer oder deiner Lehrerin beraten.

Eine spannende Geschichte mithilfe einer Textlupe überarbeiten

1 Lies den Text, den ein Schüler zu der Anregung **C** auf Seite 31 geschrieben hat.

Lukas und Dimitri wohnten an einem Fluss. Eines Tages stieg der Fluss immer weiter und weiter an. Lukas und alle anderen mussten auf das Dach ihres Hauses klettern und dort warteten sie und das Wasser stieg noch weiter und alle Sachen im Haus gingen unter. Das Wasser stieg und sie mussten auch die ganze Nacht warten. Das Wasser stieg noch weiter. Lukas hatte sehr viel Angst und Dimitri tröstete ihn immer. Dann ging das Wasser wieder zurück.

2 In der Textlupe findest du Hinweise zur Überarbeitung. Unterstreiche die Stellen im Schülertext, zu denen die Hinweise passen (Folie). Ergänze die Textlupe mit eigenen Hinweisen.

Tipps von:	Das gefällt mir an deinem Text:	Hier fällt mir etwas auf, hier stört mich etwas:	Meine Tipps:
Marcel	*Die Situation ist gefährlich.*	*Du schreibst nicht, wie die Geschichte ausgeht.*	*Die Feuerwehr hilft bei so was!*
Julia	*Deine Idee ist spannend.*	*Deine Sätze sind manchmal zu lang.*	*Beschreibe, was sie da auf dem Dach machen und wie sie sich dort fühlen.*
Deine Hinweise	…	…	…

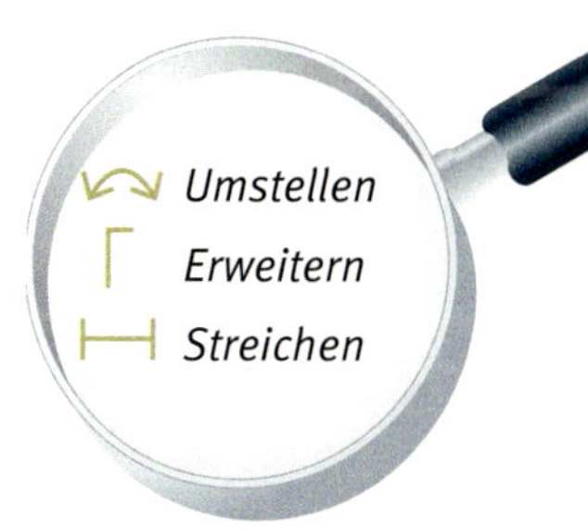

3 Nutze die Textlupe und überarbeite den Schülertext.

4 Erkläre einem Partner, wie du bei der Überarbeitung vorgegangen bist.

Anregungen für das eigene Schreiben finden

Ian Ogilvy

Miesel und der Kakerlakenzauber

Der zwölfjährige Miesel hat keine Eltern mehr und wächst bei seinem Vormund Basil Trampelbone auf. Das Einzige, was Miesel an seinem Vormund mag, ist dessen gigantische elektrische Eisenbahn auf dem Dachboden. Leider darf er nur zusehen, wenn Basil damit spielt. Deshalb lockt Miesel Basil unter einem Vorwand aus dem Haus und schleicht sich alleine auf den Speicher.

Der Zug, der Miesel am besten gefiel, war ein kleiner, grüner Güterzug, bei dem eine Lokomotive mit einem hohen Schornstein zwei offene Waggons hinter sich herzog. Die Waggons waren mit winzigen Holzstämmen beladen. Dieser Streckenabschnitt führte den Güterzug um die Tischecke zu einer Mini-Sägemühle, in der Mini-Kreissägen die Mini-Baumstämme zu Mini-Brettern zersägten. Der kleine, grüne Güterzug gefiel Miesel deshalb am besten, weil er von allen Zügen am freundlichsten aussah.

Er wirkte nicht ganz so bedrohlich wie die anderen – allen voran der größte Zug, der aus einer dreckigen, ölverschmierten Monster-Lokomotive bestand, die vorne einen verbeulten Schienenräumer hatte und hinter sich drei verstaubte Pullman-Wagen.

Es sollte also der kleine, grüne Güterzug sein.

Miesel hatte vor, ihn bis zu seinem üblichen Standort fahren zu lassen, zur Sägemühle, die etwa einen Meter von seinem Sitzplatz entfernt war. Er sah zu, wie der Güterzug die Kurve nahm, und rückte den Regler noch ein wenig weiter. Die Räder des Güterzugs drehten sich jetzt noch schneller.

Miesel war so konzentriert bei der Sache, dass er etwas, was ihm große Angst eingejagt hätte, gar nicht mitbekam – die Monster-Lokomotive bewegte sich nämlich mit ihrem zerbeulten Schienenräumer und den drei Pullman-Wagen von ihrem Rangiergleis auf das Hauptgleis zu. Das machte sie ganz leise und zunächst auch ganz langsam – und da Miesel ihr den Rücken zuwandte, sah und hörte er nichts.

Der kleine Güterzug ratterte jetzt auf dem langen, geraden Streckenabschnitt an der äußersten Tischkante auf ihn zu. Miesel beschloss, ihn weiter mit hoher Geschwindigkeit fahren zu lassen und ihn erst in allerletzter Minute an der Sägemühle anzuhalten. Er hatte Basil oft dabei zugesehen, wie er das machte. Sorgfältig behielt er den Güterzug im Auge, der puffend und paffend näher kam. Die Strecke war ziemlich lang und zum Bremsen war genügend Zeit – aber dann nahm Miesel aus dem Augenwinkel die Monster-Lokomotive wahr.

Sie war inzwischen auf das Hauptgleis gelangt – genau das, auf dem der Güterwagen fuhr – und raste jetzt auf die kleinere Lok zu. Die Kolben sausten hin und her, der Schornstein stieß rülpsend Rauch aus und die ölverschmierten Räder drehten sich so schnell, dass sie nur noch ganz verschwommen zu erkennen waren.

Miesel schnappte erschrocken nach Luft. Wie hatte das geschehen können? Er hatte den Regler, mit dem man diesen Teil der Anlage steuerte, doch gar nicht angerührt. Das war auch nicht seine Absicht gewesen. Die Monster-Lokomotive hatte ihm noch nie gefallen. Deswegen hatte er sie überhaupt nicht zum Einsatz bringen wollen.

Schnell, schnell – welcher Regler steuerte die Lokomotive? Das war doch der fünfte? Oder der vierte? Miesel langte nach dem fünften Reglerknopf und drehte ihn kräftig um – aber nichts geschah. Wenn sich überhaupt etwas tat, dann rasten beide Züge nur noch schneller. Miesel drehte am vierten Regler, aber daraufhin beschleunigten die Züge noch weiter, so sehr, dass es schien, als würden sie sich zueinander vorbeugen. Er nahm beide Reglerknöpfe und schraubte sie hin und her – und als nichts geschah, drehte er noch mal, und diesmal fester. Plötzlich hatte er beide Knöpfe in der Hand. In wilder Panik versuchte er sie wieder auf ihre Welle zu setzen, aber aus unerfindlichen Gründen passten sie nicht. Miesel versuchte die Welle zu drehen, aber seine Finger rutschten an dem ölverschmierten Metall ab. Er konnte sie nicht richtig packen. Verzweifelt langte er nach dem Ein/Aus-Schalter und wollte den Strom abstellen, aber der Schalter rührte sich nicht vom Fleck. Miesel packte mit beiden Händen zu und setzte seine ganze Kraft ein.

Der Schalter bewegte sich nicht. Und während er die Regler durchprobierte, rasten die beiden Züge immer weiter aufeinander zu. Ein frontaler Zusammenstoß war unvermeidbar. Und Miesel konnte nichts dagegen tun.

„WASSS GEHT HIER VOR?“

Die Stimme ertönte hinter seinem Rücken und Miesel fuhr auf seinem hohen Hocker so schnell herum, dass er in seiner Angst fast heruntergefallen wäre. Dort in der Tür stand Basil Trampelbone. Seine Fischaugen glotzten mit starrem Blick, die langen, knochigen Finger waren zu Fäusten geballt, und einen Augenblick lang glaubte Miesel sogar einen Hauch von Rot auf Basils kreideweißen Wangen zu entdecken.

1 Sucht euch einen Partner und lest euch die Stellen vor, die euch besonders gefallen haben.

2 Untersuche: Was macht diese Geschichte spannend?
- Wodurch bekommt Miesel es mit der Angst zu tun? Übertrage die Sätze in dein Heft und schreibe die entsprechenden Textstellen dazu. Finde weitere Beispiele.

  Miesel fühlt sich gut und wird immer mutiger. (Zeile ...)
  Miesel versucht zu retten, was zu retten ist. (Zeile ...)
  Miesel erkennt, dass er nichts mehr tun kann. (Zeile ...)
  Miesel bekommt große Angst. (Zeile ...)

3 Wähle eine Aufgabe aus:

a Schreibe eine Fortsetzung der Geschichte.
- Was würdest du an Miesels Stelle jetzt tun?
- Was könnte Basil wohl tun?

b Miesel wird von Basil, der insgeheim ein böser Zauberer ist, in eine winzige Eisenbahnfigur verwandelt. Erfinde ein weiteres Abenteuer, das er mit der Eisenbahn erlebt und schreibe eine Geschichte.

Tipp
Wenn du wissen willst, wie Miesel aus dieser Situation wieder herauskommt, besorge dir das Buch und lies weiter.

Ideen und Anregungen:

→ Werde selbst zum Geschichtenmacher!
  – Zeichnet eine durchgehende Fahrradkette auf ein Blatt Papier zusammen mit einem Fahrradrahmen. Kopiert dieses Blatt für alle.

  – Jeder darf sein Bild gestalten. Wo sitzt ihr? Wie bewegt ihr euch fort? (Schaut genau hin: In der Abbildung leisten zwei Mäuse in einem Laufrad die Tretarbeit!)

  – Klebt alle Bilder auf einer Wand aneinander und zeichnet den Lenker und das Hinterrad – fertig ist euer Klassentandem.

  – In Berichten, Briefen, E-Mails und Postkarten könnt ihr von Pannen, Problemen, Erfolgen, Begegnungen und fremden Ländern auf einer Reise mit dem **Klassentandem** erzählen.

→ Sammelt in einer **Bildergalerie** Anregungen für weitere Geschichten (z. B. Postkarten, Zeitungsausschnitte, Buchcover, Geschichtenanfänge...) und nutzt sie zum Schreiben.

→ Gestaltet ein **Hörbuch** oder einen **Podcast** mit mündlich erzählten Geschichten.

→ Lege ein **Portfolio** mit eigenen Geschichten an. Nutze dazu die Hinweise in der Werkstatt Methoden und Arbeitstechniken auf der Seite 252/253.

Der Wald

Waldspiele
Einem Schüler werden die Augen mit einem Schal verbunden. Dann bekommt er drei Gegenstände aus dem Wald (Blatt, Rinde, Pilz, Holzstück, Stein ...) vorgehalten, an denen er riecht, die er berührt und die er erraten muss.

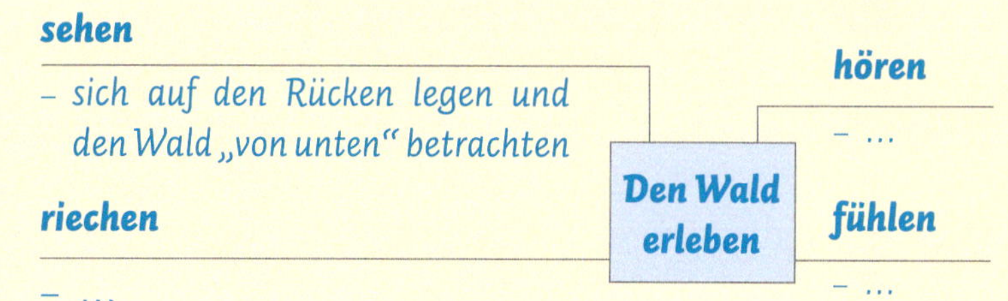

Der Wald ist ein faszinierender Ort voller Leben und Geheimnisse. Das Besondere des Waldes könnt ihr selbst erleben, wenn ihr ihn mit allen Sinnen entdeckt. Der Wald bietet Lebensraum für Pflanzen und Tiere. Auch für uns Menschen erfüllt er wichtige Aufgaben. Wälder, in die der Mensch nicht eingreift, sind Urwälder. Hier gibt es Gebiete, in denen noch nie ein Mensch gewesen ist. Interessante Informationen zum Thema Wald findet ihr in Sachbüchern, in Zeitschriften oder im Internet.

In diesem Kapitel lernt ihr,

- wie ihr Wald-Wörter sammelt und zum Schreiben nutzt,
- wie ihr Sachtexte „Schritt für Schritt“ lest,
- wie ihr wichtige und schwierige Wörter aus Sachtexten erklärt,
- wie ihr Informationen nutzen könnt, um eigene Texte zu schreiben.

Der Elch macht immer wieder Besuche in Deutschland – vor allem aus Tschechien und Polen. Ob er hier auch heimisch wird, muss sich noch herausstellen.

1 Schaut euch die Bilder an.
- Was könnt ihr erkennen?
- Erzählt von eigenen Erlebnissen und Erfahrungen mit dem Wald.

▸▸ Erstellt ein Waldquiz. Schreibt Fragen und Antworten auf.
- Nutzt, was ihr schon über den Wald wisst.
- Sucht weitere Informationen in Sachbüchern.
- Sammelt Wissenswertes und Kurioses über den Wald: Wie alt ist der älteste Baum? Wie hoch ist der größte Baum? Wie winzig der kleinste?

▸▸ Ihr könnt den Wald erleben und erforschen. Sammelt Ideen, wie man den Wald mit allen Sinnen erleben kann. Erstellt dazu eine Mindmap.

▸▸ Überlegt euch „Naturspiele“ und schreibt kurze Spielanleitungen: Geruchsmemory, Wühlkasten, Baumlabyrinth, Waldbodenfenster, Waldolympiade, ... Hinweise zu Spielen findet ihr im Internet.

Baumgeschichten verstehen und erzählen

Wenn ihr im Wald unterwegs seid, könnt ihr versuchen, „die Sprache" der Bäume zu verstehen. Wie das geht, beschreibt Erwin Moser in seiner Geschichte „Der alte Baum". Vielleicht habt ihr auch Lust, eine eigene Baumgeschichte zu schreiben …

1 Lies die Geschichte „Der alte Baum".
Der Autor vergleicht den Baum mit einem Großvater. Warum?

Erwin Moser

Der alte Baum

Dieser Baum ist schon sehr alt. Er ist ein richtiger Großvater unter den Bäumen. Könnte er reden, er wüsste sicher viele Geschichten zu erzählen. Aber was sage ich da – er kann ja reden! Man muss nur die Sprache der Bäume verstehen können. Und das wiederum ist ganz einfach: Man braucht nur gut zuzuhören!

Klettere in die Krone dieses Baumes, such dir einen bequemen Platz und hör auf das Rauschen der Blätter. Du wirst so viel hören, wie du hören willst. Stell dir vor, wie die Wurzeln des Baumes das Wasser aus dem Boden saugen. Stell dir vor, wie die Säfte durch den Stamm und die Äste und Zweige in die Blätter steigen. Jetzt stell dir vor, wie dieser Baum im Herbst und im Winter aussieht. Hast du es?

Jetzt stell dir vor, wie der Baum sich fühlt, wenn der Wind durch seine Krone pfeift und wenn der Regen auf ihn niederprasselt …

Du meinst, er fühlt sich sehr, sehr wohl dabei? Siehst du, jetzt hat er zu dir gesprochen!

2 Versetze dich in den Baum: Wie kannst du ihn verstehen?
- *Was kannst du vom Baum „hören"?*
- *Was kannst du dir alles vorstellen?*
- *Was „fühlt" der Baum?*

3 Sammelt Baumwörter. Arbeitet zu zweit.
- Übertragt den „Wörterbaum“ in euer Heft.
- Ergänzt ihn durch Baumwörter aus dem Text „Der alte Baum“.
- Sucht auch passende Adjektive und Verben.
- Formuliert Sätze wie im Beispiel:

  Der alte Birnbaum hat einen knorrigen **Stamm**.
  Ich klettere den **Stamm** hinauf bis in die Krone.

Nutzt für eure Wortschatzarbeit euer Schulwörterbuch.

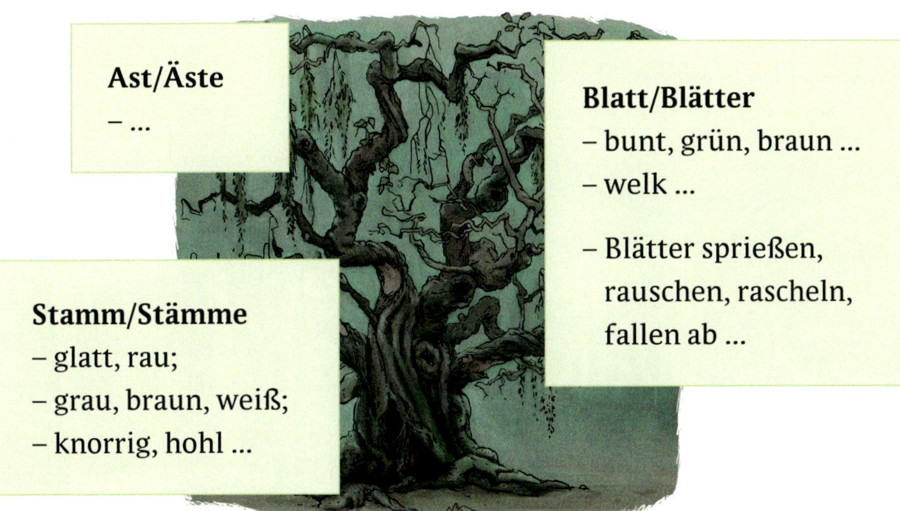

4 Sucht euch eine Aufgabe aus. Der alte Baum „wüsste sicher viele Geschichten zu erzählen“. (Z. 2)

a Stell dir vor, was der Baum in den verschiedenen Jahreszeiten erlebt, und erzähle eine Baumgeschichte. Du kannst dazu Wörter aus dem Wortspeicher nutzen.
Der alte Baum erzählt: Es tut mir gut, wenn der frische Regen meinen knorrigen Stamm herunterläuft. Über so eine Regendusche freuen sich auch meine welken Blätter. Aber wer klettert denn da in meine Krone? Es ist … Das ist eine schöne Abwechslung. „Hallo, was machst du denn da oben? …

b Erzähle eine spannende Geschichte, die der Baum erlebt:
Was höre ich denn da? Was ist das für ein lautes donnerndes Geräusch? …

Wie wir den Wald nutzen: Erklärungen geben

Wenn du mehr über den Wald wissen willst, kannst du dich auf verschiedene Art und Weise informieren. Eine Möglichkeit ist, sich von jemandem informieren zu lassen, der sich mit dem Thema gut auskennt.

1 Schaut euch die Bilder an und lest die Überschriften und den Text im grünen Kasten.
- Wer ist Peter Ries?
- Was wollen die Kinder wohl von ihm wissen?

2 Schaut euch die Landkarte an.
- Was ist auf der Karte zu sehen?
- Warum ist die Karte abgebildet?

3 Was ist ein Experteninterview?

a) Ein Gespräch mit einem Bekannten.
b) Ein Gespräch mit einem Fachmann.
c) Ein Gespräch mit einer berühmten Persönlichkeit.

4 Schaut euch nun den Text an.

- Der Text ist in zwei Farben gedruckt: Was kannst du daran erkennen?
- Lies zunächst nur, was die Kinder sagen.

Guten Tag, Herr Ries. Erzählen Sie uns doch mal, welche Aufgaben Sie haben.

Als Förster kümmere ich mich darum, dass wir das Holz des Waldes nutzen können und der Wald gesund bleibt. Ich entscheide, welche Bäume gefällt werden sollen, und sorge dafür, dass genügend junge Bäume nachwachsen. Das Holz aus dem Wald brauchen wir zum Beispiel zum Hausbau oder für neue Möbel.

Wann ist ein Wald denn gesund?

Wenn in ihm verschiedene Baumarten wachsen dürfen und unterschiedlich alte Bäume zusammenstehen. Dann kann ihm ein Sturm nicht so viel anhaben und er wird auch nicht so leicht zum Opfer von Schädlingen. Ein so gemischter Wald ist „naturnah“. Und das ist auch gut für die Tiere des Waldes. Denn in einem vielfältigen Wald finden auch viele verschiedene Tier- und Pflanzenarten einen geeigneten Lebensraum. Hierzu ist es allerdings auch wichtig, dass manche Bäume richtig alt werden oder tote Bäume im Wald bleiben dürfen. Viele verschiedene Pflanzen, Pilze und Tiere brauchen diese alten und toten Bäume zum Überleben.

Wie wird denn ein Wald „naturnah“?

Da gibt es verschiedene Möglichkeiten. Wenn zum Beispiel in einem Wald nur Nadelbäume stehen und der Waldbesitzer das ändern möchte, dann pflanzen wir unter die Bäume Setzlinge, die Dunkelheit und Schatten aushalten können. Buchen sind da gut geeignet. Die Buchen wachsen heran und im Laufe der Jahre wird aus dem Einheitswald ein richtiger Mischwald.

Das dauert aber ziemlich viele Jahre, oder?

Das stimmt. Aber wir Förster sind das gewohnt. Wenn ich heute einen Baum säe oder pflanze, dann ist der frühestens in einem halben Jahrhundert groß.

Sie haben einige Zeit lang als Förster in dem afrikanischen Land Namibia gearbeitet. Ist da nicht nur Wüste?
Nein, nur an der Küste. Im Norden von Namibia gibt es Wald mit viermal so vielen Baumarten wie bei uns.

Nutzen die Menschen den Wald denn?
Und wie. Das ganze Leben im Dorf ist abhängig vom Wald: Das Essen wird auf Holzfeuern gekocht, das Vieh weidet im Wald, die Nahrung wird in den Wäldern und Buschsavannen gesammelt und sogar die Medizin stammt aus dem Wald. Es gibt Bäume, die viele Funktionen gleichzeitig haben: Den Stamm nutzen die Menschen als Bauholz, die Blätter kauen sie gegen Zahnweh, aus der Rinde werden Seile und Stricke gedreht und die Samen werden von ihrem Vieh gefressen. Aber die Menschen sorgen auch dafür, dass genügend Wald nachwachsen kann.

Gibt es dort auch wilde Tiere?
Ja, natürlich. Wenn man nicht aufpasst, kann man über Leoparden stolpern oder in ein Löwenrudel geraten. Dagegen hilft nur eins: Immer Augen und Ohren offen halten.

Ist Ihnen so etwas auch schon passiert?

Einmal habe ich mit dem Auto angehalten, um eine Elefantenkuh mit Kalb zu beobachten. Das war sehr unvorsichtig von mir und hat der Elefantenkuh überhaupt nicht gefallen. Plötzlich ist sie aus dem Busch geprescht. Ich habe Gas gegeben, aber auf dem sandigen Boden sind die Räder durchgedreht. Der wütende Elefant wurde im Rückspiegel immer größer. Als er mich fast erreicht hatte, machte der Wagen einen Satz und ich konnte gerade noch entkommen.

Puhh, Glück gehabt ...
Ja, das kann man wohl sagen.

Herr Ries, vielen Dank für das Gespräch.

5 Welche Fragen beziehen sich auf die Arbeit von Peter Ries in Deutschland, welche auf seine Arbeit in Afrika?

6 Ihr könnt jetzt das Experteninterview in zwei Teilen bearbeiten:
Lest den ersten Teil (Seite 51) und bearbeitet die Fragen auf Seite 53 unter a.
Lest den zweiten Teil (Seite 52) und bearbeitet die Fragen unter b.

a Aufgaben für den Teil des Interviews „Arbeit des Försters in Deutschland“:

– Beschreibe, welche Aufgaben der Förster hat.
Schreibe sie auf einen Notizzettel.

Der Förster
- *kümmert sich um das Holz im Wald*
- *entscheidet …*
- *…*

– Was bedeuten folgende Wörter aus dem Interview:
„naturnaher Wald“ (Z. 18/19)/Einheitswald (Z. 40)/
Mischwald? (Z. 41)

Ein „naturnaher Wald“ ist ein Wald …
Typisch für einen „Einheitswald“ ist …
In einem „Mischwald“ …

– Wie sollte der Wald in Deutschland heute sein?
Schreibe einen kurzen Informationstext.
Der Wald erfüllt in Deutschland wichtige Aufgaben …
Die Experten sagen, dass der Wald unbedingt … sein sollte.
Das bedeutet: …

b Aufgaben für den Teil des Interviews „Arbeit des Försters in Afrika“:

– Wie nutzen die Menschen den Wald in Afrika?
Erstelle einen Notizzettel.
– Warum ist der Wald in Afrika gefährlicher als in Deutschland?
– Was ist typisch für den Wald in Afrika (Namibia)?
Schreibe einen kurzen Informationstext.
Für ein Dorf in Afrika ist der Wald lebenswichtig.
Die Menschen nutzen den Wald auf vielfältige Weise …
Im Unterschied zu Deutschland ist es in einem afrikanischen
Wald ziemlich gefährlich …

7 Wo würdet ihr lieber als Förster arbeiten: in Deutschland oder in Afrika?
Ich wäre gern Förster in …
Dann würde ich …

Sachtexte verstehen

Was ist ein Urwald? Gibt es auch Urwälder in Deutschland? Wo liegt der größte Urwald der Welt? Die Antworten auf solche Fragen findest du in Sachtexten. Achte beim Lesen besonders auf die Textstellen, in denen Begriffe erklärt werden. Diese Erklärungen musst du ganz genau lesen. Wie das geht, lernst du in dieser Werkstatt.

Schritt 1: Sich mit Thema und Textaufbau vertraut machen

1 Schaut euch die Bilder an und lest die Überschriften:
- Was verraten euch die Bilder?
- Worum geht es in dem Text?
- Worum geht es in den farbig gedruckten Abschnitten?

Sixta Görtz / Bundesamt für Naturschutz (BfN)

Urwälder – unberührte Natur

Was ist Urwald?

Ein Urwald ist ein Wald, der noch nie bewirtschaftet wurde. Die Bäume können wachsen, alt werden und sterben, ohne dass sie gefällt oder neue Bäume gepflanzt werden. Umgestürzte Bäume bleiben liegen, verrotten und bilden so die Nahrung für neue Pflanzen und viele kleine Tiere. Ausgedehnten Urwald gibt es noch in Südamerika, wo Teile des tropischen Regenwaldes rund um den Fluss „Amazonas" unter Schutz stehen. Aber auch auf der Nordhalbkugel unserer Erde gibt es Urwälder, zum Beispiel in Kanada und Russland. Weil es dort die meiste Zeit des Jahres kalt ist, wachsen dort Nadelwälder, denen die Kälte nichts ausmacht.

Gibt es auch in Deutschland Urwald?

Auch bei uns in Deutschland gibt es Urwald. Hier sind aber nur kleine Reste übrig geblieben, zum Beispiel in einigen Nationalparks. Jeder Nationalpark hat eine „Kernzone". Das ist ein Gebiet, das sich möglichst ungestört entwickeln soll. Wenn sich ein Wald in einer Kernzone befindet, dann kann er auch wieder einem Urwald sehr ähnlich werden. Der Nationalpark Hainich in Thüringen ist der größte Laubwald-Nationalpark Deutschlands. Seit 13 Jahren wird nun im Kerngebiet des Nationalparks kein einziger Baum mehr gefällt oder angepflanzt. Bis es dort aber aussieht wie in einem unberührten Urwald, werden noch Jahrhunderte vergehen.

Amazonas-Regenwald

Einer der größten Urwälder der Welt ist der tropische Regenwald am Amazonas. Hier gibt es Gebiete, in denen noch nie ein Mensch gewesen ist. Die riesigen, teils uralten Bäume bieten vielen Tieren eine Heimat. Manche von ihnen kennen wir noch nicht einmal. Aber auch viele Tierarten, die du schon im Zoo gesehen hast, sind hier heimisch, zum Beispiel der Jaguar, die Riesenschlange Anakonda, der Tapir oder der Papagei. Im tropischen Regenwald herrscht das ganze Jahr über warmes, feuchtes Klima, sodass die Pflanzen ständig wachsen können.

Die Nadelwälder des Nordens

Eine ganz andere Art von Urwald ist der sogenannte „boreale Nadelwald". Das sind riesige Nadelwälder im Norden von Skandinavien, Kanada und Sibirien. Man nennt dieses Gebiet auch „Taiga". Hier ist es die meiste Zeit des Jahres ziemlich kalt, sodass nur Bäume überleben, denen die Kälte nichts ausmacht. Vor allem Lärchen, Fichten und Kiefern wachsen hier. Der Waldboden ist mit Heidekraut und Blaubeersträuchern bedeckt. Auch die Tiere müssen ein dickes Fell haben: Bären, Wölfe und Elche sind in der Taiga zu Hause. Je weiter du in Richtung Norden gehst, desto lichter wird der Wald und macht schließlich einer weiten Steppe Platz, der „Tundra". Hier wachsen keine Bäume mehr, sondern nur noch Moose und Zwergsträucher. In der Tundra bilden sich im Sommer viele Sümpfe und Teiche.

Wenn ihr jetzt weiterarbeitet, könnt ihr euch entscheiden:
- Wählt euch einen Textabschnitt aus.
- Bearbeitet alle vier Abschnitte des Textes.

Schritt 2: Den Text einordnen und sich einen Überblick verschaffen

2 Lies deinen Abschnitt/alle Abschnitte einmal durch. Welcher Satz passt zu dem schwarzen, braunen, blauen und grünen Abschnitt?

a) Hier geht es um einen Urwald, der besonders groß ist und in dem gefährliche Tiere leben.
b) Hier wird erklärt, was der Urwald überhaupt ist.
c) In diesem Urwald ist es ziemlich kalt und hier wachsen nur wenige Baumarten.
d) Hier geht es um kleine Wälder, die noch viel Zeit brauchen, bis sie richtige Urwälder sind.

3 Im Text sind die Zwischenüberschriften fett gedruckt. Markiere (Folientechnik) in den einzelnen Abschnitten die Wörter, die die wichtigsten Informationen zu den Überschriften enthalten.

4 Erstelle eine Mindmap. Benutze dazu die Hinweise im Kapitel „Methoden und Arbeitstechniken“, Seite 258/259.

Schritt 3: Wichtige Textstellen genau lesen und Wörter erklären

Tipp 1
Wenn du ein Wort nicht verstehst, versuche es aus dem Textzusammenhang zu erschließen. Lies die Stellen, die vor und nach dem schwierigen Wort stehen.
Achte besonders auf Hinweise wie:

Dies bedeutet …
Darunter versteht man …
Man nennt …

Tipp 2
Manche Wörter kannst du auch in ihre Bestandteile zerlegen, um ihre Bedeutung zu erschließen:

Nadel-wald → Wald, der aus Nadelbäumen besteht

Tipp 3
Manchmal hilft nur das Lexikon oder Wörterbuch, um unbekannte Wörter zu klären. Ihr könnt auch im Internet recherchieren.

Tro|pen *die; Pl;* die heißen Gebiete um den Äquator (zwischen dem nördlichen u. dem südlichen Wendekreis) || K-: ***Tropen-, -institut, -klima, -medizin, -pflanze, -wald***

5 Erkläre die folgenden Wörter aus dem Text. Nutze die Tipps. Wenn du es schriftlich machst, schreibe auf ein Extrablatt.

Urwald	Ein Urwald ist …
verrotten	Wenn Bäume verrotten, dann …
Kernzone	Eine Kernzone ist ein Gebiet, …
Laubwald-Nationalpark	Ein Nationalpark ist …
	Ein Laubwald-Nationalpark ist …
tropischer Regenwald	Im tropischen Regenwald herrscht …
Anakonda	Eine Anakonda ist …
„borealer“ Nadelwald	Der „boreale“ Nadelwald ist ein Wald, …
Tundra	Die Tundra ist …

6 Gibt es noch weitere Wörter im Text, die ihr nicht verstanden habt? Klärt sie gemeinsam mithilfe der Tipps.

7 Bei welchen Worterklärungen hast du welchen Tipp verwendet? Warum?

Schritt 4: Über den Text nachdenken und Informationen zur Weiterarbeit nutzen

8 Wähle eine der folgenden Aufgaben aus.

a Beantworte folgende Fragen schriftlich:

a) Was ist typisch für einen Urwald?

In einem Urwald …

b) Was erfährst du über Wetter und Tiere im tropischen Regenwald?

Im tropischen Regenwald …

c) Gibt es auch in Deutschland Urwald? Belege deine Antwort aus dem Text.

Auch bei uns in Deutschland gibt es Urwald, aber …

d) Was ist typisch für die Urwälder im Norden?

Typisch für diese Urwälder ist …

b Schreibe zum Thema **Urwald** einen kleinen Text, den du so auch in einem Lexikon finden könntest. Nutze dazu die Informationen aus dem Text „Urwälder – unberührte Natur“.

Urwald

Ein Wald, den der Mensch noch nicht verändert hat, nennt man …
Umgestürzte Bäume werden nicht entfernt, sondern …
Die größten Urwälder der Welt befinden sich in …
Typisch für den tropischen Regenwald ist …
Ein Urwald kann aber auch ganz anders aussehen. Die Urwälder im Norden … Auch in Deutschland gibt es Wälder, …

Ideen und Anregungen:

→ Erstellt ein **Waldlexikon**.

- Schreibt weitere Lexikonartikel (z. B. zu Nadelwald, Laubwald, Regenwald; Jaguar, Papagei, Tapir; Elch, Bär, Wolf; Lärche, Fichte, Kiefer). Ihr könnt als Stichwörter auch weitere Wörter wählen, die nicht im Text stehen.
- Besprecht eure Texte in der Schreibkonferenz.
- Illustriert eure Texte mit Fotos, Bildern oder eigenen Zeichnungen.
- Überlegt euch, wie ihr eure Texte präsentieren wollt: als Buch, als Wandzeitung, auf der Homepage der Schule …

Einen Sachtext verstehen

1 Lies den Text und entscheide, welche der Überschriften passt:

Kein Platz für wilde Tiere? **Wilde Tiere unerwünscht!**

Wilde Tiere sterben aus

In Deutschland leben mehr als 80 Millionen Menschen. Da ist der Platz für wilde Tiere sehr begrenzt. Deshalb hatten schlaue Leute eine gute Idee: Die „Lebensraumvernetzung". Hinter diesem sperrigen Wort verbirgt sich Folgendes: Überall in Deutschland gibt es Wälder, Wiesen, Seenlandschaften, Moore und Heiden. Nur, dass diese Gebiete oft ziemlich klein sind. Die Idee besteht nun darin, alle diese Lebensräume miteinander zu verbinden. Dazu braucht man gar nicht viel Platz. Zwischen zwei kleineren Wäldern reicht zum Beispiel eine Reihe aus Bäumen und dichter Hecke, damit die Tiere den Zwischenraum gefahrlos überwinden können. Wo Straßen die Lebensräume zerschneiden, kann man sogenannte „Grünbrücken" anlegen. Das sind richtige, aus Beton gebaute Brücken, über die aber kein Fußgängerweg führt, sondern auf denen Bäume und Sträucher gepflanzt werden. So können die Tiere die Straße geschützt überqueren. Wenn es gelingt, alle geeigneten Lebensräume so zu verbinden, dass sich die Tiere ungestört ausbreiten können, dann könnten sich in Zukunft auch mehr Elche, Wölfe oder Luchse in unseren Wäldern ansiedeln.

2 Welche Erklärung passt zu welchem Wort?

Wort	Erklärung
a) Wald	1. Sandige, trockene Landschaft, in der Gräser und Büsche wachsen
b) Wiese	2. Relativ großes Gebiet, das dicht mit Bäumen bewachsen ist
c) Moor	3. Relativ große Fläche, auf der Gras und niedrige Pflanzen wachsen
d) Heide	4. Ein Gebiet mit einem sehr nassen und weichen Boden, auf dem besonders Gras und Moos wachsen

3 Ergänze die Erklärung des Wortes „Lebensraum" aus dem Text.
Unter einem „Lebensraum" versteht man Gebiete wie ... Hier leben verschiedene Tiere.

4 Was versteht man unter einer „Grünbrücke"? Ergänze die Erklärung mit Hilfe des Textes und des Bildes.
Unter einer „Grünbrücke" versteht man ...

5 Was ist „Lebensraumvernetzung"? Erkläre mit Hilfe des Textes.
Hinter dem komplizierten Wort „Lebensraumvernetzung" verbirgt sich eine einfache Idee: ...

Das kann ich schon!

- ✔ Wichtige Textstellen genau lesen
- ✔ Schwierige Wörter aus dem Text heraus verstehen
- ✔ Schwierige Wörter selbstständig erklären

→ Wenn du noch einmal üben möchtest, wie man schwierige Wörter aus dem Text heraus erklärt → **EXTRA**, Seite 61.
→ Du kannst aber auch noch einmal in der Werkstatt (Seite 54–58) üben.
→ Wenn du dich besonders für den Regenwald interessierst und Regenwald-Wörter erklären möchtest, kannst du dies in → **EXTRA**, Seite 62/63, tun.
Lass dich in jedem Fall von deiner Lehrerin oder deinem Lehrer beraten.

Wichtige Wörter in Sachtexten verstehen

Es ist manchmal nicht einfach, wichtige Wörter in Texten zu verstehen. In der Werkstatt hast du verschiedene Tipps dazu erhalten. Wenn du einen Textabschnitt aus der Werkstatt noch einmal ganz genau bearbeitest, hilft dir das, „Stolpersteine“ aus dem Weg zu schaffen.

1 Lies noch einmal den Text auf der Seite 54/55. Zu welchem Abschnitt passt das Bild?

2 Im Textabschnitt sind wichtige Wörter hervorgehoben:
- Welche Wörter sind hervorgehoben?
- Wie sind diese Wörter hervorgehoben?

3 Sammle alle Erklärungen, die vor und nach dem Wort „borealer Nadelwald“ stehen. Übertrage dazu die Abbildung in dein Heft und ergänze sie.

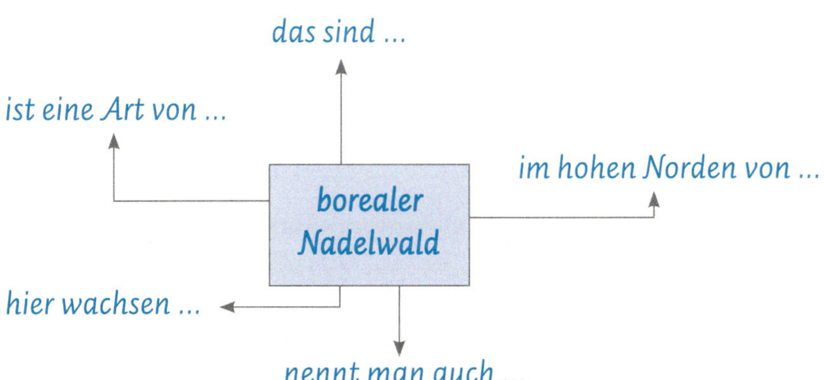

4 Erkläre auf die gleiche Art und Weise das Wort „Tundra“ aus dem Text.

Einen Text lesen und nacherzählen

Die Penan leben im tropischen Regenwald auf der Insel Borneo. Sie leben als Jäger und Sammler.

Ling lebt im Regenwald

Ling ist acht Jahre alt. Er ist ein Penan und lebt sehr weit von uns entfernt irgendwo im Regenwald auf der Insel Borneo. Wenn du ihm einen Brief schreibst, wird er sehr lange unterwegs sein. Denn dort, wo Ling lebt, gibt es nur wenige Straßen und die Häuser haben auch keine Briefkästen, in die Briefträger die Post werfen könnten. Auch wohnt Ling mit seiner Familie nicht immer am gleichen Ort. Nach einigen Monaten, wenn die Nahrungsvorräte zu Ende gehen, ziehen sie an einen anderen Ort im tiefen Regenwald. Bevor sie ihren Lagerplatz verlassen, legen sie einige Blätter und Triebe von Bäumen in die Richtung, in die sie weiterziehen. So wissen seine Freunde auch ohne Straßenschilder immer, wo Ling gerade lebt.

Wenn Ling morgens aufwacht, kann er aufstehen, wann er möchte. Niemand drängt ihn, denn zur Schule muss er nicht gehen. Seine Schule ist der Wald. Dort lernt er alles, was er zum Überleben braucht: Er lernt zu fischen, jagen, Früchte zu sammeln, Zuckerrohr anzubauen und vieles andere Nützliche und Spannende.

Ling schläft mit seiner Familie in einer kleinen Hütte, die zum Schutz gegen Regen und Wind mit Palmblättern gedeckt ist. Die Holzhütte ist auf Stelzen gebaut, damit keine Skorpione, Schlangen oder giftige Käfer in das Haus kommen. Zum Fischen und Spielen geht Ling immer in den Fluss. Da es immer warm ist, trägt er nur einen Lendenschurz aus Baumrinde.

Zum Frühstück kocht seine Mutter ihm oft einen Brei aus Sago. Das Sago-Mehl wird aus dem Stamm eines Palm-Baumes gewonnen. In heißem Wasser wird das Mehl über der Feuerstelle gekocht, bis es einen pappigen Brei macht.

Ling möchte bald wie die älteren Jungen und Männer auf die Jagd gehen. So übt er mit seinem Freund Lau nach dem Frühstück, mit dem Blasrohr zu jagen. Die Blasrohre der Großen sind aus Holz und bis zu drei Meter lang. Fast geräuschlos werden die giftigen Pfeile aus dem Rohr abgeschossen. Auch Wildschweine, die fünfzig Meter entfernt sind, können sie damit töten.

Wenn Ling in den Regenwald geht, trägt er immer einen Speer bei sich. Mit dem Speer kann er sich gegen wilde Tiere schützen. Auch hat er ein großes Messer bei sich, das einem Schwert ähnelt. Mit dem Messer schlägt er sich nicht nur einen Weg durch den dichten Wald frei, sondern erntet auch wohlschmeckende Farn-Pflanzen. Seine Mutter dünstet sie später zum Mittagessen in Wildschweinfett. Es ist Lings Lieblingsessen.
Wie alle Kinder nascht er natürlich auch gerne. Am Nachmittag holt er sich ein Stück Zuckerrohr aus einem nahen Feld. Das schmeckt richtig schön süß, wenn man darauf kaut. Mit seiner Mutter und anderen Kindern sammelt er Früchte und schleppt Wasser zu den Hütten. Nach dieser anstrengenden Arbeit badet er erst einmal im Fluss und beobachtet die bunten Fische.
Abends wird es im Regenwald früh dunkel. Dort, wo sie leben, gibt es keinen Strom. Doch langweilig wird es ihm nicht, denn Pellutan erzählt ihm spannende Geschichten von Tieren und Geistern, die im Wald leben. Alle Kinder mögen den alten Mann, der in einer Nachbarhütte wohnt.

1 Erkläre aus dem Textzusammenhang die Bedeutungen von: Zuckerrohr, Palmblätter, Lendenschurz, Brei aus Sago, Blasrohr. Nutze die Tipps aus der Werkstatt (Seite 54–58).

Tipp
Wenn du mehr über die genannten Gegenstände wissen willst, schlage im Lexikon nach oder recherchiere im Internet.

2 Erzähle nun von einem Tag im Leben des Jungen Ling.
- Sammle dazu im Text Informationen zu: Wohnen, Essen, Kleidung, Arbeit und Freizeit.
- Mache dir Notizen auf Karteikarten oder erstelle eine Mindmap.

3 Schreibe einen kleinen Text. Wähle eine der Aufgaben aus. Nutze deine Notizen.
a) Stell dir vor, du bist Ling: Erzähle von deinem Leben im Regenwald.
b) Stell dir vor, du bist ein Kinderreporter: Berichte in eurer Schülerzeitung über das Leben von Ling. Nutze dazu auch deine Worterklärungen aus Aufgabe 1.

→ *Hinweise zum Bericht findest du in Wissen und Können, Seite 273.*

Kinder in aller Welt

Jan kommt aus Deutschland und lebt seit sechs Jahren in Tansania, einem Land in Afrika. Als er mit seinen Eltern hierherkam, war er gerade ein Jahr alt. Er spricht Deutsch und Kiswahili, die Sprache der Leute hier. Vater sagt immer,dass er ihn darum beneidet, und manchmal muss Jan für ihn übersetzen.

Juan aus Kolumbien erzählt: Als ich die Kletterwand das erste Mal sah, hatte ich schon ein bisschen Angst vor der Höhe. Ich bin dann trotzdem geklettert, allerdings nicht bis ganz nach oben. Das habe ich erst beim zweiten Mal geschafft. Ich bin gelähmt, seit ich denken kann. Das kommt von einer Krankheit, mit der ich schon geboren wurde.

Überall auf der Welt wachsen Kinder auf. Viele Kinder leben ganz anders als du. Aber vieles ist überall gleich: Kinder spielen gern, brauchen Freunde, haben manchmal Angst oder machen sich Sorgen. In diesem Kapitel lernst du einige Kinder aus fernen Ländern kennen. Du erfährst Interessantes über ihren Alltag und ihr Land. Du solltest aber bedenken, dass kein Kind für alle Kinder seines Landes steht. Jedes Kind ist anders und lebt anders.

In diesem Kapitel lernt ihr,

- über Besonderes und Interessantes zu berichten,
- aus Texten Informationen für den eigenen Text zu gewinnen,
- was man beim Berichten besonders beachten muss,
- einen Text zu planen, aufzuschreiben und zu überarbeiten.

Carolina lebt auf der Azoren-Insel Pico, die zu Portugal gehört. Wie viele Menschen hat das Mädchen unzählige Brote gebacken, zusammen mit ihrer Großmutter. Denn die Menschen auf der Insel feiern das Brotfest.

1 Suche zunächst auf dem Weltatlas die Länder und Orte, wo die Kinder leben. Informiere dich auch im Lexikon.

2 Lies nun die Texte und tausche dich mit anderen darüber aus, was euch am meisten interessiert.

3 Was weißt du über Kinder in anderen Ländern? Worin unterscheidet sich der Alltag der Kinder von eurem Alltag?

4 Stell dir vor, du könntest eines der Kinder befragen. Was würdest du gerne wissen?

Etwas über das Leben in einem fernen Land erfahren

1 Lest den Text „Jan kommt aus Deutschland“. Wählt dazu eine der Lesemethoden von Seite 283 aus.

2 Nach dem Lesen tausche dich mit einem Partner darüber aus, was du besonders interessant gefunden hast.

Nasrin Siege

Jan kommt aus Deutschland

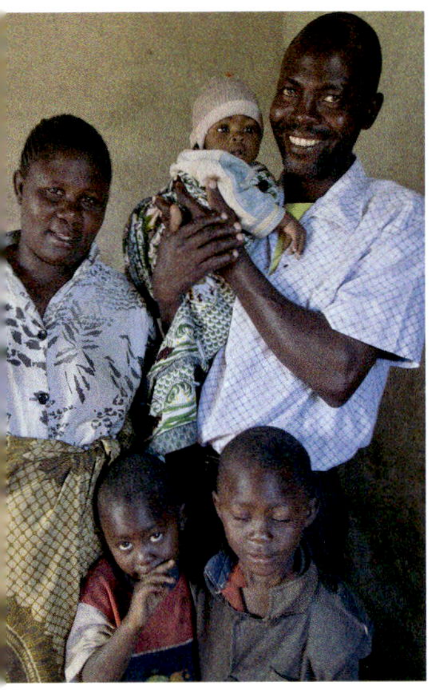

Jan kommt aus Deutschland und lebt seit sechs Jahren in Tansania, einem Land in Afrika. Als er mit seinen Eltern hierherkam, war er gerade ein Jahr alt.

Er spricht Deutsch und Kiswahili, die Sprache der Leute hier. Vater sagt immer, dass er ihn darum beneidet, und manchmal muss Jan für ihn übersetzen.

An die große Hitze hat Jan sich schnell gewöhnt. Meistens läuft er barfuß und nur mit einer kurzen Hose bekleidet herum.

Jan hat viele Freunde gefunden. Sein bester Freund ist Abedi, dessen Mutter zusammen mit ihren vier weiteren Kindern in Lushoto wohnt, wo sie ihre Shamba, das ist ein kleines Feld, bebaut und von seinen Erträgen lebt.

„Das gibt es häufig“, sagt Mama, „dass die Familien in Tansania so weit voneinander getrennt leben müssen.“

Abedi wohnt bei seinem Vater Juma, der als Gärtner bei Jans Eltern arbeitet. Manchmal geht Juma nach Lushoto, um seine Familie zu besuchen.

Die Kinder hier haben nicht viele Spielsachen, und die, die man kaufen könnte, sind viel zu teuer. Die meisten Spielsachen stellen sich die Kinder oder deren Eltern selber her. So hat Juma seinem Sohn ein Fahrrad aus Holz gebaut, mit dem auch Jan fahren darf. Besonders stolz sind Jan und seine Freunde auf ihre selbst gebauten Autos aus Draht, die sie an langen Stangen vor sich herschieben. Dabei unterhalten sie sich über Autorennen.

Einmal hat sich Hamisi einen Ball aus Lumpen geformt und sie alle aufgefordert, mit ihm Fußball zu spielen. Seitdem ist ihre Jungengruppe noch größer geworden und fast jeden Nachmittag wird auf einem freien Feld Fußball gespielt.

Für viele ihrer Spiele brauchen die Kinder jedoch nur sich selbst, zum Beispiel in dem Spiel, in dem ein Kind einen Löwen darstellt, der die anderen Kinder zu fangen versucht.

Einmal hat Vater den Kindern eine „Duka“, einen Kaufmannsladen, gebaut. Jan und seine Freunde haben gespielt, dass sie sich hier alles kaufen können, was sie sich wünschen: Schokolade und Kekse und Kaugummi und auch etwas zum Trinken.

„Ach, war die Schokolade gut“, hat Abedi gesagt und hat sich dabei die Lippen geleckt.

„Und das Kaugummi erst“, hat Aleksi gekichert und hat dabei gekaut.

Sie haben an diesem Nachmittag viel gelacht. Es war so, als ob sie wirklich all das gegessen und getrunken hätten, was sie sich vorgestellt hatten.

Jan hat eine weiße Haut und helle blonde Haare. Und weil er so ganz anders aussieht als die Tansanier, denken alle, die ihn noch nicht kennen, zunächst einmal, dass er als Ausländer nicht ihre Sprache spricht. Wenn sie ihn mit seinen Freunden Kiswahili sprechen hören, sind sie immer ganz überrascht. „Wie? Was?“, sagen sie dann. „Wieso sprichst du so wie wir? Wer ist dein Vater? Wo kommst du her?“

„Du bist so wie wir“, sagen Jans Freunde, „nur dass du weiß bist, und wir sind schwarz.“

Jans Vater arbeitet für die deutsche Entwicklungshilfe. Manchmal nimmt er Jan mit auf die Dörfer, wo er mit den Bauern über ihre Probleme spricht und sie berät. Er hat ihnen gezeigt, wie man mithilfe von Ochsen den Boden pflügt.

„Früher haben sie das nur mit der Hacke gemacht“, erklärt Vater. „Wenn wir eines Tages nicht mehr hier sind, sollen sie gelernt haben, mit den Ochsen zu arbeiten.“

Juma hat beim Grasschneiden im Garten eine große Puffotter getötet, die ihn angegriffen hatte.

Aber es gibt noch andere Tiere in Jans Garten. In der Nacht kann er oft die Buschbabys schreien hören, und ihm kommt es so vor, als ob da jemand laut und hämisch lacht. Die Buschbabys sind so klein wie Katzen, haben Hände und Füße wie Menschen und ganz große Augen.

In einem Baum im Garten hat sich eine ganze Familie eingefunden. Jeden Abend legen Jan und Abedi ihnen Mangos und Bananen auf die Zweige, die sie sich dann im Schutze der Dunkelheit abholen. Sie sind sehr scheu und laufen ganz schnell weg, wenn sich jemand ihrem Baum nähert.

Im letzten Jahr, bevor sie wieder nach Deutschland gingen, haben Jan und seine Eltern eine große Safari durch die Wildparks in Tansania gemacht. Sind im Landrover stundenlang durch staubige Straßen und zum Teil durch dichten Busch gefahren. Manchmal war es so anstrengend, dass Jan im Auto eingeschlafen ist.

Im Wildpark ist es verboten, aus dem Auto zu steigen. Als Mama einmal angehalten hat, um zwei Giraffen zu fotografieren, ist Jan heimlich ausgestiegen. Als seine Eltern ihn plötzlich draußen gesehen haben, haben sie mit ihm geschimpft. „Das ist doch viel zu gefährlich", hat Mama gesagt.

„Ich habe doch mein Messer, und außerdem habe ich keine Angst", hat Jan sich verteidigt.

„Wenn ein Löwe kommt, nützt dir dein Messer nichts", hat Papa gesagt.

Auf dieser Fahrt haben sie Elefanten, Giraffen, Löwen, Antilopen, Wildschweine und viele andere Tiere gesehen. Am Ende der Reise sind sie nach Lushoto gefahren und haben dort einen befreundeten deutschen Arzt besucht.

Jetzt ist Jan seit drei Monaten wieder zurück in Deutschland. Er geht auf eine deutsche Schule und hat auch neue Freunde gefunden. Immer noch denkt und träumt er manchmal auf Kiswahili.

3 Die Klasse 6b möchte in Kurzvorträgen Besonderes und Interessantes über Jans Leben in Tansania vorstellen.
Ida hat für ihren Vortrag den ersten Teil bis Zeile 17 gewählt. Was ihr wichtig ist, notiert sie als Stichworte.
- Finde heraus, wie sie dabei vorgeht.
- Übertrage die Stichworte in dein Heft und ergänze sie.

Jan ~~kommt aus Deutschland und lebt~~ seit sechs Jahren in Tansania, ~~einem Land in~~ Afrika. ~~Als er~~ mit seinen Eltern hierherkam, ~~war er gerade~~ ein Jahr alt. ~~Er~~ spricht Deutsch und Kiswahili, ~~die Sprache der Leute hier~~. Vater ~~sagt immer, dass er~~ ihn ~~darum~~ beneidet, ~~und~~ manchmal ~~muss~~ Jan für ihn übersetzen. An ~~die~~ große Hitze ~~hat Jan~~ sich schnell gewöhnt. ~~Meistens läuft er~~ barfuß ~~und~~ nur mit einer kurzen Hose ~~bekleidet herum~~ ...

Idas Stichworte:
- *mit Eltern nach Tansania*
- *ein Jahr alt*
- *seit sechs Jahren in T.*
- *J. spricht Deutsch und Kiswahili,*
- *J. übersetzt für V.*
- *große Hitze kein Problem*
- *J., nur barfuß u. in kurzer Hose*
- ...

4 Bereite selbst einen Kurzvortrag vor:
- Wähle aus, worüber du von Jan sprechen willst, z. B. über Safari oder Spielen.
- Notiere Stichworte, damit du nichts vergisst.
- Du kannst auch über den Anfang sprechen und dazu Idas und deine Stichworte nutzen.

5 Haltet eure Vorträge. Dazu könnt ihr die folgende Methode wählen:

Methoden und Arbeitstechniken

Gemeinsam lernen: vortragen – zuhören – beobachten

1. Bildet Partnergruppen.
2. Einer hält den Vortrag, der andere hört zu.
3. Der Zuhörer gibt Rückmeldung, ob er etwas vermisst.
4. Wechselt anschließend die Rollen.

6 Sprecht anschließend in der Klasse über Jans Leben in Tansania: Was ist besonders bemerkenswert daran?

7 Jan ist wieder in Deutschland. Er schreibt seinem Freund Abedi einen Brief. Schreibe Jans Brief an Abedi.

Einen informierenden Text schreiben

In dieser Werkstatt lernst du, wie du über Gelesenes berichten kannst. Dazu lernst du im ersten Teil, worauf es beim Berichten ankommt. Im zweiten Teil probierst du es dann Schritt für Schritt selber aus.

Teil 1: Worauf es beim Berichten ankommt

Felix berichtet für eine Wandzeitung in der Klasse über Juan aus Kolumbien. Seine Informationen dafür hat er aus einem Internettext. Lerne zunächst seinen Bericht kennen, anschließend den Internettext.

1 Lies zunächst Felix' Bericht.

Ich berichte von Juan, der in Kolumbien in der Hauptstadt Bogotá lebt. Juans Beine waren immer schon gelähmt. Er musste deshalb lernen, seine Arme mehr zu trainieren. Dazu nahm er an einem Hilfsprojekt in seinem Land teil. Dort lernte er z. B. das Klettern an einer Kletterwand. Um noch mehr Kraft für die Arme zu bekommen, musste er viel trainieren. Er setzte sich immer neue Ziele, z. B. ging er einmal im Monat schwimmen, und er nahm sich vor, bis auf den Grund des Beckens zu tauchen. Aber es gab auch Probleme. Und er wollte schon aufgeben. Oft konnte er sich mit seinem Rollstuhl in seinem Wohnviertel in Bogotá schlecht fortbewegen, weil Brücken und schlechte Straßen ihn daran hinderten. Juan möchte später einmal Automechaniker werden.

Felix, 6 b

2 Lies nun den Internettext, aus dem Felix seine Informationen hat.

Juan erzählt: Als ich die Kletterwand das erste Mal sah, hatte ich schon ein bisschen Angst vor der Höhe. Ich bin dann trotzdem geklettert, allerdings nicht bis ganz nach oben. Das habe ich erst beim zweiten Mal geschafft. Ich bin gelähmt, seit ich denken kann. Das kommt von einer Krankheit, mit der ich schon geboren wurde. Jeder fragt sich, wie ich mit gelähmten Beinen überhaupt klettern kann. Aber das ist nicht schwierig. Wie jeder andere Klettersport-

ler werde ich mit einem Seil gesichert. Normalerweise ist das locker: nämlich dann, wenn ich mich mit den Armen von einem Vorsprung zum anderen ziehe. Doch dazwischen – während ich also überlege, wohin ich als Nächstes greife – strafft mein Trainer das Seil, sodass es einen Teil meines Gewichtes trägt. Bis ich mich ganz allein mit meinen Armen hochstemmen kann, muss ich noch ordentlich trainieren. Wenn man genug übt, kommt man mit allem klar. Das habe ich hier, in dem Hilfsprojekt, gelernt. Seit sechs Jahren nehme ich daran teil. Und setze mir immer neue Ziele. Einmal im Monat gehe ich zum Beispiel schwimmen. Und arbeite jetzt daran, bis zum Grund des Beckens zu tauchen. Ich bin sicher, dass ich es schaffen kann. Natürlich bin ich manchmal auch frustriert, wenn ich mit dem Rollstuhl unterwegs bin. Hier in Bogotá führen oft Brücken über die großen Straßen. Hinauf gelangt man nur über Treppen. Und auch die Bürgersteige haben nicht immer Rampen, auf denen ich hochfahren kann. In meinem Viertel ist es besonders schlimm, dort ist die Straße nämlich nicht asphaltiert. Wenn es regnet, wird der Boden zu Matsch, und dann komme ich mit dem Rollstuhl kaum noch vorwärts. [...] Später will ich unbedingt Automechaniker werden. Maschinen interessieren mich einfach. Schon jetzt begleite ich meinen Vater in die Werkstatt, wenn unser Auto mal kaputt ist, und schaue den Mechanikern zu. Eines Tages werde ich da selber mit anpacken. Ganz bestimmt!

http://www.younicef.de/fileadmin/Medien/PDF/geolino/Geolino-November-2011.pdf

3 Überprüft nach dem Lesen zu zweit oder zu dritt, ob ihr euch an Einzelheiten aus den Texten erinnern könnt:
- Überlegt euch W-Fragen zu den Texten und beantwortet sie reihum.
- Legt fest, wer fragt und wer antwortet.

4 Worum geht es in beiden Texten hauptsächlich? Was ist richtig?
a) Ein Junge schwimmt und taucht gern.
b) Ein behinderter Junge trainiert hart, damit er im Alltag klarkommt.
c) Ein Junge hat auf der Straße Probleme mit dem Rollstuhl.
d) Ein Junge will Automechaniker werden.

Tipp
Die Aufgaben 4 und 5 bearbeitet am besten mit der „Ich-Du-Wir"-Methode (Seite 282).

5 Finde heraus, was Felix alles für bedeutsam und interessant hält. Markiere dazu im Internettext alles, was auch in Felix' Text vorkommt und notiere es.
- Bist du mit seiner Auswahl zufrieden? Würdest du etwas ergänzen oder weglassen?

– Juan aus Bogotá, Kolumbien
– behindert, gab nie auf
– Beine immer schon gelähmt
– Arme trainieren
– ...

6 Untersuche nun, **wie** Felix berichtet.

	Felix formuliert so:	Im Internettext steht es so:
A	*„Juans Beine waren immer schon gelähmt."*	„Ich bin gelähmt, seit ich denken kann. Das kommt von einer Krankheit, mit der ich schon geboren wurde."
B	*„Juan möchte später einmal Automechaniker werden."*	„Später will ich unbedingt Automechaniker werden. Maschinen interessieren mich einfach. Schon jetzt begleite ich meinen Vater in die Werkstatt, wenn unser Auto mal kaputt ist, und schaue den Mechanikern zu. Eines Tages werde ich da selber mit anpacken. Ganz bestimmt!"

- Welche der vier Merkmale (a–d) findest du in den Formulierungen von Felix wieder? Begründe.
  a) Zeitform ist meistens das Präteritum
  b) Sachlich schreiben, ohne Gefühle und Bewertungen
  c) Aus der Ich-Form wird die Er-Form
  d) Auf die Darstellung vieler Einzelheiten wird verzichtet
- Finde zu den Merkmalen (a–d) weitere Beispiele in Felix' Text.

7 Überlegt gemeinsam, was Felix durch seinen Bericht erreicht. Entscheidet dabei, welche der folgenden Aussagen zutreffen. Begründet mit Formulierungen aus seinem Text.
a) Man wird schnell informiert.
b) Man erfährt, was geschieht.
c) Man kann sich alles gut vorstellen.
d) Man erfährt sehr viele Einzelheiten.
e) Man bekommt einen guten Überblick.
f) Man kann sich Gedanken und Gefühle gut vorstellen.

8 Untersuche, in welcher Reihenfolge Felix berichtet: Womit beginnt er? Was folgt? Wie beendet er seinen Bericht?

Teil 2: Schritt für Schritt: Vom Stichwort zum fertigen Text

Du sollst jetzt selbst einen Bericht für eine Wandzeitung schreiben. Darin informierst du über Besonderes und Interessantes aus dem Alltag eines Kindes.

1 Lies den folgenden Zeitschriftentext.

Brot und Blumen

Na endlich! Fast zwei Wochen lang hat sich Carolina auf diesen Tag vorbereitet. Wie viele Menschen auf der Azoren-Insel Pico, die zu Portugal gehört, hat das Mädchen unzählige Brote gebacken, zusammen mit seiner Großmutter. „Am Schluss war das ganze Haus voll damit", erzählt die Zwölfjährige. „Küche, Wohnzimmer, sogar mein Schlafzimmer." Nun darf Carolina die Kringel aus Maisteig endlich verschenken. Denn die Menschen auf der Insel feiern das Brotfest. Sie erinnern damit an Königin Elisabeth von Portugal. Die Adlige soll Anfang des 14. Jahrhunderts heimlich Brot aus ihrem Palast geschleust und an die Armen verteilt haben. Ihr Mann Dionysius erwischte Elisabeth jedoch eines Tages und wollte wissen, was sie unter ihrem Schleier versteckte. Als sie diesen hob, fielen der Legende nach keine Brote, sondern rote Rosen hinab. Ein Wunder! Und für Carolina und die anderen Insulaner noch heute ein Grund zum Feiern.

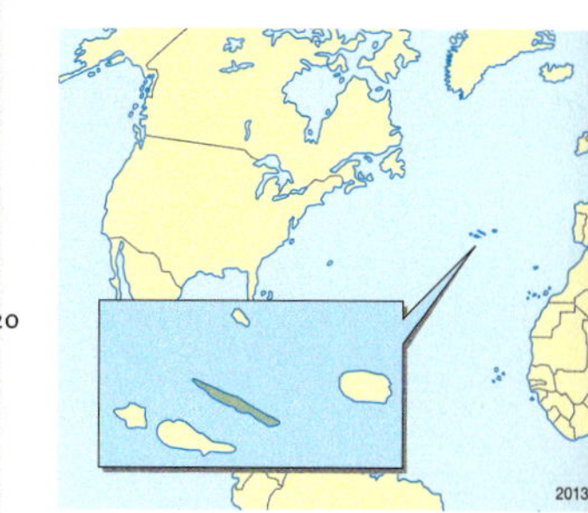

Schritt 1: Informationen gewinnen – Stichworte notieren

– Carolina, 12 Jahre
- lebt auf der Azoreninsel Pico
– ...

2 Halte Besonderes und Interessantes in Stichworten fest. Ergänze dazu den Stichwortzettel.

Schritt 2: Einen Schreibplan anfertigen

3 Entwirf deinen Schreibplan.
- Übernimm den Plan in dein Heft.
- Ergänze ihn mit den Stichworten, die du nutzen willst.

Schreibplan

Einleitung:	Formuliere am Anfang, um welches Kind es geht und wo es lebt. *… lebt in … und ist … alt.*
Hauptteil:	Schreibe weiter, was besonders und interessant ist. *… lernte … nahm teil an … interessierte sich … Besondere Freude … In der freien Zeit …*
Schluss:	Formuliere einen Satz, der den Bericht abschließt. Du kannst z.B. von einem Wunsch für die Zukunft berichten.

Schritt 3: Den Text schreiben

4 Schreibe nun deinen Bericht. Nutze den Schreibplan.

Schritt 4: Den Text mit einer Checkliste überarbeiten

5 Überarbeite deinen Bericht. Nutze die Checkliste.

Checkliste

zur Überprüfung eines Berichts
- Besonderes und Interessantes?
- Alles richtig?
- Bekommt man einen guten Überblick?
- Sinnvolle Reihenfolge?
- Sachlich, ohne Gefühle und Bewertungen?
- Er-Form verwendet?
- Passende Zeitform?

Eine Pinnwand einrichten und nutzen

Die Schülerinnen und Schüler der Klasse 6b wollen über Kinder in aller Welt eine Wandzeitung mit Berichten anfertigen. Für die Vorbereitung haben sie eine Infowand eingerichtet.

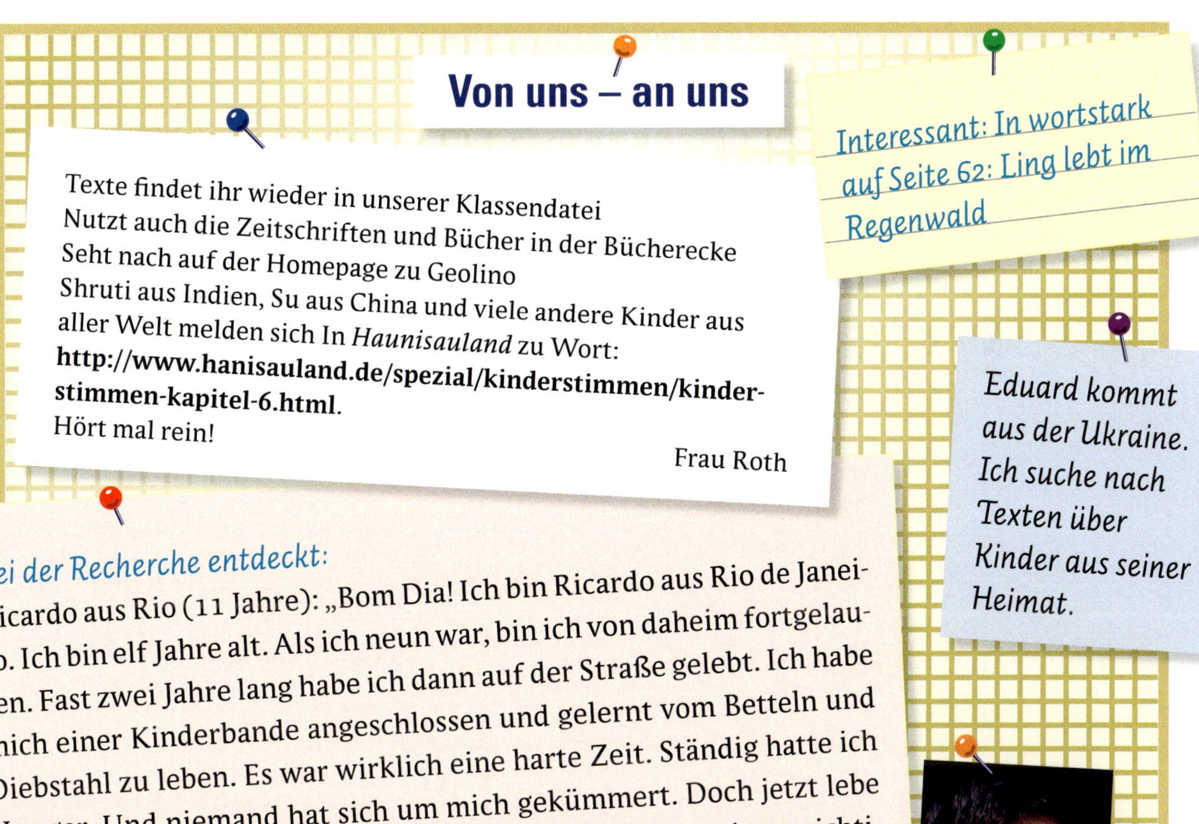

1 Sprecht darüber, worum es in den Texten geht und warum sie dort hängen.

2 Diskutiert, ob ihr auch ein solches Projekt durchführen wollt und dazu eine Pinnwand einrichtet. Besprecht die notwendigen Schritte.

Zum Text über Ricardo hat Alina einen Bericht geschrieben:

Ich schreibe über Ricardo. Er ist elf Jahre alt und lebt in Rio de Janeiro. Mit neun Jahren lief er von zu Hause weg. Er lebte fast zwei Jahre lang auf der Straße. Armer Kerl! Das war schlimm! Er war in einer Kinderbande und lernte betteln und stehlen. Dann kam er in ein Waisenhaus und ging wieder zur Schule. Nachmittags konnte er dann immer Fußball spielen. Ricardo will sich später um Straßenkinder kümmern. Mal sehen, ob das auch klappt.

Alina

Auf einer Textlupe findet sie folgende Hinweise für eine Überarbeitung:

Textlupe

Tipps von	Das gefällt mir	Hier stört mich etwas	Mein Tipp
Raphael	*Du schreibst sachlich.*	*Der Schluss stimmt nicht ganz.*	*Ergänze, dass er vielleicht auch Fußballstar werden will.*
Judith	*Alles stimmt. Du hast prima gekürzt.*	*Du hast Gefühls-sätze verwendet.*	*Streiche die Ge-fühlsausdrücke.*

3 Alina findet die Hinweise von Raphael und Judith gut. Die Tipps zur Überarbeitung will sie nutzen. Überarbeite Alinas Text mit den Tipps.
- Finde die Textschwächen.
- Schreibe den berichtigten Text auf.

Einen informierenden Text schreiben

Namaste!

Namaste = indischer Gruß, der sowohl „Guten Tag“ als auch „Auf Wiedersehen“ bedeutet.

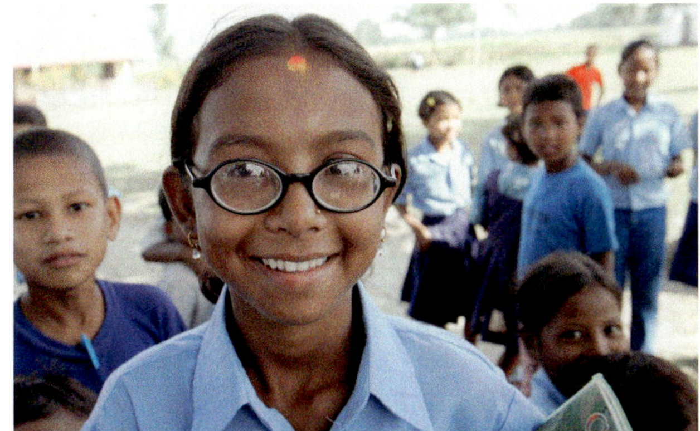

Ich heiße Kanta und bin 12 Jahre alt. Früher habe ich in der Teppichfabrik gearbeitet. Dort ist es sehr schwer für mich gewesen und ich hatte viele Probleme. Ich habe in der Fabrik gelebt, wo ich hart arbeiten musste. Von morgens um fünf bis abends um zehn Uhr habe ich Teppiche geknüpft. Wenn ich mit der Arbeit fertig war, durfte ich meine Abendmahlzeit essen. Dann konnte ich schlafen gehen. Wenn ich am nächsten Morgen aufwachte, lag immer der gleiche Tagesablauf vor mir. So floss mein Leben langsam dahin. Eigentlich wollte ich gar nicht arbeiten und die Arbeit hat mich auch nicht interessiert. Eines Tages besuchte ein Vertreter von Rugmark die Fabrik und fragte mich, ob ich gerne zur Schule gehen wollte. Ich antwortete mit Ja, sagte aber, dass ich Angst davor hätte, was mein Meister dann tun würde. Aber nachdem der Mann meinen Meister überzeugt hatte, sagte er mir, ich solle mir keine Sorgen mehr machen, denn er habe alles geregelt. Also stimmte ich ohne weitere Bedenken zu. Zwei Tage später kam er wieder, um mich zu befreien, und ich bin ganz froh mit ihm in das Übergangsheim gegangen. Nachdem ich eine Zeit lang die Schule dort besucht hatte, bin ich ins BABK, das ist dieses Schulzentrum hier, gekommen. Ich bin sehr glücklich hier und habe auch nicht mehr so viele Sorgen wie früher in der Teppichfabrik.

Rugmark = Intitiative, die sich dafür einsetzt, dass Teppiche ohne Kinderarbeit hergestellt werden und dass Arbeiter den örtlichen Mindestlohn erhalten.

Wenn ich groß bin, möchte ich gern Tänzerin werden, damit ich genügend Geld sammeln kann, um noch mehr Ausbildungszentren für Kinder gründen und die bestehenden weiter ausbauen zu können. Ich finde, dass kein Kind auf der Welt im Unglück leben sollte. Alle Kinder müssen die Möglichkeit haben, in eine Schule wie das BABK zu gehen, wo sie in einer freundlichen und liebevollen Umgebung lernen können.

1 Was musst du beim Berichten beachten? Erweitere die Hinweise durch weitere:
- Was man berichtet, muss stimmen!
- ...

2 Fertige einen Stichwortzettel an, auf dem du wichtige Einzelheiten über Kantas Leben notierst:

Name, Alter, Familie, Schule, Wohnen, Sprache, Tagesablauf

3 Schreibe mithilfe deiner Stichworte einen zusammenhängenden Text, in dem du über Kantas Leben informierst.
- Schreibe in der Er-Form.
- Dein Text soll nicht länger als 100 Wörter sein.

Das kann ich schon!

✔ Besonderes und Interessantes in einem Text entdecken
✔ Einzelheiten in Stichworten festhalten
✔ Mit Stichworten berichten
✔ Einen Bericht mit einer Checkliste überprüfen und überarbeiten

→ Du kannst in **EXTRA** auf Seite 79 üben, wie du in einem Text wichtige Informationen findest und sie aufschreiben kannst.
→ Du kannst aber auch noch einmal in der **Werkstatt** üben (Seite 70-74).
→ Wenn du in einem Bericht Textschwächen entdecken und sie berichtigen willst, arbeite in **EXTRA**, Seite 80.
Lass dich in jedem Fall von deiner Lehrerin oder deinem Lehrer beraten.

Besonderes und Interessantes in einem Text finden und notieren

1 Lies den Text ruhig mehrere Male, um herauszufinden, worum es geht.

Auf einem Stuhl? Im Bett? Oeun aus Kambodscha macht es sich lieber auf seinem Haustier gemütlich – dem Tigerpython Lucky. Schon einmal haben wir über die ungewöhnliche Freundschaft der beiden berichtet, damals war Oeun drei Jahre alt. Die Riesenschlange war eines Tages unter das Bett des Jungen gekrochen und blieb einfach bei ihm, bis heute. Auch knapp neun Jahre später legt der Elfjährige seinen Kopf gern auf den schuppigen Schlangenkörper, lässt sich seelenruhig einwickeln und spricht leise mit dem Reptil. Etwas hat sich aber doch geändert: Jedes Wochenende pilgern Hunderte Menschen nach Sit Tbow, Oeuns Heimatdorf, um die mittlerweile fünf Meter lange Pythondame zu sehen. Sie glauben, dass die Schlange eine Wiedergeburt Buddhas, ihres Religionsstifters, sei und Glück bringe. Für Oeun aber ist Lucky vor allem eines: seine beste Freundin.

Tipp
Zur Übung schreibe mit den Stichwörtern einen Text, wie man ihn in einer Wandzeitung veröffentlichen könnte.

2 Unterstreiche wichtige Stellen (Folie). Der Anfang ist schon gemacht.

3 Kontrolliere noch einmal, was du unterstrichen hast, und mache dir Notizen.

– Oeun gemütlich auf Tigerpython Lucky.
– eines Tages unter dem Bett
– …

4 Lies noch einmal deine Stichworte.
- Wenn dir dabei die wichtigen Einzelheiten aus dem Text einfallen, hast du die richtigen Ausdrücke notiert.
- Sonst musst du noch einmal nachlesen und die Stichworte umformulieren oder auch ergänzen.

Textschwächen entdecken und berichtigen

Luisa hat zu dem Text „Jan kommt aus Deutschland“ einen Bericht geschrieben.

1 Suche im Text auf Seite 66–68 den Teil, aus dem sie die Informationen für ihren Bericht hat, und lies ihn aufmerksam durch.

2 Finde in Luisas Bericht Stärken und Schwächen. Nutze dazu die Checkliste auf Seite 74.
- Halte deine Beobachtungen in einer Textlupe (Seite 76) fest.
- Berichtige Luisas Text mithilfe deiner Textlupe.

Jan kommt aus Deutschland und hat in Tansania gelebt. In Tansania haben sich die Kinder oder deren Eltern die Spielsachen selber gemacht. Nachmittags haben sie dann immer alle zusammen gespielt. Z.B. hatte ein Vater einmal einen Kaufmannsladen gebaut. Damit spielten sie, dass sie sich alles kaufen konnten, was sie wollten (Kaugummis, Kekse, Schokolade und etwas zu trinken). Sie hatten einfach kein Geld, um sich teure Spielsachen zu kaufen. Seitdem ein Junge einmal einen Ball aus Lumpen gebaut hatte, haben sie eine noch größere Jungengruppe. Sie hatten jeden Nachmittag viel Spaß zusammen.

Luisa K.

Ideen und Anregungen:

Beachte die Tipps im Kapitel** Ran an die Bücher **auf Seite 100–117!

→ Besorge dir **Sachbücher** oder **Zeitschriften** zum Thema und lies darin.

→ Lies in einem **spannenden Buch:**

Sombo lebt in einem kleinen afrikanischen Dorf. Jeden Tag geht sie den langen Weg zur Schule. Sie liebt die Schule und bewundert den Lehrer, der so viel weiß. Sombo erzählt, wie sie für ihre Geschwister sorgen muss und wie gerne sie im kühlen Fluss badet oder schwimmen geht. Abends hört sie den Geschichten ihres Großvaters zu. Doch Sombo hat viele Fragen, und es gibt vieles, worüber sie nachdenken muss. Warum dürfen die Männer nicht mehr auf Elefantenjagd gehen und warum soll Wimes Großmutter plötzlich eine Hexe sein? Dann muss Sombo ins Mukanda, die Busch-Schule für Mädchen, wo sie lernt, was sie als erwachsene Frau wissen muss. Eine Zeit, die ihr wie ein langer Traum vorkommt.

→ Erstelle eine **Mappe** oder ein **Plakat**: Informiere über das Leben in den Dörfern und Städten eines fernen Landes, vom Leben in Regenwäldern, Wüstengebieten, im Gebirge, auf Inseln oder in der Kälte der arktischen Tundra. Was essen die Menschen dort, welche Kleidung tragen sie, wie sehen ihre Häuser aus, welchen Glauben haben sie, welche Fächer gibt es in der Schule, wie kommen die Kinder dorthin?

Mädchen – Junge, Junge – Mädchen

Manchmal würde ich schon gern tauschen, weil Mädchen kichern und alles mit ihren Freundinnen besprechen können. Jungs müssen da auf Joe-Cool tun.

Jungs sind doof. Die meisten in meiner Klasse kloppen sich immer, und das sieht ziemlich brutal aus.

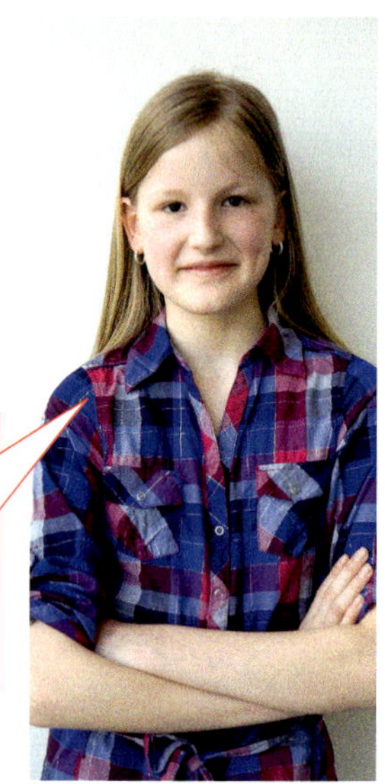

Mädchen sind brav und fleißig, Jungen wild und mutig. Mädchen sind zickig und launisch. Jungen spielen am Computer. Solche Sätze hören und lesen wir überall, nicht nur in unserem Alltag, auch in Büchern, Film und Fernsehen.

In diesem Kapitel lernt ihr,

- über typisches Verhalten von Jungen und Mädchen nachzudenken,
- euch in Buchfiguren hineinzuversetzen,
- mit ihnen Kontakt aufzunehmen,
- aus verschiedenen Perspektiven zu schreiben.

- … interessieren sich für Fußball
- … haben Interesse an Mode
- … sind oft albern
- … weinen nicht

Die Expertin Iris Röll meint:

„Früher war es klar: Jungen waren stark, laut, strengten sich in der Schule nicht an, prügelten sich und natürlich heulten sie nicht. Mädchen waren nett, hübsch, hilfsbereit, fleißig in der Schule und natürlich war Heulen okay. Und heute? Da gilt das alles so nicht mehr!"

1 Vergleicht, was Ole und Luzie (Seite 82) über Jungen und Mädchen denken.
- Was sagen die beiden über Jungen und Mädchen?
- Was denkst du: Gibt es Eigenschaften, die nur Jungen haben, und solche, die nur Mädchen haben?

2 Was sagt die Expertin Iris Röll über Jungen und Mädchen?
- Wie war es früher?
- Was hat sich geändert?

3 Setzt in die Sprechblase ein:
nur Jungen – nur Mädchen
viele – einige – manche – alle Jungen/Mädchen
Mädchen und Jungen
Was ändert sich? Diskutiert es miteinander.

Über Mädchen und Jungen nachdenken …

1 Schau dir die Bilder an und lies die Texte. Erzähle, was passiert.
- Woran erkennst du, dass die Comicfiguren Mädchen sein sollen?
- Wie heißen die Mädchen?
- Was machen sie?
- Worüber unterhalten sie sich?

2 Wie verhalten sich Tabea und Lisa?
- Was sagen Tabea und Lisa über Jessica?
- Wie reagieren sie, als sich Amanda zu ihnen setzen will?
- Was soll die Frage mit den Ohrringen?

3 Sprecht darüber: Wie findet ihr Tabea und Lisa?
Welcher Meinung aus den Sprechblasen stimmst du eher zu? Warum?

Tabea und Lisa sind gemein.

Tabea und Lisa sind richtige Freundinnen.

Typisch Mädchen!

4 Erzähle, wie der Comic weitergeht.

- Woran erkennst du, dass die neuen Comicfiguren Jungen sind?
- Was passiert?

5 Wie verhalten sich Tabea und Lisa gegenüber den andern?

- Wie behandeln sie die Jungen?
- Wie behandeln sie Amanda jetzt?

6 Warum heißt es am Schluss „Mädchen sind super!“?
Welcher Meinung stimmst du eher zu? Warum?

Ich glaube, weil Mädchen zusammenhalten!

…, weil Mädchen sich von den Jungen nichts sagen lassen

7 Beschäftigt euch weiter mit dem Comic und wählt eine der Aufgaben aus.

a Spielt die Geschichte nach oder verändert sie. Sprecht über eure Rollenspiele.

b Schreibt einen Comic „Jungs sind super!“. Vergleicht eure Comics und sprecht darüber.

Die Perspektive wechseln

In der folgenden Geschichte geht es um Vanessa. Ihr Traum: später als erste Frau in der Männernationalmannschaft mitspielen. Ihr Vater hat mit Willi, dem Trainer der Wilden Fußballkerle, abgemacht, dass Vanessa in der Jungenmannschaft mitspielen darf.

▶▶ Ihr könnt die Geschichte „in einem Zug" lesen und direkt die Aufgaben 1 und 2 auf Seite 89 machen. Ihr könnt die Geschichte aber auch Schritt für Schritt lesen und die blauen Pfeilaufgaben bearbeiten, ehe ihr die Aufgaben auf Seite 89 angeht.

Joachim Masannek

Vanessa, die Unerschrockene

Ich schritt durch das Holztor und für einen Augenblick sah ich elf *Wilde Kerle* auf dem Bolzplatz trainieren.
Elf Jungs, ganz in Schwarz mit knallorangen Stutzen. Und dieser eine Augenblick reichte aus, um zu sehen, was für eine verflixt gute Mannschaft das war. Doch nach diesem einen Augenblick war es still. Absolut still, und als hätte jemand die Zeit angehalten, bewegte sich niemand mehr auf dem Platz. Selbst der Ball schwebte über unseren Köpfen hoch in der Luft. Ich kam mir vor wie im Zoo. Alle starrten mich an, als wäre ich ein Känguru, das man mit einem Krokodil gekreuzt hat. Aber das war ich gewohnt. Mein ganzes Leben lang hatte man mich so angeschaut. Deshalb erholte ich mich als Erste von allen. Ich räusperte mich und fragte mutig nach Willi. Doch für die anderen stand die Zeit immer noch still. Sie schienen für immer erstarrt und verstummt.

Was will die denn hier!

▶▶ Was denken die Wilden Kerle, als Vanessa auf dem Trainingsplatz erscheint? Schreibt Denkblasen.

▶▶ Bevor ihr weiterlest, könnt ihr einmal überlegen, wie die Geschichte weitergehen könnte.

▸▸ Lies weiter und markiere (Folientechnik) in den wörtlichen Reden die Sätze, an denen du deutlich erkennst, was die wilden Kerle denken.

„Hallo, ich heiße Vanessa“, machte ich einen zweiten Versuch. „Mein Vater hat mit Willi telefoniert und der hat gesagt, dass ich bei euch mitspielen kann.“

Wieder wartete ich. Dann machte es einen Ruck. Die Zeit sprang um eine Dreiviertelsekunde nach vorn und in dieser Dreiviertelsekunde rissen alle *Wilden Kerle* ihre Köpfe nach links. Ich folgte ihrem Blick und sah Willi. Er hockte im Schneidersitz auf dem Rasen und grinste mich verschmitzt an. „Hallo, Vanessa“, begrüßte er mich. „Du bist spät dran!“ In diesem Moment setzte die Zeit wieder ein. Der Ball in der Luft bekam seine Schwerkraft zurück, fiel pfeifend herab und traf einen der *Wilden Kerle*, den mit der Nummer 13 auf dem Rücken, direkt auf den Kopf. Bäng!

„Halt! Einen Moment, Willi! Du kannst das, ähm, ich meine, die da ...?“, erwachte Nummer 13 erschrocken zum Leben.

„Ja, das ist Vanessa. Das hab ich doch gerade gesagt!“, antwortete Willi unschuldig lächelnd, stand auf und kam auf mich zu.

„Ja, das hab ich gehört!“, schnaufte der Junge. „Aber verstehen tu ich es nicht. Das da ist offensichtlich ein Mädchen.“

„Wow! Bingo, Leon!“, lobte ihn Willi. „Wie bist du nur so schnell darauf gekommen?“

„Das riecht man doch zehn Meilen gegen den Wind!“, wetterte Leon zurück. „Mensch, Fabi, jetzt sag doch mal was! Willi will‘n Mädchen in die Mannschaft reinholen.“ Doch Fabi, der mit der Nummer 4, sagte nichts. Für ihn stand die Zeit immer noch still. Er stand neben Leon und starrte mich an, als wär ich der Weihnachtsmann und der Osterhase in einer Person. Und das sag ich euch: Er sah nicht gerade intelligent dabei aus.

„O Mann, Fabi!“, rief Leon. „Das ist, als heuere ‚ne Frau auf ‚nem Walfänger an. Verflixt! Das bringt Unglück und Streit!“

„Findest du wirklich?“, fragte Fabi mit einem Lächeln, mit dem, wenn es nach mir ginge, niemand frei herumlaufen sollte.

„Ja, das finde ich wirklich!“, fluchte Leon. „Verflixt und zugenäht! Ist hier denn niemand mehr bei Verstand?“

„Was für‘n Verstand?“, griente Fabi.

Da sprang ein Junge mit roten Locken und einer Coca-Cola-Glas-Brille nach vorn. „Leon hat recht! Das ist unmöglich. So was hat es noch niemals gegeben."
„Ja, niemals!", rief der Kleinste von ihnen. „Wenigstens niemals, seitdem ich ein *Wilder Kerl* bin! Und das bin ich schon, seitdem ich lebe!" „Ganz genau!", riefen die anderen und schließlich fügte noch einer etwas hinzu: „Willi! Ich warne dich! Wenn die bei uns mitmacht, dann gehe ich!" Dieser Satz kam so klar und bestimmt, dass er mich wie ein Messerstich traf. Ich schaute dem *Wilden Kerl*, der das gesagt hatte, direkt ins Gesicht. Er war der Älteste und der Größte von ihnen, und so schwer ihm dieser Satz auch über die Lippen gekommen war: Er meinte ihn absolut ernst. „Ja, mein Bruder Marlon hat recht!", rief Leon. „Wenn die bei uns mitmacht, dann gehen wir alle!"

- ▸▸ Wer ist dafür und wer ist dagegen, dass Vanessa bei den Wilden Kerlen mitspielen soll?
- ▸▸ Warum sind sie dagegen?
- ▸▸ Was wollen die Wilden Kerle machen, wenn Vanessa mitmachen darf?

- ▸▸ Lies das Ende der Geschichte: Welche Lösung findet Willi?

Zum zweiten Mal war es still. Das einzige Geräusch, das man hörte, war das Schlagen meines Herzens und das Rascheln, als Willi seine Mütze in den Nacken schob, um sich die Stirn zu kratzen. Doch er kratzte sich nicht. Er musterte mich aus zusammengekniffenen Augen. Dann seufzte er tief und drehte sich zu den anderen um. „Okay. Okay! Ich habe verstanden und es tut mir auch aufrichtig leid. Ja, ich hätte euch vorher fragen sollen. Das weiß ich, verflixt, doch das hab ich leider Gottes nun mal nicht. Ja, und deshalb sitz ich jetzt in der Klemme. Mein Gott! Ich habe Vanessas Vater versprochen, dass seine Tochter bei uns trainieren darf. War das denn etwa so schlimm? Wenigstens einmal, auf Probe, und ich bitte euch jetzt darum, bitte, bitte, dass ich mein Wort halten darf." Die *Wilden Kerle* schauten Willi verblüfft an. „Kommt schon. Gebt ihr ,ne Chance", bat Willi weiter. „Und wenn sie nichts draufhat, schicken wir sie halt wieder heim." „Und falls doch?", fragte Leon. „Was passiert dann?" „Was soll denn schon passieren?", gab Willi achselzuckend zurück. „Dann verlieren wir einen Fußballer, nur weil er ein Mädchen ist. Sonst nichts."

Leon nickte zufrieden und musterte mich. Ich zerbiss mir die Unterlippe und hoffte, dass sie nicht schon längst aufgeplatzt war. Leon spürte meine Unsicherheit. Das wusste ich ganz sicher und deshalb wusste ich auch ganz genau, was jetzt auf mich zukommen würde. „Okay. Abgemacht", lächelte Leon wie Prinz John, der das Todesurteil für Robin Hood unterschrieb. „Ein Training auf Probe." Danach teilte er die Mannschaften ein.

1 Ein Mädchen als Fußballspielerin in einer Jungenmannschaft? Wähle eine Aufgabe aus.

- a Du bist Leon und schreibst Willi einen Brief, warum du dagegen bist.
- b Du bist Fabi und schreibst in dein Tagebuch, wie du darüber denkst.
- c Du bist Vanessa und schreibst Leon nach dem Training einen Brief.

2 Wähle eine der beiden Aufgaben aus.

- a Nimm mit den Figuren Kontakt auf und schreibe ihnen deine Meinung zu ihrem Verhalten. Schreibe eine E-Mail an Leon oder Vanessa.

  Hallo Leon,
  über dein Verhalten habe ich noch einmal nachgedacht:
  Ich finde …

  Liebe Vanessa,
  ich finde, dass …

- b Wie geht das Probetraining zu Ende? Schreibe die Geschichte aus Vanessas Perspektive (Ich-Form) weiter.

  Ich kam mit Leon in eine Mannschaft. In der Gegenmannschaft spielte Marlon, der Älteste und Größte von allen. Sofort nach dem Anstoß …

→ *Wenn du wissen willst, wie die Geschichte ausgeht, kannst du dir das Buch besorgen. Es ist auch verfilmt worden.*

Aus der Perspektive von Textfiguren schreiben

Um Buchfiguren besser verstehen zu können, sollst du dich in sie hineinversetzen. Bei der folgenden Geschichte sollst du dich in die Figuren Oliver und Karin hineindenken und die Geschichte an bestimmten Stellen verändern.

→ *Wie ihr einen Text in Gruppen lesen könnt, findet ihr in Wissen und Können auf Seite 283.*

▸▸ Vorher musst du den Text gelesen und verstanden haben. Entscheide, ob du ihn allein oder mit einem Partner lesen möchtest. Wenn du den Text verstanden hast, kannst du auch mit Schritt 3 beginnen.

Susanne Kilian

Der Brief

In der Deutschstunde stieß Karin die Ingrid an. „Guck mal, der Oliver schaut mich schon wieder so an!“, flüsterte sie ihr zu. Sie sahen beide zum Oliver hin. Der drehte sich weg. Er hatte die ganze Zeit die Karin angestarrt. Jetzt sah er nach vorn zur Tafel.

Die Karin und die Ingrid kicherten hinter vorgehaltenen Händen. Verdammt! Jetzt hatte die Lehrerin sich zu ihnen umgedreht. Und sie wollten bei dem blöden Gedicht auf keinen Fall drankommen. Gerade fing der Klaus an: „Mietegäste, vier im Haus, hat die alte Buche …“ Die Mädchen setzten sich ordentlich zurecht und machten aufmerksame Gesichter. Inzwischen sagte die Gerti weiter: „Weiter oben im Geäst, pfeift ein winzig kleiner …“

„Der Oliver ist verliebt in dich!“, wisperte Ingrid. Karin wischte ihr unterm Tisch eins gegen die Beine: „Aber ich nicht in ihn!“, zischte sie. Klar, dass der Oliver sie mochte, wusste sie schon lange. Immer wartete er, bis sie zum Schultor reinging. Zum Glück hatte sie immer all ihre Freundinnen um sich rum. Und sie beachtete den Oliver gar nicht. Nie. Auch wenn er mittags, zehn Schritte Abstand, hinter ihr herging. Er wohnte nur eine Ecke weiter. Sie fand Jungs an sich schon blöd. Aber der Oliver, wie er sie immer ansah, er war einfach Luft für sie.

In der Pause beriet Karin sich mit ihren Freundinnen. Sie wollten dem

Oliver eins auswischen. Der würde die Glotzerei schon bleiben lassen. Sie drängelten sich in eine Schulhofecke. Machten einen Kreis um Karin, dass man nicht sehen konnte, was die machte. Sie benutzte die Mauer als Unterlage und krakelte auf einen Fetzen Butterbrotpapier, was die Freundinnen ihr flüsternd diktierten:

„Lieber Oliver, ich fände es sehr schön, wenn ich mal mit Dir nach Hause gehen könnte. Würdest Du auch meine Schultasche tragen? Einen heißen Kuss von Deiner Dich liebenden Karin."

In der Erdkundestunde schrieb Karin den Text sauber auf ein Blatt aus dem Rechenheft. Sie faltete es zusammen. Schrieb darauf: „An Oliver!", und schickte es los. Sie saß am vierten Tisch in der letzten Reihe und der Oliver am zweiten Tisch in der ersten Reihe. Sie konnte den Weg des Briefchens gut verfolgen. Die Freundinnen, mit denen alles ausgemacht war, gaben ihn sehr vorsichtig von Tisch zu Tisch. Damit ihn die Lehrerin ja nicht erwischte. Jetzt musste der Brief beim Oliver sein. Ingrid und Karin sahen, wie er unterm Tisch herumkramte, etwas auseinanderfaltete, es in seinen Erdkundeatlas schob und las. Langsam stieg ihm vom Hals hoch Röte ins Gesicht. Sie konnten es von hinten deutlich sehen. Und jetzt drehte er sich zur Karin um und nickte.

Karin hatte entsetzliche Mühe, ein todernstes Gesicht zu machen. Schließlich bekam sie's doch hin und nickte sogar zurück.

Als Oliver sich wieder nach vorn drehte, platzte sie fast vor Lachen. Sie konnte es kaum abwarten, bis die Schule aus war. Da klingelte es. Die Eingeweihten packten kichernd ihre Ranzen ein. Jetzt stand Karin das Schwierigste bevor. Sie packte langsam und mit ernstem Gesicht ihre Schultasche. Es war ausgemacht, dass die andern vor der Schule auf sie warteten. Es klappte großartig. Oliver packte seine Sachen genauso langsam zusammen. Ab und zu schielte er zur Karin hin. Hintereinander gingen sie durch die Klassentür. Stumm gingen sie den Gang entlang. Als sie über den Schulhof liefen, schaute Oliver die Karin von der Seite an und fragte: „War's wirklich ernst, was in dem Brief stand?" Karin biss die Zähne zusammen. „Klar war's ernst!", sagte sie hochnäsig und rannte los. Gott sei Dank! Ihre Freundinnen warteten am Schultor. Als Oliver vorbeigehen wollte, stellten sie sich kichernd in den Weg. Verbeugten sich vor ihm. „Möchtest du mit mir nach Hause gehn?" – „Darf ich deine Schultasche tragen?", schrien sie durcheinander. Und

Karin machte die Augen zu und flötete: „Einen heißen Kuss von deiner dich liebenden Karin!“ Oliver wurde rot. Er sah die kichernden Mädchen an. Und die Karin, wie sie sich in die Hand biss vor lauter Lachen. Er sah nur noch die Karin an. Und sagte bloß: „Du bist richtig gemein!“

Schritt 1: Das Textverständnis überprüfen: Fragen nach dem Ablauf der Geschichte stellen und beantworten, z. B. mit einem Partner

1 Überprüfe, ob du den Text verstanden hast und stelle W-Fragen:
- **Was** sagt Ingrid in der Deutschstunde zu Karin?
- **Was** denkt Karin über Oliver?
- **Warum** wollen die Mädchen Oliver eins auswischen?
- **Wie** wollen sie das anstellen?
- **Wie** reagiert Oliver, als er den Brief bekommt?
- **Was** passiert nach der Schule?

Schritt 2: Über das Verhalten der Figuren nachdenken und sich in ihre Gedanken und Gefühle hineinversetzen

2 Versetze dich in die Gedanken und Gefühle der Personen: Was kannst du aus den Textstellen folgern? Fülle die Gedankenblasen aus.

In der Geschichte steht ...	Das denkt die Figur ...
Sie sahen beide zum Oliver hin. Der drehte sich weg. (Z. 2/3)	*Die haben was gemerkt. Die reden jetzt über mich.*
Die Karin und die Ingrid kicherten hinter vorgehaltenen Händen. (Z. 5)	...
Karin biss die Zähne zusammen. (Z. 51/52)	...
Oliver wurde rot. (Z. 58)	...

3 In ihrem Brief trägt Karin ein bisschen dick auf: „Einen heißen Kuss von deiner dich liebenden Karin“ (Z. 27/28). Als Oliver den Brief liest, „stieg ihm vom Hals hoch Röte ins Gesicht“ (Z. 37/38). Schreibe Olivers Gedanken auf.

Oh, das ist aber peinlich …

Schritt 3: In die Geschichte eingreifen und sie verändern (um- oder weiterschreiben)

4 Verändere die Geschichte. Wähle eine der folgenden Aufgaben aus:

a Schreibe die Geschichte aus der Perspektive von Oliver oder Karin.
- Karin erzählt: Klar, ich hatte schon längst gemerkt, dass Oliver mich ständig anstarrt. ….
- Oliver erzählt: In der Schule muss ich Karin einfach immer ansehen. Ich glaube, sie hat gemerkt, was los ist. …

b Schreibe die Geschichte ab Zeile 54 neu. Oliver hat das falsche Spiel der Mädchen erkannt.
Als Oliver vorbeigehen wollte, stellten sie sich kichernd in den Weg. Oliver grinste sie an und sagte: „Was soll das denn jetzt! Glaubt ihr wirklich, ich …“

c Schreibe die Geschichte weiter. Wähle eine der folgenden Ideen aus:
- Oliver will mit Karin nichts mehr zu tun haben.
- Oliver und Karin sprechen sich aus und werden doch noch gute Freunde.

Tipp
Wenn dir die Aufgabe schwerfällt, dann solltest du noch einmal Schritt 1 und 2 bearbeiten.

Checkliste

für das Um- und Weiterschreiben der Geschichte:
- Passt deine Geschichte zur Aufgabenstellung?
- Hast du nichts Wichtiges vergessen?
- Hast du ausgedrückt, was die Figuren denken und fühlen?
- Ist deine Geschichte verständlich und glaubwürdig?
- Hast du im Präteritum weitererzählt?

Die Welt mit anderen Augen sehen

Irmela Brender

Von Familie Quan

Familie Quan
von nebenan
besteht aus Vater, Mutter, Jan.
Sie kamen eines Morgens an
im schwer beladenen Caravan
und unsere Freundschaft begann.

Herr Quan ist Hausmann, kocht, kauft ein,
hält Wohnung und die Wäsche rein,
sorgt allerbestens für den Magen
und löst dabei sehr schwere Fragen.

Frau Quan verdient inzwischen Geld,
indem sie Seminare hält,
Computerspezialisten lehrt,
wie man sich gegen Viren wehrt.

Jan Quan will mal zum Zirkus gehn.
Er übt, lang auf dem Kopf zu stehn
und mit den Füßen zu jonglieren,
den Hund als Sänger zu dressieren.

Ich gehe immer, wenn ich kann,
hinüber zur Familie Quan.
Sie sehn die Welt so anders an,
dass man erkennt: Da ist was dran.

1 Was erfährst du über die Familie Quan?
– Wer gehört zur Familie und was machen die Familienmitglieder?
– Warum geht das „Ich“ immer gerne zur Familie Quan?

2 In der letzten Strophe heißt es: „Sie sehn die Welt so anders an, dass man erkennt: Da ist was dran.“
Findest du auch, dass die Familie Quan „anders“ ist? Begründe.

3 Wählt eine der Szenen aus und spielt sie:
a) Ein Nachbar kommt zu Besuch. Er hat eine andere Vorstellung von der Familie und wundert sich, dass der Vater kocht. Vater Quan erklärt ihm, warum er das macht ...
b) Eine Firma hat einen Computerspezialisten gerufen, weil alle Computer von einem Virus befallen sind. Als Frau Quan kommt, ist ein Mitarbeiter überrascht. ...

4 Lies den Auszug aus einem Zeitungsartikel: Wie beurteilen die Leute das Leben als Hausmann?

5 Vergleiche das Gedicht mit dem Zeitungsartikel: Wie wird der Hausmann im Gedicht gesehen, wie im Zeitungsartikel?

Leben als Hausmann

Susanne Klaiber

Zu hören bekommt Klaus Gruber stets, wie großartig es sei, was er da tut. Nachmachen will es aber keiner: Er betreut die Kinder, während seine Frau Karriere macht. Klaus Gruber fühlt sich nicht als Exot. Trotzdem ist er einer – in den Augen der Anderen. Sie finden es offiziell toll, insgeheim aber ziemlich komisch, was er macht: auf die Kinder aufpassen, während seine Frau Geld verdient. Es ist eine immer noch seltene Rollenteilung, die Gruber sich ausgesucht hat – aber sie gewinnt an Bedeutung.

6 Diskutiert in der Klasse: Findest du es auch „großartig“ (Zeile 2) oder doch eher „komisch“ (Zeile 9), wenn ein Mann ein Hausmann ist?

Aus der Perspektive von Textfiguren schreiben

Ulrich wird in der Klasse gemobbt. Nur als man dringend einen elften Fußballspieler braucht, denkt man an ihn …

Kirsten Boie

Was ist mit Ulrich?

Ulrich hatte die ganze Zeit allein an seinem Tisch gesessen. Er traute sich meistens nicht, sich dazuzustellen, wenn wir etwas besprachen. Er tat dann immer so, als hätte er schrecklich viel zu tun. Dabei malte er nur komische Muster auf den Deckel von seinem Ringbuch. „Würdest du es denn machen, Ulrich?“, fragte Olaf und ging zu seinem Tisch hinüber. Ulrich wurde wieder rot und sah krampfhaft auf sein Ringbuch. Er sagte nichts und sah aus, als ob er überlegen müsste. „Fußball, Ulrich!“, sagte Oliver und trat ganz dicht vor Ulrich hin. „Balla-balla, verstehst du? Balla rundes Ding, schieß-bum!“

„Lass das!“, sagte Olaf wütend und stieß Oliver zurück. „Spielst du oder nicht?“ Ulrich sah immer noch nach unten. Dann nickte er ein ganz kleines bisschen. Vielleicht war es gemein von mir, was ich dann tat. Vielleicht hatte Ulrich sich ja trotz allem auf das Spiel gefreut, und vielleicht dachte er auch so wahnsinnige Sachen, dass er zum Beispiel für unsere Mannschaft in einer kritischen Situation das rettende Tor schießen oder wenigstens durch einen grandiosen Pass über das ganze Spielfeld die Vorlage dazu liefern würde. Und hinterher würden ihn alle feiern und sagen, dass es ohne Ulli schlecht ausgesehen hätte und wie sie ihn doch verkannt hatten all die Jahre. Aber dazu kam es nicht. „Ich könnte auch spielen“, sagte ich.

Als ich klein war, hatte ich oft Fußball gespielt. Mit den Kindern in unserer Straße. Und ich glaube, ich war nicht schlecht. Aber dann kamen wir in die Schule und die Jungs gingen in den Fußballverein, und als ich auch wollte, erfuhr ich, dass Fußball kein Sport für Mädchen war. Papa versuchte trotzdem, dass sie mich im Verein nahmen, aber sie sagten, das hätte es noch nie gegeben, und so blieb ich eben draußen. Auf dem

Bolzplatz spielte ich dann immer noch Fußball mit den anderen, aber die gaben jetzt manchmal an mit Sachen, die sie im Verein gelernt hatten, und die konnte ich natürlich nicht. Auch wenn ich mir vieles abguckte. Sie ließen mich aber meistens doch mitspielen. So schlecht konnte ich also nicht sein.

„Bloß keine Weiber!“, sagte Arne.

Aber Torsten wurde ganz aufgeregt. „Logisch!“, sagte er. „Cornelia ist ganz okay, wir nehmen sie in die Abwehr und Arne geht in den Sturm. Logisch!“ Er war ganz begeistert. „Weiber sind nicht zugelassen“, sagte Arne. „Doch“, sagte Olaf. „Die D spielt auch mit Marika.“ Er sah Ulrich nicht an dabei.

Ulrich sagte gar nichts. Er saß an seinem Platz und malte komische Muster auf seinen Ringbuchdeckel.

1 Schreibe die Geschichte aus der Perspektive Ulrichs.
Ich saß wie immer allein am Tisch und … Plötzlich fragte Olaf …
Ich war … Dann dachte ich … Aber dann schlug Cornelia vor …

2 Schreibe einen Brief an Cornelia. Gehe dabei so vor:
- Fasse zunächst zusammen, wie die Situation in der Klasse ist.
- Mache deutlich, wie Ulrich sich fühlt.
- Gib einen Rat: Entscheide, ob Cornelia mitspielen soll oder Ulrich.
- Begründe deinen Rat. Achte darauf, dass Ulrich fair behandelt wird.

Tipp
Um den Text besser zu verstehen, kannst du vorher noch einmal Schritt 1 und 2 in der Werkstatt bearbeiten.

Tipp
Wenn du wissen willst, wie es weitergeht, besorge dir das Buch und lies es ganz.

Das kann ich schon!

- ✔ Sich in die Gedanken und Gefühle von Figuren hineinversetzen
- ✔ Die Perspektive wechseln: Aus der Sicht einer Figur erzählen
- ✔ Eine Geschichte ab einer bestimmten Stelle anders erzählen

→ Du kannst in **EXTRA** üben, die Perspektive von anderen einzunehmen:
→ auf Seite 98/99 kannst du dich in einem Rollenspiel in andere hineinversetzen , → auf Seite 99 kannst du aus der Sicht von Figuren schreiben oder eigene Rollenspiele erfinden.

→ Du kannst aber auch noch einmal in der **Werkstatt** üben (Seite 90–93). Lass dich auf jeden Fall von deiner Lehrerin oder deinem Lehrer beraten.

Jungen und Mädchen: Verschiedene Perspektiven einnehmen

→ *Hinweise zum Rollenspiel findest du auf Seite 17.*

Ihr habt darüber nachgedacht, ob es typische Eigenschaften von Mädchen und Jungen gibt. In der Bildergeschichte geht es auch um dieses Thema. Ihr könnt die Geschichte auf verschiedene Art und Weise bearbeiten: Ihr könnt sie aus unterschiedlichen Perspektiven erzählen oder auch Rollenspiele dazu machen.

1 Überlegt euch, worum es in dieser Bildergeschichte geht.
- Erzählt, was auf den Bildern zu sehen ist.
- Was könnten das Mädchen und der Junge zueinander sagen?

2 Spielt die Geschichte als Rollenspiel. Macht in eurem Rollenspiel deutlich, wie Mädchen und Junge sich fühlen und aufeinander reagieren. Achtet auf Sprache, Gestik und Mimik.
Wählt eine Aufgabe aus:

a Baut den Dialog aus und spielt ihn:
- Überlegt euch weitere Sätze, die das Mädchen und der Junge zueinander sagen.

b Verändert die Geschichte und spielt sie. Ihr könnt den Schluss beibehalten oder neu erfinden.

▸▸ Die Zuschauer geben den Rollenspielern Rückmeldungen: Was ist euch am Verhalten von Mädchen und Jungen aufgefallen?

3 Wähle eine der Aufgaben aus:

a Schreibe zu den Bildern eine Geschichte aus zwei Perspektiven:
- Erzähle einmal aus der Perspektive des Mädchens, dann aus der Perspektive des Jungen.
- Erzähle auch, was sie denken und fühlen.

▸▸ Vergleicht eure Geschichten.
- Wie verhalten sich Mädchen und Junge in euren Geschichten?
- Welche Gemeinsamkeiten und Unterschiede fallen euch auf?

b Macht Rollenspiele. Sucht euch eine Situation aus – vielleicht habt ihr auch eigene Ideen: Junge und Mädchen beim Kochen, beim Fußballspiel, beim Tanzen, beim Computerspielen, ...

▸▸ Die Zuschauer geben den Rollenspielern Rückmeldungen: Was ist euch am Verhalten von Mädchen und Jungen aufgefallen?

Ran an die Bücher – Lesen bringt was!

Piraten, Fußball, Erfindungen, Schlangen, Autos – es gibt viele spannende Themen, zu denen es zahlreiche Sachbücher gibt.
In diesem Kapitel geht es darum, wie aus Sachbüchern Mappen entstehen und ihr Gelesenes nutzen könnt, um eure Zuhörer in einem Kurzvortrag für euer Thema zu begeistern.

In diesem Kapitel lernt ihr,

- wie ihr euer Lieblingssachbuch finden könnt,
- Texte und Bilder aus Sachbüchern auszuwählen, die für euch und andere spannend oder informativ sind,
- eine Mappe zu eurem Lieblingsthema zu gestalten,
- euer Lieblingssachbuch zu nutzen, um anderen ein Thema in einem Kurzvortrag vorzustellen.

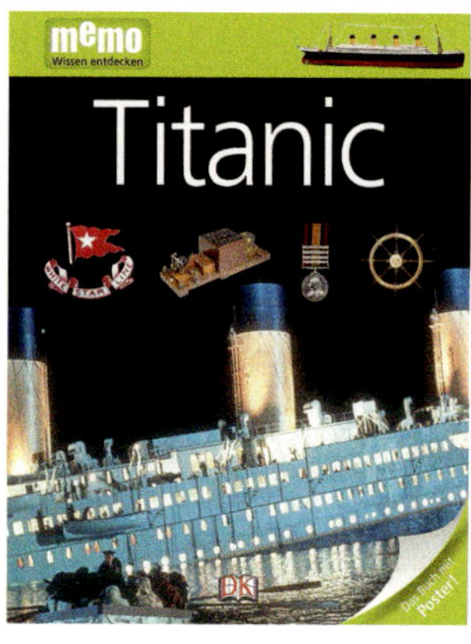

1 Beantwortet die Fragen in einem Partner-Interview.

- Schau dir die Cover an. Gibt es ein Sachbuch, das du gern lesen würdest? Warum?
- Was liest du am liebsten? Sachbücher? Krimis? Oder vielleicht Comics? Oder liest du gar nicht gern? Warum nicht?
- Gibt es ein Buch, das dich besonders beeindruckt hat? Was hat dir daran gefallen?

Methoden und Arbeitstechniken

Gemeinsam lernen: Ein Partner-Interview führen

1. Bildet Paare.
2. Interviewt euch gegenseitig, erst einer, dann der andere.
3. Schreibt auf, was euer Partner gesagt hat.
4. Teilt der Gruppe mit, was ihr erfahren habt.

Sachbücher finden

Es gibt viele Wege, ein Sachbuch auszuwählen, das man richtig gerne liest oder in dem man stöbern mag. Begib dich auf eine Reise zu deinem Lieblingssachbuch! Es möchte von dir gefunden und gelesen werden!

1 Notiert zunächst verschiedene Themen, die ihr spannend findet. Nutzt dazu auch die Abbildungen.

2 Sammelt nun Orte, wo ihr eure Lieblingssachbücher finden könntet. Entschlüsselt dazu die Wörter in den Schatzkisten.

3 Wenn du möchtest, zeichne die Schatzkisten ab und trage die Orte ein, wo sich dein Lieblingssachbuch finden lassen könnte.

4 Wo würdest du mit der Suche beginnen? Warum?

5 Findet ihr noch weitere Möglichkeiten?

6 Arbeitet in Gruppen. Jede Gruppe entscheidet sich für einen „Bücherort“. Notiert Tipps, wie ihr vorgehen könntet, wenn ihr ein Buch zu einem Thema dort sucht.

7 Wenn ihr euch in der Gruppe informiert habt, erklärt den anderen, wie man an eurem „Bücherort" das Lieblingsbuch finden kann.

8 Besucht als Klasse zwei Bücherorte gemeinsam.
- Plant euren Besuch. Arbeitet in Gruppen.
  Wer stellt den Kontakt her? Wann kann der Besuch erfolgen?
  Habt ihr besondere Wünsche, die ihr im Vorfeld mitteilen solltet?

9 Stellt zu zweit an „eurem Bücherort" Fragen rund ums Buch. Macht euch Notizen. Anschließend informiert die Klasse.

Sachbücher lesen und mit ihnen arbeiten

Du hast dein Lieblingssachbuch gefunden? Prima, dann kann die Arbeit losgehen! Du wirst dich für längere Zeit mit deinem Thema beschäftigen und dazu eine Mappe gestalten. Welche Texte und Bilder aus dem Sachbuch in deine Mappe kommen sollen, wählst du selber aus. Mit Hilfe der selbstgestalteten Mappe sollst du später über dein Thema in einem Kurzvortrag berichten.

Tipp
Zunächst kannst du dein Material auch gut in einer Themenschatzkiste sammeln, bevor du es sortierst und eine Auswahl triffst.

Damit dir das besser gelingt, schau dir an, wie Alina und Niko vorgegangen sind.

1 Alina und Niko haben sich dafür entschieden, eine Mappe zum Thema „Wikinger“ anzulegen. Sie haben eine Auswahl aus ihrem Buch getroffen und sich das, was für sie von Interesse ist, notiert. Lies ihre Notizen.

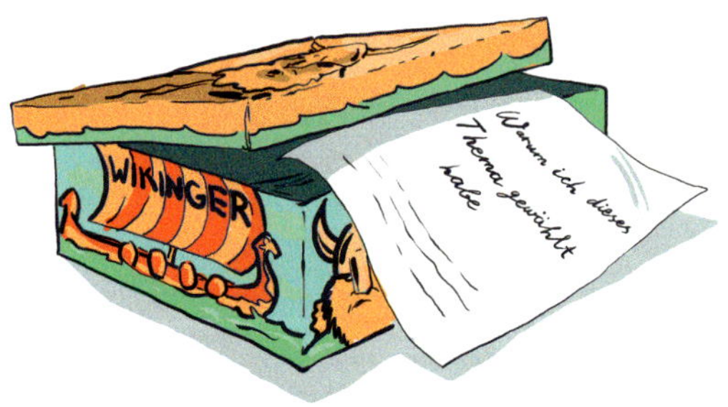

Wikinger

Herkunft der Wikinger — **Alina**

Die Menschen, die wir Wikinger nennen, lebten in Skandinavien (…) und sprachen Altnordisch (…). Historiker datieren die Wikingerzeit von 793 bis 1066. **Wiking** ist das altnordische Wort für „Piraterie“. Die Wikinger wurden auch Nordmänner genannt, was treffender ist, denn keineswegs alle Wikinger waren damals Räuber. (…) Sie waren auch Händler und Siedler.

Schiffsbau Niko

Wie wichtig Schiffe für die Wikinger waren, wird in ihren religiösen Zeremonien deutlich. Die Wikinger waren die besten Seefahrer Europas, und sie bauten die schönsten Schiffe. Am bekanntesten sind ihre Langschiffe – lange, schmale Kriesgsschiffe, die nur einen geringen Tiefgang hatten, damit sie auch in flache Buchten hineinsegeln konnten. Sie machten bis zu 10 Knoten (18 km) in der Stunde. Die seetüchtigen Schiffe hatten ein rechteckiges Segel, das vermutlich aus Stoffstreifen zusammengenäht wurde.

Kindheit Alina

- kurze Kindheit
- Mädchen: 15 Jahre ⚭
- Spielzeug: Schwerter, Boote, Pferde – Vorbereitung Erwachsenenleben
- Hobbys: schwimmen, Ballspiele
- viele Kinder sterben als Säuglinge
- ungewolltes Kind wird in Wildnis ausgesetzt
- arme Eltern: Kinder als Sklaven verkaufen
- bei Verwandten groß werden
- Bilder kopieren + aufkleben S. 28/ 29

2 Überlege, wie Alina und Niko vorgegangen sind.
- Über welche Unterthemen möchten sie informieren?
- Welche Art von Informationen haben sie aufgeschrieben? Namen, Erklärungen, ...
- Wie haben sie die Informationen notiert?

3 Wie könnten sie ihre Mappen noch ergänzen? Sammelt Vorschläge.

4 Entscheide, wie du vorgehen möchtest, um Interessantes zu deinem Thema festzuhalten, und erstelle kurze Texte für deine Mappe.

Checkliste

Wie erstelle ich Texte für meine Mappe?

In meinem Sachbuch...
- blättern
- schöne Bilder suchen
- Überschriften lesen
- Texte auswählen und lesen
- Texte bearbeiten

Tipp: Bilder könnt ihr so in die Mappe übernehmen:
- abzeichnen (vom Sachbuch)
- abpausen (mit Brotpapier)
- kopieren (aus dem Sachbuch)
- im Internet recherchieren und ausdrucken (ganz wichtig: die Quellenangabe nicht vergessen.)

➔ Worauf ihr beim Anlegen der Mappe noch achten solltet, erfahrt ihr in der Werkstatt Methoden und Arbeitstechniken auf Seite 250/251.

5 Lege nun deine Mappe zu deinem Sachthema an.
- Wähle Texte und Bilder aus.
- Lege die Reihenfolge der einzelnen Blätter fest.
- Fertige ein Inhaltsverzeichnis an. Übernimm dazu von den Blättern die Überschriften und die Seitennummerierung.
- Erstelle ein Deckblatt für die Mappe. Nenne darauf das Thema und deinen Namen. Gestalte es mit einem passenden Bild.
- Schreibe für die erste Seite ein Vorwort.
- Schreibe ein Nachwort für die letzte Seite.

➔ Nutze als Hilfe die Hinweise in der Werkstatt Methoden und Arbeitstechniken auf Seite 252/253.

6 Erkläre genau, warum du diese Texte und Bilder für dein Thema ausgewählt hast.
- Besonders gut fand ich das Bild zum Thema ..., weil ich genau erkennen konnte...
- Ich interessiere mit schon lange für ... , darum habe ich diesen Text gewählt. Hier wird gut erklärt wie...
- Der Text über ... hatte nicht so viele schwere Wörter, darum...

Ein Thema mithilfe eines Sachbuchs präsentieren

In dieser Werkstatt lernst du, wie du dein Thema mithilfe eines Sachbuches vorstellen und deine Zuhörer begeistern kannst.

An deinem Thema hast du nun schon eine Weile gearbeitet und die Ergebnisse in einer Mappe festgehalten. Jetzt sollst du anderen von deinem Thema in einem Kurzvortrag berichten. Bei deinem Kurzvortrag kannst du auch deine Mappe und deine Themenschatzkiste nutzen.

Schritt 1: Eine Einleitung überlegen

- Überlege, wie du beginnen willst.
- Notiere dir auf einer Karteikarte Stichwörter: Nenne das Thema und berichte, wie du an dieses Buch gekommen bist.

1 Es gibt verschiedene Möglichkeiten, den Kurzvortrag zu beginnen. Welchen Vorschlag oder welche Vorschläge hältst du für gelungen? Begründe deine Wahl.

a) *Das Volk, von dem ich euch erzählen will, glaubte, dass der erste Mann und die erste Frau aus dem Achselschweiß eines Riesen entstanden sind. Dieses Volk glaubte auch, dass die Wolke am Himmel das Hirn eines toten Riesen ist. Ich möchte euch heute von diesem Volk erzählen – den Wikingern! ...*

b) *Ich habe noch nicht viel über Wikinger gewusst, als ich dieses Buch in der Schülerbücherei gesehen habe. Ich fand das Cover ganz toll. Dann habe ich im Buch geblättert und die schönen Folien zum Umklappen gesehen. Da wurde ich neugierig. ...*

c) *Das Thema meines Kurzvortrags heißt „Wikinger". ...*

2 Notiere dir Punkte und Formulierungen, die du für deine Einleitung übernehmen möchtest.

- Was haben alle Einleitungsvorschläge gemeinsam?
- Für welche Art von Einleitung hat sich Niko entschieden? Woran hast du das erkannt?

Die Wikinger, von denen ich euch heute erzählen will, waren die besten Seefahrer Europas, und sie bauten die schönsten Schiffe. Am bekanntesten sind ihre Langschiffe – lange, schmale Kriegsschiffe, die nur einen geringen Tiefgang hatten, damit sie auch in flache Buchten hineinsegeln konnten. Die Schiffe hatten ein rechteckiges Segel, das vermutlich aus Stoffstreifen zusammengenäht wurde. Ihr habt bestimmt schon einmal Bilder von solchen Schiffen gesehen. Über dieses Volk gibt es aber noch viele andere interessante Dinge zu berichten ...

Schritt 2: Karteikarten für den Hauptteil des Vortrags vorbereiten

- Lege Karteikarten für den Vortrag zu deinem Sachthema an. Vergiss nicht, deine Informationen zu gliedern (Thema, Inhalt, Zeigen von Seiten, von Gegenständen ...).
- Ergänze Informationen, die deine Zuhörer aber zum Thema wissen sollten.
- Damit du nichts vergisst, notiere Bilder, Fotos, Karten oder Gegenstände, die du zeigen oder herumgeben möchtest.
- Überlege dir, wie du einzelne Unterthemen einleiten kannst.

- Niko hat eine Karteikarte zum Unterthema „Herkunft der Wikinger“ angelegt. Besprecht, wie er seine Karteikarte gegliedert hat.

Thema: Herkunft der Wikinger

Inhalt: – Skandinavien
– Sprache: Altnordisch
– Zeit: 793 – 1066 n. Chr.
– „wiking" = Piraterie
– auch Händler, Siedler

Zeigen: Wandkarte Klasse

Schritt 3: Die Reihenfolge festlegen

- Denke darüber nach, in welcher Reihenfolge du die Karteikarten mit den Informationen ordnen möchtest. Schreibe dir Nummern auf die Karteikarten.
- Es gibt verschiedene Möglichkeiten. Schiebe deine Karteikarten solange, bis du für dich die beste Reihenfolge gefunden hast.

Schritt 4: Den Schluss planen

- Notiere auf einer Karteikarte, was dir an deinem Buch gefallen und was dir nicht so gefallen hat.
- Schreibe eine Formulierung auf, mit der du den Kurzvortrag beenden willst.
- Wenn du sehr aufgeregt bist, kannst du auf deiner Karteikarte auch ganze Sätze schreiben.

Buchkritik
+ kurze Einführungstexte, dann kleine Infotexte dazu
+ Folien zum Aufklappen
+ tolle Bilder, die viel aus dem Text erklären
+ oft große Schrift
– manchmal schwierige Wörter

- Lies Nikos Karteikarte, die er für den Schluss des Vortrags vorbereitet hat.
- Was gefiel Niko an seinem Buch und was gefiel ihm nicht?

Schritt 5: Den Kurzvortrag ausprobieren

Tipp
Ihr könnt beim Üben herausfinden, ob eure Karteikarten gut aufgebaut und formuliert sind oder ob ihr vielleicht die Reihenfolge ändern solltet.

- Suche dir einen Partner. Tragt euch gegenseitig schrittweise euren Vortrag vor. Beginnt zunächst mit der Einleitung.

- Nun kommt der Hauptteil. Wieder geht ihr Karte für Karte mehrmals durch.
- Tragt euch den Schluss gegenseitig vor.

- Wenn du dich noch weiter mit deinem Buch beschäftigen möchtest, stelle es in einem kurzen Text vor.

Eine Rückmeldung zu einem Kurzvortrag erhalten

Du hast verschiedene Möglichkeiten, deinen Kurzvortrag zu üben und dir eine Rückmeldung dazu geben zu lassen:

- Halte zu einem Teil aus deiner Mappe oder deiner Karteikarten einen Kurzvortrag.
- Nutze Karteikarten eines Mitschülers, dessen Thema dich auch interessiert.

1 Lest den Bewertungsbogen auf der Seite 112/113.
- Überlegt, ob ihr den Bewertungsbogen so übernehmen oder ob ihr etwas verändern möchtet.
- Der Vortragende sucht sich für die anschließende Rückmeldung Punkte aus, auf die seine Zuhörer bei ihm besonders achten sollen.

Rückmeldebogen für: ______________________________
Kurzreferat zum Thema: ______________________________

Zum Inhalt:	eingelöst	teilweise eingelöst	nicht eingelöst
1. Ich habe das Thema verstanden.	☐	☐	☐
2. Ich fand die Informationen gut ausgewählt.	☐	☐	☐
3. Neue Unterthemen habe ich mitbekommen.	☐	☐	☐
4. Die schweren Wörter habe ich gut erklärt bekommen.	☐	☐	☐
5. Meine Fragen konntest du sehr gut beantworten.	☐	☐	☐
Zum Vortrag:			
1. Der Vortrag wurde relativ frei und mit Kontakt zu den Zuhörern präsentiert.	☐	☐	☐
2. Ich konnte dich gut verstehen, weil du laut gesprochen hast.	☐	☐	☐
3. Ich konnte deinem Vortrag gut folgen, weil dein Sprechtempo in Ordnung war.	☐	☐	☐

Zu den gezeigten Sachen:

Die mitgebrachten Sachen fand ich sehr gut.	☐	☐	☐
Ich konnte mir vieles gut vorstellen, da du die Sachen zur richtigen Zeit gezeigt hast.	☐	☐	☐

Besonders gelungen fand ich...

Mir hat nicht gefallen, dass du...

Das kann ich schon!

- ✔ Interessante und wichtige Texte sowie Bilder aus einem Sachbuch auswählen und bearbeiten
- ✔ Einen Kurzvortrag zu einem Sachthema vorbereiten und halten
- ✔ Eine Rückmeldung zu einem Kurzvortrag erhalten und geben

→ Wenn du noch einmal einzelne Schritte eines Kurzvortrags üben möchtest, bearbeite **EXTRA**, Seite 114/115.

→ Du kannst auch noch einmal in der **Werkstatt** (Seite 107–110) üben.

→ Wenn du eine Seite aus einem Sachbuch untersuchen möchtest, arbeite in **EXTRA** auf Seite 115/116 weiter.

Lass dich auf jeden Fall von deinem Lehrer oder deiner Lehrerin beraten.

Ein 10-Satz-Referat vorbereiten

Wenn du den Zuhörern von deinem Thema berichtest, darfst du nicht einfach deine notierten Stichwörter vorlesen, sondern musst schon ganze Sätze formulieren. Diese Seiten helfen dir dabei.

1 Überlege, welche Satzbausteine du in der Einleitung, im Hauptteil und am Schluss des Referates verwenden kannst.

Einleitung

1. Satz: Er nennt mein Thema.

2. Satz: Er erklärt, wie ich zu dem Buch gekommen bin.

3. Satz: Er beschreibt kurz, woher ich das Buch habe.

Hauptteil

4. Satz: Er beschreibt, worauf ich während des Referats zu sprechen komme.

5. Satz: Er leitet mein erstes Unterthema ein.

6./7./8. Satz: Sie leiten meine nächsten Unterthemen ein. Sie können auch auf Bilder, Fotos oder Gegenstände verweisen, die ich zeigen möchte.

a) Ich wusste auch nicht, dass...

b) Nun will ich euch... zeigen...

c) Habt ihr noch Fragen?

d) Ich hoffe, ich konnte euch einen Einblick in ... geben.

e) Das Thema meines Referats ist...

f) Zunächst möchte ich euch...

g) Besonders interessant fand ich...

h) In der Schülerbücherei...

i) Ich möchte euch heute von... erzählen/berichten.

j) Dies Bild/Foto zeigt gut, wie...

k) Möchtet ihr noch etwas wissen?

l) Insgesamt lässt sich sagen, dass...

m) Ich interessiere mich schon lange für...

Schluss
9. Satz: Mit ihm schließe ich mein Thema ab.

10. Satz – einen Schluss finden

n) Ich habe das Buch ... bekommen.

o) Auf folgende Unterthemen gehe ich ein: ...

p) Besonders gut kann man dies an meinem mitgebrachten ... sehen.

q) Jetzt möchte ich auf ... zu sprechen kommen.

r) Danke fürs Zuhören.

2 Suche dir für deinen Vortrag passende Formulierungen aus.

3 Übe mit einem Partner Teile deines Vortrags mit den ausgewählten Formulierungen.

4 Nutze die Rückmeldungen, um deinen Vortrag zu verbessern.

Eine Sachbuchseite untersuchen und bewerten

1 Erforscht, was eine Sachbuchseite interessant und spannend machen kann.
- Sucht euch aus den Forscherfragen (Seite 116) einige aus, die ihr zu zweit bearbeiten wollt.
- Macht euch Notizen zu jeder bearbeiteten Forscherfrage.
- Vergleicht eure Ergebnisse mit denen eines anderen Forscherteams.

30 Wikinger privat

Starke Frauen und Kinder

Bei den Wikingern hatten ganz klar die Männer das Sagen. Das nennt man Patriarchat. Jeder Mann war stolz darauf, einen heldenhaften Vater oder Großvater vorweisen zu können. Frauen kamen in diesen Ahnenreihen nicht vor. Auch beim Thing waren die Frauen nicht zugelassen. Recht sprachen nur die Männer. Daher hielt man Söhne auch für wichtiger als Töchter. Aber wenn die Männer mal wieder auf großer Fahrt waren, nahmen zu Hause die Frauen das Ruder in die Hand. Sie regierten, verwalteten das Land und trafen wichtige Entscheidungen. Frauen hielten alles am Laufen. Sogar als Händlerinnen waren sie tätig. Wenige von ihnen stiegen noch weiter in der Gesellschaft der Wikinger auf.

Schwerstarbeit für alle

Auf einem Hof schufteten alle schwer. Es gab eine klare Aufgabenverteilung: Die Frauen kümmerten sich um Essen, Kleidung, Vieh und Kinder. Sie stellten Tongefäße her und webten die Segel der Schiffe. Die Männer waren für Ackerbau, Fischfang und Jagd zuständig, für Holz, Werkzeug und Hausbau. Auch die Kinder mussten schon früh ihren Teil dazu beitragen. Richtig schwere Arbeiten wurden jedoch von Sklaven verrichtet: Sie schleppten alles, was schwer war, transportierten Mist auf die Äcker und stachen Torf.

Holzspäne als Schiffe

Wie andere Kinder auch spielten die kleinen Wikinger Bauernhof: Aus Holz bauten sie Häuser, Ställe, Scheunen und bastelten sich Schafe und Rinder dazu. Einige Wikingerkinder spielten, dass sie später einmal aufs Meer hinausfahren würden. Harald, der spätere König, ließ der Legende nach Holzspäne im Wasser einer schlammigen Bucht treiben. Erwachsenen erklärte er, dies wären seine Kriegsschiffe.

Ein bisschen Freiheit

Zu Hause war es die Frau, die die Schlüssel in der Hand hielt: Damit konnte sie Truhen mit wertvollem Besitz oder die Speisekammer öffnen. Sie führte die Haushaltskasse und wog Silber ab.
Frauen wurden zwar nicht gefragt, wen sie heiraten wollten. Aber anders als in anderen Ländern durfte eine Wikingerfrau sich sogar scheiden lassen. Und zwar dann, wenn ihr Ehemann nicht in der Lage war, die Familie zu ernähren. Oder wenn er seine Frau schlecht behandelte. Starb ihr Ehemann, durfte eine Frau selbst entscheiden, wie sie leben wollte. Witwen konnten sogar mit einem eigenen Schiff auswandern und Land erwerben.

Königinnen

Es gab aber auch Frauen, die weit mehr als nur Hausfrauen waren: Ælfgifu, erste Ehefrau Knuts des Großen, regierte ab 1030 fünf Jahre lang das Königreich Norwegen. Es muss ein strenges Regiment gewesen sein, denn die Menschen beklagten sich sehr. Anschließend setzte Ælfgifu in England durch, dass ihr Sohn Harald Nachfolger seines verstorbenen Vaters Knut wurde. Wahre Königin von England sei aber sie gewesen, sagen die Geschichtsschreiber.

Kapitäninnen

Von einer Frau als Kapitänin berichtet die Grönland-Saga: Nachdem Leif Eriksson aus Nordamerika nach Grönland zurückgekehrt war, brachen 60 Männer und fünf Frauen auf, um dort ebenfalls ihr Glück zu suchen. Eine der Frauen, so heißt es, befehligte ihr eigenes Schiff.

Früh übt sich: Auch kleine Wikinger spielten mit Holzschwertern und träumten davon, einmal auf große Fahrt zu gehen.

Holzschwert

Einen solchen Schlüssel trug die Hausfrau stets am Gürtel.

Prunkstück und Schrank in einem: die Truhe. In diesem Möbel mit Eisenschloss wurde wertvoller Besitz aufbewahrt.

Zeit zum Herumsitzen hatte eine Wikingerfrau kaum. Auch beim Plausch am Tisch wurde nebenher gearbeitet.

Drinnen wie draußen gab es für die Frauen viel zu tun. Vor allem wenn die Männer mal wieder auf See unterwegs waren.

Spielzeug von Wikingerkindern ist nur selten erhalten geblieben. Immerhin wurden in Haithabu mehrere geschnitzte Holzschiffe gefunden.

Funny Fact

Alles meins!

Ein isländisches Gesetz regelte den Erwerb von eigenem Land so: Ein Mann durfte so viel Land in Besitz nehmen, wie er an einem Tag mit einer brennenden Fackel in der Hand umschreiten konnte. Für eine Frau galt dasselbe. Allerdings musste sie dabei noch eine junge Kuh hinter sich herziehen!

Doppelseite aus WAS IST WAS Band 58 WIKINGER, Copyright © 2016 TESSLOFF VERLAG, Nürnberg)

Forscherfragen:

- Betrachtet die Seiten aus dem Sachbuch. Auf was fällt euer Blick zuerst?
- Welchen Text möchtet ihr zuerst lesen? Begründet eure Wahl.
- Lest nun alle Texte der Seiten. Was interessiert euch am meisten?
- Welche Aufgaben haben die Bilder? Was fällt euch an der Schriftgröße auf?
- Von welchen Informationen auf dieser Seite würdet ihr anderen gern berichten? Warum?

2 Findet ihr die Seite gelungen? Begründet eure Meinung genau und verfasst dann eine kurze Bewertung.

Ideen und Anregungen:

→ Hat dir ein vorgestelltes Sachbuch besonders gefallen? Richtet in der Klasse eine **Tausch- und Infobörse** ein, um euch mit weiterem „Lesefutter" zu versorgen.

→ Gestaltet eine **Wandzeitung** zu den ausgesuchten Themen.

→ **Stellt** eure Themen und Sachbücher **in anderen Klassen vor**.

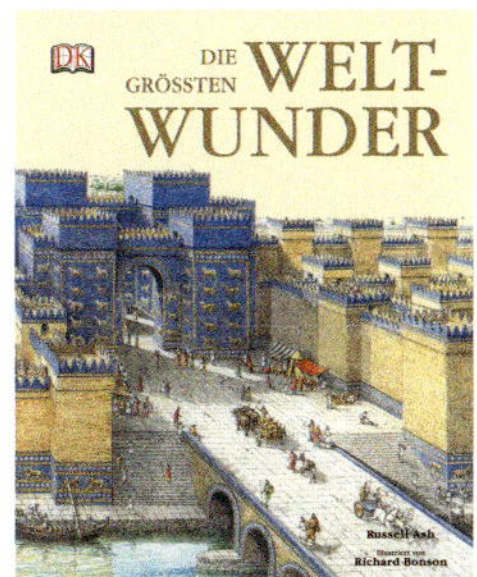

→ In vielen Schulen findet im 6. Schuljahr ein **Vorlesewettbewerb** statt. Unter *www.vorlesewettbewerb.de* sind im Internet Neuigkeiten, Termine und Tipps rund um den Wettbewerb zu finden. Ihr könnt den Vorlesewettbewerb in eurer Klasse durchführen und den Sieger oder die Siegerin ermitteln.

Tipps für den Vorlesewettbewerb:

- Du solltest ein Buch aussuchen, das dir wirklich gut gefällt. Nur dann kannst du auch überzeugend vorlesen.

- Aus dem Buch musst du eine Textstelle vorlesen, die dir besonders gut gefällt. Übe dann, diese Textstelle laut zu lesen. Markiere im Buch oder auf einer Kopie, wie du die Stelle lesen möchtest (z. B. Pausenstriche, besondere Betonungen unterstreichen usw.).

- Du kannst begründen, warum du gerade diese Stelle zum Vorlesen ausgewählt hast.

- Formuliere auch einige Sätze, mit denen du den Inhalt, den Autor und den Titel vorstellst.

Unterwegs im Netz

Mit Medien informieren wir uns, gestalten unsere Freizeit, nehmen Kontakt zu anderen auf. Es können gedruckte sein wie Bücher, Zeitungen und Zeitschriften, aber auch elektronische wie Fernsehen, Computer, Handy und Internet. In diesem Kapitel geht es darum, wie ihr mit Medien umgeht und welche Bedeutung sie in Schule und Freizeit haben – aber auch um Probleme, die dabei auftauchen können.

In diesem Kapitel lernt ihr,

- in Texten Antworten auf wichtige Fragen zum Umgang mit Medien zu finden,
- in Texten Gleiches und Unterschiedliches zu entdecken und zu notieren,
- Mediengewohnheiten zu erkunden, darzustellen und zu bewerten.

1 Sprecht über die dargestellten Medien.
- Wann nutzt ihr sie?
- Wozu und mit wem zusammen nutzt ihr sie?

2 Suche nach unterschiedlichen Möglichkeiten, wie sich die dargestellten Medien ordnen lassen.
- Medien für die Freizeit, Medien für die Schule
- visuelle Medien, audiovisuelle Medien
- ...

3 Vergleicht die Zeichnung mit dem Spinnennetz mit den anderen Abbildungen und sprecht darüber:
- Was ist anders?
- Was will der Zeichner uns wohl mitteilen?

Über Computergewohnheiten nachdenken

Tipp
Mehr Informationen zu dieser Methode findet ihr in Wissen und Können auf Seite 283.

1 Lest den Text „Computer Miri“, am besten gemeinsam nach der Methode „Einen Text in Vierergruppen lesen“. Dazu sind Leseabschnitte durch die blauen Querstriche markiert.

Sabine Jörg

Computer-Miri

Miri schaltet den Computer ein. Schon wird sie begrüßt: Willkommen! Der Schreibtisch erscheint: kleine Ordner, säuberlich beschriftet:

Miri öffnet das Englisch-Programm. Es gongt; auf dem Bildschirm steht: **Hello, how are you?** Miri klickt in den lächelnden Smiley. ☺ 😐 ☹ Es geht ihr ganz gut. **That's fine. Let's begin.**
Der Computer fragt Miri Vokabeln ab. Er hat Geduld. Immer wieder kommt er auf die Wörter zurück, die Miri nicht in den Kopf wollen. Er lobt Miri, wenn sie sich einen Begriff merkt. Der Computer warnt Miri sogar, wenn ein Wort folgt, das sie immer mit einem anderen verwechselt. Der Computer ist erträglicher als der Nachhilfe-Unterricht von Miris Mutter. „In deinem Alter habe ich in Englisch eine 1 gehabt“, hat er noch nie behauptet. „Du bist unkonzentriert“, ist bei ihm nicht einprogrammiert. Ein Glück!
Zur Entspannung, nach Englisch, verziert Miri ihr Computer-Briefpapier. Den Brief an Rudi hat sie 13-mal umgeschrieben, verbessert, neu bemalt. Rudi hat auch einen Computer. Und Miri interessiert sich für ihn, für Rudi, für seinen Computer nicht so sehr. Der Brief ist jetzt so schön, dass Miri sich kaum traut, ihn Rudi zu geben. Sie ruft die erste Fassung aus dem Speicher auf, druckt sie aus.

Für Rudi
Hallo, hast du Lust, mir auch mal einen Computer-Brief zu schreiben?
Ich habe japanische Kalligrafie-Pinsel. Und auch einfache Schrift.

Am nächsten Tag, in der Mathestunde, schiebt Miri Rudi das Briefchen zu. Rudi grinst. Er schreibt: Kannst ja heute Nachmittag zu mir kommen, ich habe 120 Spiele!

Drei Stunden später sitzt Miri neben Rudi an dessen Computer. Rudi hat ein Spiel eingelegt. Die Joysticks zwischen den Oberschenkeln, starren beide auf den Bildschirm: Wer reagiert schneller, bewegt den roten Knüppel geschickter hin und her? Rudi natürlich, schließlich hockt er tagelang am Computer und knallt und schießt wie wild um sich.
„Sag mal, macht dir das eigentlich Spaß, dieses ewige Rumballern?", fragt Miri, nachdem sie das erste Spiel verloren hat.

„Wieso? Magst du lieber'n anderes?" Rudi wartet die Antwort nicht ab, legt ein neues Spiel ein. Wieder geht es um Zeit, um Reaktionsgeschwindigkeit. Rudi sitzt da mit hochrotem Kopf, die Hände an den Joystick gepresst. Er sieht gebannt auf den Bildschirm, merkt nicht, wie Miri ihren Joystick beiseitelegt und sein Zimmer betrachtet.
An den Wänden hängen Poster, überall liegen Disketten herum, auch einige Musikkassetten sind dazwischen. Die hätte Miri lieber angehört. Überhaupt hatte sie gedacht, dass man sich etwas unterhalten könnte …
Rudi brüllt auf: „Wahnsinn, Wahnsinn!" Er hat seinen eigenen Rekord unterboten.

Ironie entsteht, wenn man das Gegenteil von dem sagt, was man eigentlich meint.

Miri dreht sich zu ihm um: „Am besten spielst du nur noch gegen dich selbst!“ Rudi spürt die feine Ironie nicht. „Ja, du, ich hab auch tolle Adventure Games. Da musst du dich durch den Urwald schlagen.“
Miri winkt ab: „Wenn Abenteuer, dann richtige. Bildschirm-Urwald interessiert mich nicht.“
Rudi ist überrascht: „Was willst du eigentlich?“ Er dämpft seine Stimme: „Ich habe auch verbotene Spiele, richtig fiese Kriegsspiele, hab ich mir heimlich kopiert.“
Miri holt tief Luft. „Mensch, Krieg find ich grauenvoll, ich hab keinen Spaß, andere umzubringen. Ich kann darüber nicht lachen.“ 
„Aber es geht doch nur um Punkte!“ „Und dieser Geschwindigkeitsfanatismus geht mir auch auf den Nerv. Ich würde doch nie zu einem Autorennen latschen und zugucken, wer als Erster um die Ecke quietscht.“
„Ich finde das geil.“
„Und ich find's kindisch. Na ja, das sind die gewissen Unterschiede …“
„Wofür hast du dann überhaupt einen Computer?“
Miri sieht Rudi gequält an: „Ach, das verstehst du sowieso nicht.“
Zu Hause setzt Miri sich gleich wieder an den Computer. Sie gibt den Befehl ein:
Rudi 1-13 Exit.
Auf dem Bildschirm erscheint die Nachfrage:
Wollen Sie den Inhalt wirklich löschen?
Und Miri bestätigt: **Exit.**
Miris Mutter steckt den Kopf durch die Tür: „Du wirst ja noch ein richtiger Computerfreak.“
Miri lacht ihre Mutter an: „Wirklich nicht!“

2 An einigen Stellen merkt man, dass der Text schon älter ist. Findet solche Stellen und klärt, was jeweils gemeint und heute anders ist.

3 Miri und Rudi machen mit dem Computer Unterschiedliches. Wie ist das bei euch? Sprecht darüber.

4 Versetzt euch in die Gedanken und Gefühle von Miri und Rudi: Arbeitet nach der „Ich-Du-Wir-Methode“ (Seite 282):
a) Wählt Zeilen aus der Geschichte aus, in denen Miri und Rudi die Situation ganz unterschiedlich beurteilen.
b) Überlegt, was „zwischen den Zeilen“ steht und die Autorin jeweils zum Ausdruck bringen will. Übernehmt dazu die folgende Tabelle.

In der Geschichte steht wörtlich:	**Ich lese zwischen den Zeilen: Dabei geht mir durch den Kopf ...**
„Sag mal, macht dir das ... legt ein neues Spiel ein. (Z. 39 – Z. 43)	*Miri hat kein Interesse an Computerspielen. Rudi merkt das nicht.*
Rudi brüllt auf: ... nur noch gegen dich selbst!“ (Z. 50 – Z. 52)	*Rudi ist begeistert vom Spiel. Miri ...*
...	...

5 Denkt darüber nach, warum Miri schließlich den Inhalt „Rudi 1–13“ (Z. 80) auf ihrem Computer löscht.

6 Wähle eine Aufgabe aus:
a) Miri besitzt ein Gedankenbuch, dem sie Ihre Gedanken und Gefühle anvertraut. Schreibe Miris Bucheintrag zu ihrer Begegnung mit Rudi.
Gestern war ich nach der Schule bei Rudi ...
b) Am Schluss fragt Rudi: „Wofür hast du dann überhaupt einen Computer?“ (Z. 76). Schreibe Rudi einen Brief und erkläre ihm, warum Miri ihm keine richtige Antwort gibt.

Aus Texten Informationen entnehmen, vergleichen und bewerten

Wenn man zu einem Problem eine Lösung sucht, kann man mehrere Texte dazu heranziehen. Wie du durch Lesen und Vergleichen von Texten Antworten auf Fragen und eine Lösung finden kannst, lernst du in dieser Werkstatt in den Schritten 3 und 4. In den Schritten 1 und 2 wird dieser Vergleich vorbereitet.

Die Klasse 6b stellt sich die Frage: „Was kann man tun, wenn es Probleme wegen Computer und Internet zwischen uns und unseren Eltern gibt?" Um darauf Antworten zu finden, hat die Klasse im Internet und in einer Zeitung die Texte „Deine Eltern - (K)ein Problem?!" und „Nicht alles verdammen" gefunden.

Schritt 1: Sich einen Überblick über die Texte verschaffen
Die Texte nacheinander schnell durchlesen. Auch weiterlesen, wenn man etwas nicht versteht.

1 Überfliege beide Texte. Begründe, warum die 6b gerade diese Texte ausgewählt hat.

- Passen die Texte zu ihrer Frage?
- Worum geht es in den Texten?
- An wen richten sich die Texte?

Deine Eltern – (K)ein Problem?!

Manchmal haben Kinder Probleme mit ihren Eltern, weil die nicht so froh sind, dass ihre Kids die meiste Zeit im Netz verbringen. Oder weil sie sich Sorgen machen, dass ihnen da was passiert.

Auch wenn's manchmal nervt, lass deine Eltern (wenigstens ein bisschen) an deinem Internet-Leben teilhaben. Wenn dich jemand anschreibt, den du nicht kennst, lass deine Eltern doch mal drüber gucken. Die haben ein bisschen mehr **Erfahrung** mit komischen Menschen und wissen manchmal, wann es gut ist, nicht zu antworten.

Eltern wollen ihrem Kind vertrauen. Wenn du deinen Eltern z. B. mal dein **Profil** in einer **Community** oder einem Forum zeigst und erklärst, wie das funktioniert, dann verstehen sie dich schon besser. Du kannst ihnen auch zeigen, dass du in einem moderierten Chat bist und dass dir da nichts passieren kann.

Es gibt Kinder, deren Eltern verbieten, dass sie ins Internet gehen. Vielleicht ist da mal was schief gegangen. Oder sie haben Angst, dass dir was passiert. Finde eine Regelung, beispielsweise dass sie in der ersten Zeit in der Nähe bleiben, wenn du im Netz bist. Klar ist das nicht toll, aber so erarbeitest du dir schnell wieder Vertrauen.

Vielleicht nervt deine Eltern aber auch, dass du den **halben Tag vor dem Rechner** sitzt. Also: Geh auch mal eine Runde um den Block. Und deine Freunde aus dem Chat kannst du auch mal ausnahmsweise im Eissalon treffen!:-)

Nicht alles verdammen

Um das Surfverhalten ihrer Kinder besser zu verstehen, sollten sich Eltern deren Lieblingsseiten im Internet zeigen lassen. Dabei sollten Erwachsene nicht abwertend auf Dinge reagieren, nur weil sie das Interesse des Nachwuchses nicht nachvollziehen können. Besser ist es, dem Kind neue Seiten oder Blogs vorzuschlagen, um es so auf andere Dinge neugierig zu machen. Das rät das Netzwerk Insafe.

Eltern sollten mit ihren Kindern über die Bedeutung persönlicher

Daten sprechen und zusammen mit ihnen die Sicherheitseinstellungen durchgehen, insbesondere bei sozialen Netzwerken. Um das Surfverhalten ihrer Kinder gut im Blick zu haben, ist ein Computer im Kinderzimmer eher ungeeignet.
Für Downloads und Bestellungen sollten Regeln ausgemacht werden. Am besten wird mit den Kindern vereinbart, dass sie die Eltern fragen, bevor sie etwas herunterladen oder an einem Gewinnspiel teilnehmen. Darüber hinaus sollten Kinder nicht auf Kreditkartennummern zugreifen können, warnt die Initiative „Schau hin". (dpa)

Schritt 2: Informationen zu Fragen finden und sammeln

2 Lies den ersten Text „Deine Eltern – (K)ein Problem?!" und finde heraus,
- worüber sich Eltern Sorgen machen, wenn ihre Kinder im Internet unterwegs sind,
- was Kinder tun können, um die Eltern zu beruhigen.

Lege dazu einen Stichwortzettel an.

Tipps an die Eltern	*Tipps an die Kinder*
– Sich Lieblingsseiten zeigen lassen	…
– …	…

3 Lies den zweiten Text „Nicht alles verdammen" und finde heraus, was du dort erfährst. Erweitere deinen Stichwortzettel.

Schritt 3: Texte miteinander vergleichen:
Gemeinsames und Unterschiedliches in den Texten entdecken

4 Welche Anregungen und Tipps für Eltern und Kinder kommen in beiden Texten vor? Nutze zur Beantwortung deinen Stichwortzettel.
– Markiere farbig, welche Aussagen so oder ähnlich in beiden Texten vorkommen.

5 Welche Anregungen und Tipps kommen nur im Text „Deine Eltern – (K)ein Problem?!" vor, welche nur im Text „Nicht alles verdammen"? Nutze zur Beantwortung deinen Stichwortzettel.
– Markiere, welche Aussagen nur in einem der Texte vorkommen. Nimm dazu eine andere Farbe.

Schritt 4: Über die Texte nachdenken und eine Antwort finden auf das, was man herausfinden wollte

6 Wähle aus:

a Mike will unbedingt einen eigenen Computer in seinem Zimmer. Seine Eltern sind eher dagegen. Formuliere einen Ratschlag.
Hallo Mike, ich habe ein paar Tipps für dich ...

b Die Eltern machen sich Sorgen. Wähle einen Tipp, mit dem du sie am besten beruhigen kannst.
Begründe deine Auswahl mit deinen eigenen Erfahrungen.
Lieber Mike,
bei meinen Eltern und mir ist es so, dass...
Ich glaube, dass es besser ist, wenn...
Denn... / Dann... Außerdem ...

Eigene Mediengewohnheiten erkunden und bewerten

Welche Medien nutzt ihr? Wie lange nutzt ihr sie? Zu welcher Tageszeit nutzt ihr sie?

1 Euer Medienverhalten könnt ihr mit diesen oder ähnlichen W-Fragen selbst erkunden.
- Einigt euch auf Fragen.
- Legt fest, welchen Zeitraum ihr untersuchen wollt: ein Wochenende, eine Woche oder länger.
- Haltet die Antworten in einem Medienprotokoll fest.

2 Schaut euch Arlinds Medienprotokoll an und untersucht, was darin vorkommt und wie er es gestaltet hat.

Medienprotokoll

	Welches Medium habe ich genutzt?	Wie lange habe ich es genutzt?	Zu welcher …
Freitag			
Samstag			
Sonntag			
Montag			

3 Vereinbart, was ihr ähnlich oder anders machen wollt.

4 Wertet danach eure Medienprotokolle in Gruppen aus. Besprecht und entscheidet, wie ihr vorgehen wollt. Nutzt die folgenden Anregungen:

Vorbereitung:
- in Gruppen je eine Frage übernehmen
- die Medienprotokolle entsprechend der Anzahl der Gruppen in möglichst gleich große Stapel aufteilen
- entscheiden, ob auch nach Mädchen und Jungen getrennt ausgewertet wird

Durchführung:
- nach und nach jeden Stapel bearbeiten
- in den Protokollen die Antworten suchen
- typische Antworten herausschreiben und eine Strichliste führen
- das Ergebnis einer Strichliste in einem Diagramm darstellen
- in wenigen Sätzen eine Antwort auf die Frage formulieren: Häufig genannt wurden ... Außerdem ... Am wenigsten ...

So könnte eine **Strichliste** aussehen:
Frage: Welche Medien nutzen wir?

		gesamt
Bücher	||||	4
Handy	|||||||||||||||	15
Fernseher	||||||||||	10
...		

Ein **Diagramm** zu der Strichliste könnte so aussehen:
Frage: Welche Medien nutzen wir?

Bücher																	
Handy																	
Fernseher																	
...																	
	1	2	3	4	5	6	7	8	9	.	.	.					

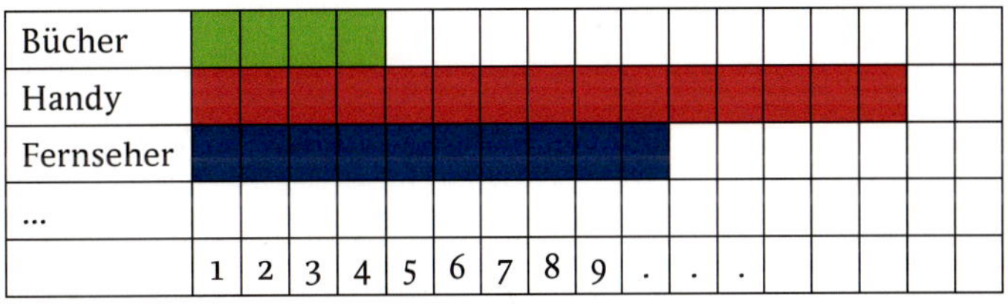

5 Stellt euer Ergebnis den anderen Gruppen vor. Nutzt dazu die Methode Gallery-Tour (siehe Seite 158).

6 Besprecht die Gruppenergebnisse in der Klasse und diskutiert sie. Was hattet ihr erwartet? Was ist auffällig und überraschend?

7 Schreibe in einigen Sätzen auf, was die Untersuchung ergeben hat. *In den Medienprotokollen ging es um ... Wir haben herausgefunden, dass ... Auffällig war ...*

Über Computerspiele beim Lernen nachdenken

Hinweise, wie du einen Sachtext bearbeiten kannst, findest du in Wissen und Können auf Seite 277.

Denke mit anderen in der Klasse einmal über den Einsatz von Computerspielen im Unterricht nach. Lass dich dazu von dem folgenden Bericht und den Aufgaben anregen.

Spielend lernen – am Computer

In New York gibt es eine Schule, in der man nur eins machen muss: Spiele spielen, oft mit Computern.

Die Schüler sitzen auf einem Floß in der Mitte des Klassenzimmers und paddeln. Ihre Aufgabe: Dem Hai entkommen, Hilfspakete einsammeln und den Rettungshubschrauber auf sich aufmerksam machen. Dafür gibt es Punkte. Ein ganz normaler Schultag in der staatlichen *Quest to Learn*-Schule in New York, erklärt die Direktorin, Rebecca Rufo-Tepper.

Das Floß, auf dem die Schüler sitzen, ist aber nicht real, sondern nur von einem Beamer auf den Fußboden projiziert. Wenn die Schüler paddeln, dann bewegt sich das virtuelle Floß vorwärts: „Motion Capture" heißt das im Fachjargon. Ziel des Rollenspiels ist es, dass sich die Schüler in die Lage von Schiffbrüchigen einfühlen, als Team arbeiten und die gefährlichen Tiere im Ozean kennenlernen.

„Unsere Klassen arbeiten nicht wie die einer normalen Schule. Wir haben keine Englischstunde, oder Mathe. Unsere Klassen heißen ‚Domains', in denen wir verschiedene Disziplinen zusammenbringen. Also morgens gibt es zum Beispiel die Domain ‚Wie die Dinge funktionieren'. Da werden die Schüler von kleinen, virtuellen Figuren, den Trugels, per Mail oder Skype gebeten, ihnen zu helfen, ein Haus zu bauen. Dann müssen die Schüler zum Beispiel einen Grundriss eines Hauses entwerfen, um den Trugels zu helfen."

1 Löse die Aufgaben a)–d) allein oder mit einem Partner.

a) Wähle einen Gedanken aus dem Bericht aus, der dir besonders gut gefällt. Begründe, warum du dich dafür entschieden hast.

b) Was ist an der vorgestellten Schule anders als an Schulen, die du kennst?

c) Gibt es an deiner Schule Unterrichtsstunden oder Fächer, in denen der Computer eine ähnliche Rolle beim Lernen übernimmt oder übernehmen könnte?

d) Recherchiere im Internet, ob du noch mehr Informationen über die *Quest to Learn*-Schule in New York findest.

2 Wähle aus:

a Dieses Bild hat ein Schüler im Jahr 2000 angefertigt:

Schreibe und zeichne, wie du dir den Einsatz von Computern in der Schule von 2050 vorstellst.

b Lasse mit jedem Buchstaben des Wortes *Computerspiel* ein Wort oder einen Satz beginnen. Du kannst dabei zum Ausdruck bringen,

- wie du Computerspiele erlebst,
- wie du ihren Einsatz im Unterricht wünschst,
- wie deine Eltern oder Lehrer die Bedeutung sehen,
- wie ...

Lasst euch durch die Texte und das Wörterbuch anregen.

C ...
O...
M...
P...
U...
T...
E...
R...
S ...
P...
I...
E...
L...
E...

c Ergänze:

Wenn ich an Computerspiele denke,
dann ...
dann ...
dann ...
Aber ...

Aus Texten Informationen entnehmen, vergleichen und bewerten

Auf der Schulhomepage gibt es ein neues Diskussionsforum zum Thema: „Nur noch daddeln statt dribbeln?" Dazu gibt es bisher folgende Einträge:

Text 1

Deine Eltern meckern gerne mal, dass du in deiner Freizeit nur am Computer rumdaddelst? Und deine Freunde auch! Und früher hat man draußen gespielt, sich mehr bewegt und überhaupt... – Cool bleiben!

Du kannst deinen Eltern mit einer Umfrage den Wind aus den Segeln nehmen. Zehntausend Kinder zwischen neun und 14 Jahren wurden dafür interviewt. Das Ergebnis: Den meisten Spaß in der Freizeit haben Kinder beim Sport!

Jedes dritte Kind zählt irgendeine Sportart zu seinen Lieblingsbeschäftigungen. Computerspiele landeten nur bei jedem sechzehnten Kind auf Platz 1.

Text 2

Ich spiele jeden Tag irgendwelche Games, mindestens eine Stunde und länger. Meistens abends oder nachmittags zusammen mit Kollegen Splitscreen (d. h. geteilter Bildschirm) oder online. Meine Mutter sagt nichts dazu, denn ich bin fast jeden Tag auch mit der Crew und Freunden unterwegs. Manchmal gehen wir ins Jugendhaus. Und jeden Tag in den Sommerferien bin ich am liebsten im Freibad. Wir machen den Sport „Splashdiving“ und wir haben auch eine eigene Crew.

Dominik, Schüler, 6b

1 Lies Text 1 und Text 2 und notiere,
- worum es in der Umfrage ging,
- was das Ergebnis der Umfrage war.

2 Welche Aussagen zu Freizeitbeschäftigungen sind in beiden Texten gleich oder ähnlich? Notiere sie in Stichwortsätzen.

3 Manche meinen, dass Kinder ihre Zeit nur vor dem Bildschirm verbringen. Nimm Stellung dazu.

Das kann ich schon!

- ✔ aus Sachtexten zu einer Frage Informationen heraussuchen
- ✔ aus Texten Informationen entnehmen und vergleichen
- ✔ Antworten zu einem Problem in einem kurzen Text formulieren
- ✔ eine Aussage für eine eigene Stellungnahme nutzen

→ Du kannst in **EXTRA** noch einmal üben, wie du vorgehst, um den Inhalt von Texten zu vergleichen, → auf den Seiten 134/135 fragengeleitet, → auf der Seite 135 (Aufgaben 5 und 6) selbstständig.

→ Du kannst aber auch noch einmal in der **Werkstatt** (Seite 124-127) üben. Lass dich in jedem Fall von deiner Lehrerin oder deinem Lehrer beraten.

Aus Texten Informationen entnehmen und vergleichen

1 Auf die Frage „Welche Rolle spielen Medien in deinem Alltag?" antworten Vivien, Abed und Louisa. Lies die drei Antworten.

Morgens höre ich an der Bushaltestelle mit meinem Handy Musik und schreibe SMS. Wenn ich nach Hause komme, esse ich erst mal, dann surfe ich im Internet, wenn ich nichts zu tun habe. Sonst mache ich Hausaufgaben und räume mein Zimmer auf. Ich bin die ganze Zeit über Facebook oder SMS erreichbar. Fernsehen gucke ich erst am Abend, aber manchmal bin ich auch am Computer. Vivien

Ich habe ein Smartphone und spiele viel damit. Wenn meine Mutter morgens Zeitung liest, lese ich oft mit. Ich habe einen Computer in meinem Zimmer, gehe aber meistens mit meinem Handy ins Internet. Radio höre ich so nebenbei. Ich gucke nur abends Fernsehen. Manchmal lese ich abends auch in meinem Buch. Abed

Meine Eltern haben gesagt, dass ich erst zum Geburtstag ein Handy bekomme. Das finde ich auch nicht so schlimm. Mit dem Klavierunterricht und der Mathenachhilfe habe ich genug zu tun. Wenn ich doch mal Langeweile habe, mache ich es mir im Wohnzimmer vor dem Fernseher bequem. Louisa

2 Welche Medien spielen jeweils eine Rolle? Lege dazu eine Tabelle an:

	Handy	Internet	Fernseher	Computer	Radio	Buch
Vivien	+	+	…	…	…	…
Abed	…	…	…	…	…	…
Louisa	…	…	…	…	…	…

3 Welches Medium spielt in allen drei Antworten eine Rolle? Welches kommt nur einmal vor? Antworte schriftlich. Nutze deine Tabelle.

4 Wozu nutzen Vivien, Abed und Louisa ihre Medien? Notiere, was bei allen gleich und was unterschiedlich ist.

5 Vergleiche die drei Antworten von Vivien, Abed und Louisa. Fasse deine Beobachtungen in einem kurzen Text zusammen.

6 Welche Rolle spielen Medien in deinem eigenen Alltag? Schreibe einen ähnlichen Text wie Viven, Abed und Louisa. Vergleiche ihn mit anderen aus der Klasse.

Ideen und Anregungen:

→ Stellt zu dem Text Computer-Miri (Seite 120–123) eine **Hörbuch-Version** her. Natürlich dürft ihr dazu den Text auch ändern, z. B. Textstellen kürzen, etwas ersetzen, umformulieren, Figuren austauschen.

- Markiert in einer Kopie des Textes unterschiedlich, was ein Erzähler lesen soll (den Erzähltext) und was die Figuren (z. B. Miri und Rudi) sagen sollen (den Dialog).
- Überlegt, wo Pausen sinnvoll sind und welche Geräusche eingefügt werden sollen.
- Legt fest, auf welche Weise ihr euer Hörbuch aufnehmen wollt.
- Bevor ihr die einzelnen Rollen verteilt und mit der Aufnahme beginnt, macht Lese- und Sprechübungen. Achtet auf Betonung, Pausen, Lautstärke und Tempo.

Natur und Jahreszeiten im Gedicht

Viele Autorinnen und Autoren haben Gedichte zu Frühling, Sommer, Herbst und Winter geschrieben. Sie drücken darin ihre Gefühle, Stimmungen und Gedanken aus. Dazu wählen die Dichter eine besondere Form und Sprache. Hier lernt ihr verschiedene Gedichte kennen. Ihr könnt herausfinden, welche Stimmungen darin ausgedrückt werden – und ihr könnt selbst Gedichte schreiben. Ihr könnt auch einzelne Gedichte auswählen – passend zu den Jahreszeiten.

In diesem Kapitel lernt ihr

- Gedichte zu Natur und Jahreszeiten kennen,
- die Stimmung in Gedichten nachzuempfinden,
- die besondere Form und Sprache in Gedichten zu erkennen,
- selbst Gedichte nach „Spielregeln“ zu schreiben,
- gemeinsam über Gedichte nachzudenken.

H örst du, wie der Wind pfeift?
E r jagt um die Häuser.
R egen klatscht gegen die Fensterscheiben.
B unte Blätter segeln auf den Boden.
S ieh, wie die Wolken ziehen!
T raurig lassen die Sonnenblumen ihre Köpfe hängen.

- Sammelt Fotos, Bilder, Gegenstände zu Frühling, Sommer, Herbst oder Winter.

- Kennt ihr Gedichte oder Lieder zu den Jahreszeiten? Bringt sie mit und sammelt sie.

- Schreibt die Buchstaben einer Jahreszeit untereinander und sucht zu jedem Buchstaben einen Satz, der zu der Jahreszeit passt.

- Legt einen Kalender oder ein Gedicht-Buch zu den Jahreszeiten an. Gestaltet eure Gedichte.

Jahreszeiten-Wörter sammeln, ordnen und gebrauchen

1 Welche Wörter und Formulierungen fallen euch zu den Jahreszeiten ein?
- Sammelt eure Ideen in Vierjahreszeiten-Clustern: Was könnt ihr sehen, hören, riechen, tasten, fühlen?

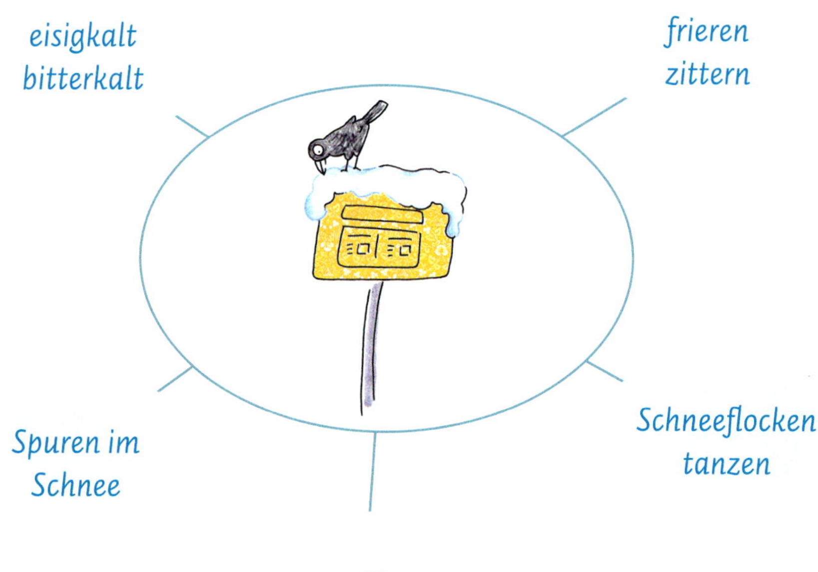

2 Schreibe ein Jahreszeiten-Elfchen.
- Such dir eine Jahreszeit aus.
- Stellt euch eure Elfchen gegenseitig vor.

Elfchen	Ein Elfchen: 5 Zeilen – 11 Wörter
Schnee	*1. Zeile: ein wichtiges Wort*
Weiße Kälte	*2. Zeile: was ich sehe, höre, rieche, …*
fällt vom Himmel	*3. Zeile: was passiert*
zittere am ganzen Körper	*4. Zeile: was ich empfinde*
Wintertraum	*5. Zeile: ein abschließendes Wort*

Mit Gedichten experimentieren

Peter Hacks

Die Blätter an meinem Kalender

Die Blätter an meinem Kalender,
Die sind im Frühling klein
Und kriegen goldene Ränder
Vom Märzensonnenschein.

Im Sommer sind sie grüner,
Im Sommer sind sie fest.

Da falln die **Kalenderblätter**,
Bums, **ab**.

Im Herbst ist Wolkenwetter,
Und Sonnenschein wird knapp.

Die braunen **Haselhühner**
Erbaun sich drin ihr **Nest**.

Im Winter, wenn die Zeiten hart,
Hat es sich auskalendert.

Ich sitze vor der Wand und **wart**,
Daß sich das Wetter **ändert**.

1 Ergänzt das Gedicht: Welche Zeilen aus den Kästen gehören zu welcher Strophe?
- Welche Zeilen gehören zu Sommer, Herbst und Winter?
- Überlegt, welche Reimwörter zu den fett markierten Wörtern passen.

2 Sprecht darüber, wie ihr beim Zusammensetzen des Gedichts vorgegangen seid.

3 Schreibt das Gedicht ab – vielleicht am Computer.
- Probiert verschiedene Schrifttypen und Farben aus.
- Malt eigene Bilder dazu oder illustriert es mit Fotos.

Eindrücke und Stimmungen nachempfinden

Viele Autorinnen und Autoren haben zu den verschiedenen Jahreszeiten Gedichte verfasst, um das Besondere der Jahreszeiten auszudrücken und ihre Eindrücke, Gefühle, Stimmungen oder Gedanken wiederzugeben.

Josef Guggenmos

Ich male mir den Winter

Ich male ein Bild,
ein schönes Bild,
ich male mir den Winter.
Weiß ist das Land,
schwarz ist der Baum,
grau ist der Himmel dahinter.

Sonst ist da nichts,
da ist nirgends was,
da ist weit und breit nichts zu sehen.
Nur auf dem Baum,
auf dem schwarzen Baum
hocken zwei schwarze Krähen.

Aber die Krähen,
was tun die zwei,
was tun die zwei auf den Zweigen?
Sie sitzen dort
und fliegen nicht fort.
Sie frieren nur und schweigen.

Wer mein Bild besieht,
wie's da Winter ist,
wird den Winter durch
und durch spüren.
Der zieht einen dicken Pullover an
vor lauter Zittern und Frieren.

1 Lies das Gedicht und male ein Bild dazu.

2 Erkläre, warum du das Bild so gemalt hast.
- Wie hast du Land, Baum und Himmel gemalt?
- Was ist auf deinem Bild sonst noch zu sehen?
- Kann man den Winter „durch und durch spüren" (Z. 21/22), wenn man dein Bild betrachtet? Warum?

Georg Bydlinski

Sommer

In einer Wiese gehen,
sie anschauen und verstummen:
die Blumen leuchten schön,
die Bienen summen,
Käfer krabbeln im Gras,
Ameisen schleppen dies und das,
eine pelzige Hummel
fliegt mit Gebrummel
über die Gräser dahin.
Ganz weiß und leise
geht ein Schmetterling
auf die Reise ...

1 Lest das Gedicht und sammelt eure Eindrücke.
- Woran erkennst du, dass es Sommer ist?
- Welche Stimmung wird ausgedrückt?

Die Schüler aus der 6c haben das Gedicht gelesen und ihre Eindrücke geschildert:

Wer „in einer Wiese" geht, und genau hinschaut, kann Vieles entdecken.

Manche Tiere erscheinen wie Personen.

Durch die Reime wirkt das Gedicht ganz lebendig.

2 Suche Begründungen für die Schülermeinungen im Gedicht.

3 Sprecht euch das Gedicht gegenseitig vor. Drückt die Stimmung des Gedichtes aus: Achtet auf Wörter, die ihr hervorheben möchtet, auf Sprechpausen und Sprechtempo. Tragt dann das Gedicht gemeinsam vor.

4 Auch in anderen Jahreszeiten kannst du Vieles entdecken, wenn du genau hinsiehst. Schreibe deine Eindrücke auf.
Beispiele: ein Baum im Frühling oder Herbst, ein Teich im Winter, ...

Besonderheiten von Gedichten herausarbeiten

Reiner Kunze

Warum sind Löwenzahnblüten gelb?

Warum sind Löwenzahnblüten gelb?
Das weiß jedes Kind.
Weil Löwenzahnblüten
Briefkästen sind.

Wer hat die Briefkästen aufgestellt?
Die grasgrüne Wiese.
Sie steckt in die Briefkästen
all ihre Grüße.

Wem werden die Grüße zugestellt?
Das weiß jedes Kind.
Briefträger sind
Biene und Wind.

1 Sammelt eure Ideen: Welcher Eindruck von einer Wiese mit Löwenzahnblüten entsteht beim Lesen?

2 Vergleiche das Gedicht mit dem folgenden Text.
– Was ist beiden Texten gemeinsam? Worin unterscheiden sie sich?

Löwenzahn: Der Löwenzahn erhielt seinen Namen durch seine stark gezackten Blattränder. Er hat gelbe Blüten, die nach der Befruchtung lauter kleine Samen mit Schirmchen ausbilden. Diese verbreitet der Wind. Die Blätter sind essbar und werden als Salat oder als Würzkräuter genutzt.

3 Erklärt die folgenden Begriffe mit Beispielen aus dem Gedicht: Zeile oder Vers, Strophe, Reim, Zeilensprung. Wenn ihr unsicher seid, schaut in *Wissen und Können* (Seite 276) nach.

4 Wenn Pflanzen oder Gegenstände wie Menschen dargestellt werden, nennt man dies *Personifizierung*. Suche Beispiele für Personifizierungen im Gedicht.

5 Rainer Kunze tut so, als ob er die Frage „Warum sind Löwenzahnblüten gelb?“ ernsthaft beantwortet. Aber er erfindet eine Fantasie-Antwort. Welche?
- Womit vergleicht er die Löwenzahnblüten?
- Womit vergleicht er die Wiese?
- Womit vergleicht er Biene und Wind?

6 Auch Philipp Günther hat ein Gedicht „Löwenzähne“ geschrieben. Es ist hier anders gedruckt. Macht daraus wieder ein Gedicht. Vergleicht eure Ergebnisse.

Philipp Günther

Löwenzähne

Auf der Sommerwiese blüht Kopf an Kopf der Löwenzahn. Weißt du, wie die gelbe Blume zu dem Löwennamen kam? Auf dem Stiel das Blütenhaupt: goldne Löwenmähne. Grün die Blätter, scharf gezackt: spitze Löwenzähne. Barfuß über Wiesen gehen und durch Löwenzähne tappen. Doch gib Acht, dass sie dir nicht nach den Zehen schnappen.

7 Erklärt, warum ihr euer Gedicht in diese Form gebracht habt.
- Wie viele Strophen habt ihr gemacht?
- Wo enden eure Zeilen? Warum?

8 Vergleicht eure Gedichtformen mit dem Original (Seite 149). Sprecht über die Unterschiede.

9 Untersucht das Gedicht gemeinsam. Was fällt euch daran auf?

Der Autor vergleicht den Löwenzahn mit …

Ich finde das Gedicht komisch: …

Im Gedicht wird die Wiese plötzlich ganz lebendig: …

Nach einer „Spielregel" Gedichte schreiben

Du hast schon Elfchen nach einer „Spielregel" verfasst. In dieser Werkstatt lernst du eine weitere Spielregel kennen: Du schreibst zu einem Ausgangsgedicht ein Parallelgedicht. Dazu übernimmst du die Form aus dem Ausgangsgedicht und änderst einige Wörter. So entsteht ein eigenes Gedicht.

Christine Nöstlinger

Frühling

Eines Morgens ist der Frühling da.
Die Mutter sagt,
sie **riecht** ihn in der Luft.

Pit **sieht** den Frühling.
An den Sträuchern im Garten
sind hellgrüne Tupfen.

Anja **hört** den Frühling.
Neben ihr, auf dem Dach,
singen die Vögel.

Unten vor dem Haus
steigt Vater in sein Auto.
Er **fühlt** den Frühling.
Die Sonne scheint warm
auf sein Gesicht.

Aber **schmecken**
kann man den Frühling nicht.
Bis die Erdbeeren reif sind,
dauert es noch lange.

Schritt 1: Das Ausgangsgedicht verstehen und untersuchen

1 Bearbeite das Gedicht:
- Woran merkt man, dass es Frühling wird?
- Mit welchen Sinnen wird der Frühling wahrgenommen?
- Welche Stimmung wird ausgedrückt? An welchen Wörtern kannst du das erkennen?
  Die Stimmung ist a) traurig, b) langweilig, c) bedrückend, d) heiter
  Welches Adjektiv passt am besten? Warum?

2 Welche Merkmale von Gedichten kannst du entdecken?
a) Wie viele Strophen hat das Gedicht?
b) Wie viele Verse haben die Strophen?
c) Wo sind Zeilensprünge?

Schritt 2: Ein Parallelgedicht schreiben

3 Schreibe ein eigenes Jahreszeiten-Gedicht *Sommer/Herbst/Winter.*
- Behalte die Form des Ausgangsgedichtes bei.
- Du kannst die Namen verändern. Es können auch Tiere und Pflanzen vorkommen.

Eines Morgens ist der ______ da.
Die Mutter sagt,
sie riecht …
Pit sieht den ______.
…
Anja hört den ______ …

Unten vor dem Haus
steigt Vater in sein Auto.
Er fühlt den ______.
…
Aber schmecken
kann man den ______ nicht /
auch …

Schritt 3: Über das Parallelgedicht sprechen

4 Vergleiche dein Gedicht mit dem Ausgangsgedicht.
- Wie erfährt man die Jahreszeiten mit allen Sinnen?

5 Vergleicht eure Gedichte. Welche Stellen sind besonders gelungen?

Ein Parallelgedicht schreiben

Hilga Leitner

Frühling

In meinem Garten
ist über Nacht
der Frühling erwacht.

Man kann ihn schon sehen.
Schneeglöckchen stehen
in dichten Reih'n.

Sie wecken die Vögel, die Wälder,
die Büsche, die Wiesen und Felder,
die ganze Welt
und dich
und mich.

1 In welcher Stimmung befindet sich das „Ich"?
Welches Adjektiv passt am besten? Warum?
Das „Ich" ist a) traurig, b) hoffnungsvoll, c) ängstlich

2 Welche Merkmale von Gedichten kannst du entdecken?
- Wie viele Strophen hat das Gedicht?
- Wie viele Verse haben die Strophen?
- Wo sind Zeilensprünge?
- Welche Reime enthält das Gedicht?
- Nenne Beispiele für Personifizierungen.

3 Schreibe ein Herbst-Gedicht.
- Du kannst dich an den grau gedruckten Vorgaben orientieren. Probiere die angegebenen Möglichkeiten aus.
- Du kannst auch die ersten vier Zeilen übernehmen und selbstständig ein Herbst-Gedicht schreiben.

Herbst

In meinem Garten
hat sich über Nacht
der Herbst breit gemacht.

Man kann ihn schon sehen.
Blätter/Bäume/Sträucher *stehen/wehen/gehen*
im Wind/wie Gespenster/im Nebel

Sie *erschrecken/verwirren/verscheuchen den Kuckuck/den Kranich/die Schwalbe* und die Gans,
die Mädchen/die Jungen/die Alten und den Franz
die ganze Welt
und dich
und mich.

4 Vergleiche dein Gedicht mit dem Ausgangsgedicht „Frühling“.
- Welche Stimmung beschreibst du in deinem Parallelgedicht?
- Wie kommt diese Stimmung zustande?

Das kann ich schon!

✔ Eindrücke, Gedanken und Gefühle im Gedicht festhalten
✔ Typische Merkmale eines Gedichtes erkennen
✔ Ein eigenes Gedicht nach einem Muster schreiben

→ Du kannst in **EXTRA** noch einmal ein Gedicht vervollständigen: → Seite 148, oder ein Parallelgedicht schreiben → Seite 149, Aufgaben 5–8.
→ Du kannst auch noch einmal in der **Werkstatt** (Seite 144/145) üben. Lass dich in jedem Fall von deiner Lehrerin oder deinem Lehrer beraten.

Ein Regen-Gedicht ergänzen und neu schreiben

1 Lies das Gedicht von Josef Guggenmos. Schreibe das Gedicht ab und ergänze die fehlenden Wörter aus den Kästchen.

Josef Guggenmos

Regen

Es regnet ohne Unterlass.
Bald
ist in Feld und Wald
jedermann ______.
Dem Hasen regnet's auf sein Fell.
Dem Förster auf den grünen Hut.
Dem Bussard ______.
Dem Wildschwein auf die Borsten –
das freilich ______.

Hat es zu regnen aufgehört,
rinnt es noch lang von den Zweigen,
tropf,
______.
Selbst der Uhu im Baum,
der es trocken hat,
______.

nass.

tropf

auf sein Federkleid.

schüttelt den Kopf.

tut mir gar nicht Leid

2 Wähle dir eine Zeile aus (5, 6, 7, 8) und male ein Bild dazu.

3 Woran kannst du erkennen, dass es nicht mehr aufhört zu regnen?

4 Lernt das Gedicht auswendig und tragt es laut vor.

→ *Hinweise dazu findest du in Wissen und Können auf Seite 283.*

Regen

Es regnet ohne Unterlass
Bald
ist in Stadt und Land
jedermann ______ .
Dem Kind regnet es auf ______ .
Dem Mann ______ .
Der ______ .
Dem Hund ______ .
Dem ______ .
______ ______ ______ .
Das freilich tut mir gar nicht Leid.

Hat es zu regnen aufgehört,
rinnt es noch lange von den Dächern
tropf,
______
Selbst der ______ im Bus,
Der es trocken hat,
schüttelt den Kopf.

5 Schreibe ein Parallelgedicht zum Gedicht „Regen“ von Josef Guggenmoos (Seite 148).

6 Male ein passendes Bild zu deinem Gedicht.

7 Vergleicht eure Gedichte mit dem Original. Was habt ihr anders gemacht?

8 Schreibt ein eigenes Regengedicht.

Ideen und Anregungen:

→ Erstellt zu einem Gedicht aus dem Kapitel eine **Text-Bild-Collage**.
  - Schreibe das Gedicht ab: Verwende verschiedene Farben und Schriftgrößen. Hebe Wörter, die dir wichtig erscheinen, hervor.
  - Klebe dein Gedicht auf ein großes Blatt: Male dazu. Du kannst auch Fotos und Bilder aus Zeitschriften suchen oder Dinge, die im Gedicht genannt werden, (z. B. Blätter, Blüten, Gras usw.) aufkleben.

→ Macht eine **Gedicht-Stunde**: Arbeitet in Gruppen. Jede Gruppe sucht sich ein Gedicht aus und präsentiert es in der Klasse. Ihr könnt das Gedicht vorlesen oder auswendig lernen. Inszeniert das Gedicht (Erzähltheater, Erzählpantomime).

Löwenzähne (Seite 143)

Auf der Sommerwiese blüht
Kopf an Kopf der Löwenzahn.
Weißt du, wie die gelbe Blume
zu dem Löwennamen kam?

Auf dem Stiel das Blütenhaupt:
goldne Löwenmähne.
Grün die Blätter, scharf gezackt:
spitze Löwenzähne.

Barfuß über Wiesen gehen
und durch Löwenzähne tappen.
Doch gib Acht, dass sie dir nicht
nach den Zehen schnappen.

Fabeln – tierisch menschlich

Fabeln sind kurze Geschichten, in denen Tiere die Hauptrolle spielen. Mit den Tieren sind aber eigentlich Menschen gemeint. Fabeln werden erzählt, damit wir Menschen aus dem Beispiel der Tiere etwas lernen. Fabeln gibt es seit über 2000 Jahren auf der ganzen Welt. In diesem Kapitel beschäftigt ihr euch mit bekannten und weniger bekannten Fabeln – von hier und anderswo.

In diesem Kapitel lernt ihr

- die besonderen Merkmale von Fabeln kennen,
- Fabeln zu untersuchen und dazu Fragen zu beantworten,
- über Fabeln nachzudenken,
- Fabeln vorzutragen, sie als Comic zu gestalten oder eine Geschichte dazu zu schreiben.

1 Was fällt euch an den Bildern auf?

- Welche Tiere kommen auf den Bildern vor?
- Welche menschlichen Eigenschaften haben diese Tiere?

  schlau, dumm, ehrlich, listig, stark, schwach, schnell, langsam, klein, groß, fleißig, faul, ...

2 Kennt ihr Fabeln, in denen diese Tiere vorkommen? Erzählt sie euch.

Eine Fabel zusammensetzen

1 Schau dir die Bilder an.
- Finde heraus, welcher Textabschnitt zu welchem Bild gehört.
- Schreibe die Fabel in der richtigen Reihenfolge ab.

Nach Äsop

Der Rabe und der Fuchs

Den aber schnappte sich eilig der Fuchs, fraß ihn genüsslich auf und lachte über den törichten Raben.

Ein Rabe hatte einen Käse gestohlen. Er flog damit auf einen Baum und wollte seine Beute dort oben in Ruhe verzehren.

schmeicheln: *eine Person übertrieben loben, damit sie freundlich zu einem ist oder um etwas zu erreichen.*

Dem Raben gefielen diese Schmeicheleien so gut, dass er seinen Schnabel weit aufsperrte, um dem Fuchs etwas vorzusingen. Dabei fiel ihm natürlich der Käse aus dem Schnabel.

Da es aber die Art der Raben ist, beim Essen nicht schweigen zu können, hörte ein vorbeikommender Fuchs den Raben über dem Käse krächzen. Er lief eilig hinzu und begann den Raben zu loben: „O Rabe, was bist du für ein wunderbarer Vogel! Wenn dein Gesang ebenso schön ist wie dein Gefieder, dann sollte man dich zum König aller Vögel machen!"

2 Vergleicht eure Ergebnisse.
- Woran habt ihr die richtige Reihenfolge der Abschnitte erkannt?

Einen Sachtext über Fabeln lesen

1 Bearbeitet den Sachtext in Gruppen und erstellt eine Mindmap.
Für die Äste der Mindmap könnt ihr die Überschriften nutzen.

→ *Nutze als Hilfe die Hinweise in der Werkstatt Methoden und Arbeitstechniken auf Seite 258.*

Fabeln

Tiere mit menschlichen Eigenschaften
Eine Fabel ist eine kurze Geschichte, in der Tiere menschliche Eigenschaften besitzen. Die Tiere sprechen, handeln oder denken wie Menschen. In vielen Fabeln kommen immer wieder die gleichen Tiere vor. Sie haben typische Eigenschaften: der Fuchs ist schlau, der Esel dumm und der Löwe mächtig.

Aufbau der Fabeln
Fabeln sind immer gleich aufgebaut: Am Anfang wird die Ausgangssituation beschrieben. Im Hauptteil steht die Auseinandersetzung der Tiere. Sie reden miteinander oder geraten in Streit. Der Schluss der Fabel enthält eine knappe Lösung. Fabeln wollen eine Lehre vermitteln. Die Leser sollen diese selbst erkennen. In manchen Fabeln wird die Lehre aber auch am Schluss direkt genannt.

Berühmte Fabeldichter
Viele Fabeln stammen von Äsop. Äsop hat 600 Jahre vor Christi Geburt als Sklave in Griechenland gelebt und hat seinem Herrn auf Spaziergängen Fabeln erzählt. Da er als Sklave die Wahrheit nicht immer frei heraus sagen konnte, „versteckte“ er sie in Tier-Geschichten. Die Fabeln von Äsop wurden von vielen Dichtern weitererzählt: Martin Luther (1483–1546), Jean de la Fontaine (1621–1695) oder Gotthold Ephraim Lessing (1729–1781).

Was die Dichter mit den Fabeln wollen
Die Dichter kritisieren in ihren Fabeln das Verhalten mächtiger Menschen gegenüber Schwächeren und wehren sich z. B. gegen Gemeinheit, Feigheit oder Dummheit. Weil es gefährlich sein konnte, Kritik offen auszusprechen, ließen die Fabeldichter Tiere sprechen. Auch heute noch werden Fabeln geschrieben, um menschliches Verhalten auf unterhaltsame Weise unter die Lupe zu nehmen.

2 Lies noch einmal die ersten beiden Abschnitte. Welche typischen Merkmale treffen auf die Fabel „Der Rabe und der Fuchs“ zu?
- Welche Fabeltiere kommen vor?
- Welche menschlichen Eigenschaften haben die Tiere?
- Welchen typischen Aufbau hat die Fabel?

Eine Fabel untersuchen und dazu Fragen beantworten

In dieser Werkstatt lernst du, wie du Fabeln Schritt für Schritt untersuchen kannst. Dazu musst du herausarbeiten, wie die Fabel aufgebaut ist und welche Lehre sich hinter der Fabel verbirgt.

Schritt 1: Ideen zu einer Fabel sammeln

1 Die Fabel, die du bearbeiten sollst, heißt „Der Löwe und die Maus“. Welche „menschlichen“ Eigenschaften haben diese beiden Tiere?

- Ergänze das Cluster auf einem Blatt.
- Was könnte in der Fabel passieren?

2 Lies nun die Fabel einmal still durch. Überprüfe deine ersten Ideen:

- Sind die Tiere so, wie du erwartet hast?
- Was passiert in der Fabel?

Der Löwe und die Maus

nach Äsop

Der Löwe schlief in seiner Höhle. Um ihn her spielte eine lustige Mäuseschar. Eine davon war eben auf einen hervorstehenden Felsen gekrochen, fiel herab und weckte den Löwen, der sie mit seiner gewaltigen Tatze festhielt.

„Ach“, bat sie, „sei doch großmütig gegen mich armes, unbedeutendes Geschöpf. Ich habe dich nicht beleidigen wollen. Ich habe nur einen Fehl-

tritt getan und bin vom Felsen herabgefallen. Was kann dir mein Tod nutzen? Schenke mir das Leben, und ich will dir immer dankbar sein.“ „Geh hin“, sagte der Löwe großmütig und ließ das Mäuschen springen. Bei sich aber dachte er: Nun, das möchte ich doch sehen, wie sich ein Mäuschen einem Löwen dankbar erweisen könnte.

Kurze Zeit darauf suchte das Mäuschen im Walde Nüsse. Da hörte es ein klägliches Gebrüll. „Das ist der Löwe“, sprach es zu sich selbst, „er ist gewiss in Gefahr.“ Mit diesen Worten lief es der Stelle zu, von wo das Gebrüll ertönte. Da sah es den Löwen, der sich in einem Netze gefangen hatte. Die Stricke waren so stark, dass er sie nicht zerreißen konnte.

„Warte nur, mein Freund“, sagte das Mäuschen, „da kann ich dir helfen“. Es lief hinzu und zernagte die Stricke, die seine Vordertatzen gefesselt hielten. Als diese frei waren, zerriss der Löwe das übrige Netz mit Leichtigkeit. So ward er durch die Hilfe des Mäuschens wieder frei.

Schritt 2: Sich einen Überblick verschaffen und die Fabel gliedern

3 Welche Überschriften passen zu welchen Abschnitten der Fabel?

Reaktion des Löwen **Der Löwe in Not**

Bitte der Maus **Die Maus als Retter** **Die Maus gerät in Gefahr**

Schritt 3: Die Fabel genauer untersuchen und die Handlung wiedergeben

4 Beantworte die Fragen auf einem Notizblatt.
- Warum ist die Situation für die Maus am Anfang gefährlich?
- Wie gelingt es der Maus, ihr Leben zu retten?
- Wie reagiert der Löwe?
- In welche Situation gerät der Löwe daraufhin?
- Wie rettet die Maus den Löwen?

Schritt 4: Über die Fabel nachdenken und die Lehre entdecken

5 Was können wir aus der Fabel lernen?
- Wie verhält sich die Maus in der Fabel?
- Was denkt der Löwe, nachdem er die Maus freigelassen hat?
- Was lernt der Löwe im Verlauf der Fabel?
- Welche Lehre passt zu dieser Fabel?

Auch der Starke braucht manchmal Hilfe

Andern zu helfen, lohnt sich nicht

Wer wirklich stark ist, kommt am besten allein durchs Leben

6 Überlege: Warum handelt es sich hier um eine typische Fabel?

Schritt 5: Notizen zur Weiterarbeit nutzen

7 Beantworte folgende Fragen mithilfe deiner Notizen zu den Aufgaben 1 bis 6.

a) Wie heißt die Fabel und wer hat sie geschrieben?
Die Fabel heißt … und ist von … geschrieben.

b) Welche Tiere kommen in der Fabel vor und in welcher Situation befinden sich die Tiere am Anfang?
In der Fabel kommen ein Löwe und eine Maus vor. Am Anfang der Fabel gerät die Maus in eine gefährliche Situation: …

c) Was passiert im Hauptteil der Fabel?
Im Hauptteil bittet zunächst die Maus den Löwen … Der Löwe … Kurze Zeit darauf trifft die Maus … . Der Löwe befindet sich …

d) Wie endet die Fabel?
Am Ende der Fabel steht die Lösung. Die Maus …

e) Welche Lehre enthält die Fabel?
Aus dieser Fabel lernt man, dass …

Überprüfe deinen Text mithilfe der Checkliste (Seite 162).

8 Übertrage die Lehre auf die heutige Zeit.
- Suche ein treffendes Beispiel.
- Schreibe eine Geschichte.

Fabeln hier und anderswo

In diesem Kapitel könnt ihr Fabeln ganz unterschiedlich bearbeiten und eure Erfahrungen mit solchen Texten austauschen. Entscheidet euch zunächst, welche Fabel ihr bearbeiten und welche Aufgaben (Seite 158/159) ihr dazu bearbeiten wollt.

Der stolze Schmetterling

Sudan

Ein wunderschöner Schmetterling umflatterte eine duftende Blume; da bemerkte er eine hässliche Raupe, die im Staube dahin kroch. Verächtlich rief der Schmetterling ihr zu: „Wie darfst du es wagen, dich in meiner Nähe sehen zu lassen? Fort mit dir! Sieh, ich bin schön und strahlend wie die Sonne, und meine Schwingen tragen mich hoch in die Lüfte, während du auf der Erde umher kriechst. Fort, wir haben nichts miteinander zu schaffen!“ „Dein Stolz, du bunter Schmetterling, steht dir schlecht an“, erwiderte die Raupe ruhig. „All deine Farbenpracht gibt dir nicht das Recht, mich zu verachten. Wir sind und bleiben Verwandte, so schmähst du dich also selbst. Bist du nicht früher eine Raupe gewesen? Und werden deine Kinder nicht Raupen sein wie du und ich?!“

Ludwig Grimm

Die beiden Ziegen

Zwei Ziegen trafen sich auf einer schmalen Brücke, die über einen tiefen Fluss führte. Die eine wollte auf diese Seite, die andere wollte auf die andere Seite des Flusses. „Geh mir aus dem Weg!“, meckerte die eine. „Du bist gut!“, meckerte die andere. „Geh du doch zurück und lass' mich zuerst hinüber. Ich war auch als erste auf der Brücke.“ „Was fällt dir ein?“, antwortete die erste. „Ich bin viel älter als du und soll zurückgehen? Sei etwas höflicher! Du bist jünger, du musst nachgeben!“

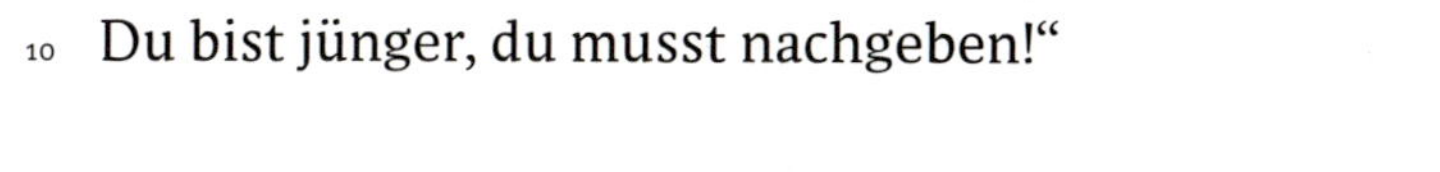

Aber beide waren hartnäckig. Keine wollte zurückgehen, um die andere vorzulassen. Erst haben sie geredet, dann geschrien und schließlich geschimpft. Als das alles nichts nützte, fingen sie miteinander zu kämpfen an. Sie hielten ihren Kopf mit den Hörnern nach vorn und rannten zornig gegeneinander los. Mitten auf der Brücke prallten sie heftig zusammen. Durch den Stoß verloren beide das Gleichgewicht. Sie stürzten zusammen von der schmalen Brücke in den tiefen Fluss, und nur mit Mühe konnten sie sich an das Ufer retten.

Nach La Fontaine

Die Schildkröte und der Hase

Die Schildkröte und der Hase führten einen Wettstreit, wer von ihnen der Schnellere sei. Sie bestimmten ein fernes Ziel und liefen von ihrem Ausgangspunkt los. Weil der Hase aber dachte, dass er sowieso schneller sei, kümmerte er sich nicht um den Lauf, sondern legte sich erst einmal am Wegrand zum Schlafen nieder. Die Schildkröte aber, die genau wusste, dass sie nur langsam vorankam, gönnte sich keine Pause und überholte den schlafenden Hasen. So wurde sie am Ende Sieger.

▸▸ Bearbeite die Fabel Schritt für Schritt wie in der Werkstatt (Seite 154–156). Ihr könnt dabei auch die Methode der Gallery Tour benutzen.

Methoden und Arbeitstechniken

Gemeinsam lernen: Gallery Tour – Gedankenaustausch mit anderen

1. Nach einer Gruppenarbeit zu dritt oder viert (Stammgruppe) bekommt jedes Gruppenmitglied eine Nummer.
2. Alle Nummern 1 bilden nun eine neue Gruppe, alle Nummern 2 eine andere usw.
3. Jedes Gruppenmitglied erklärt den anderen die Arbeitsergebnisse seiner Stammgruppe. Die anderen Gruppenmitglieder hören zu und geben anschließend eine Rückmeldung (ein Feedback).
4. Alle Gruppenmitglieder gehen in ihre Stammgruppe zurück. Sie informieren sich über die Rückmeldungen und diskutieren sie.

- Bereitet eine Fabel zum Vorlesen vor.
  - Lest mit verteilten Rollen.
  - Achtet darauf, dass beim Vorlesen die Eigenschaften der Tiere deutlich werden.

- Stellt eine Fabel als Erzähltheater (Seite 177) oder szenisches Spiel (Rollenspiel) dar.

- Gestaltet einen Comic zur Fabel.

- Übertrage eine Fabel auf eine Situation mit Menschen. Schreibe dazu eine Geschichte.
  Du kannst auch einen der beiden Vorschläge nutzen:

  a) Dies ist der Anfang der Geschichte zur Fabel „Der stolze Schmetterling“:
  Heidi ist ein berühmtes Model geworden und trifft auf einer Party eine ihrer Schwestern, die ungeschminkt und ganz einfach gekleidet ist. Heidi schämt sich und will ihr aus dem Weg gehen. …

  b) Hier ist ein Bild zur Fabel „Die beiden Ziegen“ (Seite 157/158):

Eine Fabel untersuchen und dazu Fragen beantworten

Jean de la Fontaine

Die Taube und die Ameise

An einem heißen Sommertag flog eine durstige Taube an einen kleinen Bach, um zu trinken. Da sah sie, wie eine Ameise heftig mit ihren winzigen Beinchen strampelte und sich verzweifelt bemühte, wieder an Land zu paddeln.

Die Taube knickte einen dicken, langen Grasstängel ab und warf ihn der Ameise zu. Flink kletterte diese auf den Halm und krabbelte über die Rettungsbrücke an Land.

Die Taube sonnte sich danach auf einem Ast. Da kam ein Junge mit einem selbstgeschnitzten Pfeil und Bogen zum Bach. Als er die Taube erblickte, spannte er seinen Bogen, um sie zu erschießen.

Die Ameise kroch daraufhin blitzschnell auf seinen Fuß und zwickte ihn voller Zorn. Der Junge zuckte zusammen und schlug mit seiner Hand kräftig nach dem kleinen Quälgeist. Das Geräusch schreckte die Taube auf und eilig flog sie davon. Aus Freude, dass sie ihrer Retterin danken konnte, biss die Ameise noch einmal kräftig zu und kroch dann zufrieden in einen Maulwurfshügel.

1 Beantworte folgende Fragen.

a) Wie heißt die Fabel und wer hat sie geschrieben?
Die Fabel heißt … und ist von … geschrieben.

b) Welche Tiere kommen in der Fabel vor und in welcher Situation befinden sich die Tiere am Anfang?
In der Fabel kommen eine Ameise und eine Taube vor. Am Anfang der Fabel ist die Ameise in einer gefährlichen Situation: …

c) Was passiert im Hauptteil der Fabel?
Die Taube hilft der Ameise. … Sie …
Dann gerät die Taube in Gefahr: Ein Junge …

d) Wie endet die Fabel?
Am Ende der Fabel wird die Taube gerettet: …

e) Was kann man aus dieser Fabel lernen?
Aus dieser Fabel soll man lernen, dass …

2 Die Fabel passt auch in unsere heutige Zeit.

– Finde ein eigenes Beispiel: aus der Schule, aus der Familie oder Nachbarschaft.

Das kann ich schon!

✔ Wiedergeben, was in der Fabel passiert
✔ Erkennen, wie eine Fabel aufgebaut ist
✔ Herausfinden, welche Lehre die Fabel enthält
✔ Darüber nachdenken, ob Fabel und Lehre noch in die heutige Zeit passen

→ Du kannst in **EXTRA** auf Seite 162 üben, wie du eine Fabel bearbeiten und dazu einen Text schreiben kannst.

→ Du kannst aber auch noch einmal in der Werkstatt üben (Seite 154-156).

→ In **EXTRA** auf Seite 163 kannst du noch einmal über Fabeln nachdenken und eine eigene Fabel schreiben.

Lass dich in jedem Fall von deiner Lehrerin oder deinem Lehrer beraten.

Eine Fabel deuten und schriftlich zusammenfassen

Äsop

Maulwurf und Igel

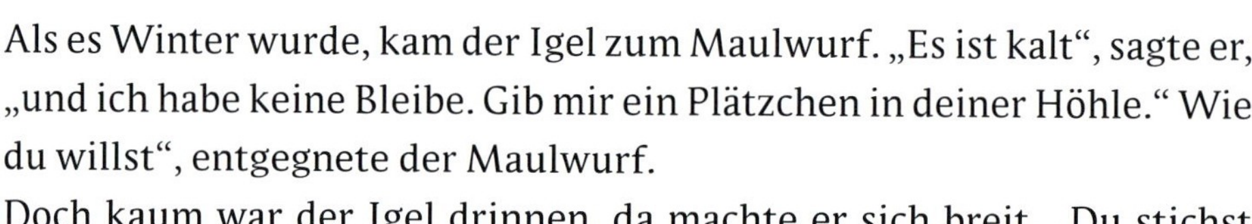

Als es Winter wurde, kam der Igel zum Maulwurf. „Es ist kalt", sagte er, „und ich habe keine Bleibe. Gib mir ein Plätzchen in deiner Höhle." Wie du willst", entgegnete der Maulwurf.

Doch kaum war der Igel drinnen, da machte er sich breit. „Du stichst mich", sagte der Maulwurf, „sei so gut und rolle dich ein wenig zusammen."

Der Igel tat, als hörte er nicht; und der Maulwurf konnte versuchen, was er wollte, immer stach er sich an den Stacheln des Igels. Endlich wurde es ihm zu viel und er sagte: „Andauernd stichst du mich. Meine Wohnung ist zu klein für uns beide. Ich bitte dich, geh wieder hinaus!" Aber der Igel lachte nur und sprach: „Wer nicht bleiben kann, der muss eben gehen. Mir ist das Haus groß genug, also werde ich bleiben."

1 Lies die Fabel und ergänze die Zusammenfassung. Verwende keine wörtliche Rede und schreibe im Präsens.
Die Fabel heißt ... und ist von ... geschrieben. In der Fabel kommen ... vor. Am Anfang der Fabel ist der Igel in einer schwierigen Situation: ... Der Maulwurf hilft ihm und ... Doch ... Aus dieser Fabel kann man lernen, dass ... Es handelt sich um eine typische Fabel, denn ...

2 Überarbeite deinen Text. Nutze dazu die Checkliste.

Checkliste

für die Zusammenfassung einer Fabel:
- Hast du alles wiedergegeben, was in der Fabel passiert?
- Hast du die Lehre erkannt?
- Hast du deine Zusammenfassung im Präsens formuliert?
- Ist dein Text verständlich und vollständig?

Aus einem Comic eine Fabel schreiben

Rotfuchs verkleidet sich *Jan Peter Schniebel*

1 Erzähle die Geschichte nach.
- Schau dir dazu die Bilder und die Sprechblasen an.
- Erzähle der Reihe nach.

2 Denke über die Geschichte nach.
- Welche List wendet der Fuchs an, um sein Leben zu retten?
- Am Ende lobt der Hund den Fuchs, aber der Fuchs ist nicht zufrieden. Warum?

3 Diskutiert, ob diese Geschichte eine Fabel ist.
- Welche Merkmale der Fabel kannst du erkennen?
- Was ist anders als bei einer normalen Fabel?
- Welche Lehre enthält die Geschichte?

4 Wähle eine Aufgabe aus.
- **a** Mache aus der Geschichte eine Fabel und schreibe sie auf.
- **b** Übertrage die Situation auf Menschen und schreibe eine Geschichte dazu.

Schelme, Clowns und schräge Vögel –

Zeitlupenwettlauf

Alle Spieler stellen sich an einer Seite des Raumes auf. Auf ein Zeichen versuchen sie, zur anderen Seite zu kommen. Diesmal gewinnt aber nicht wie bei einem normalen Wettlauf der Erste, sondern der Letzte.
Bedingung ist, dass man nicht stehen bleiben darf, man muss sich nach vorne bewegen.

In diesem Kapitel bekommt ihr Anregungen, wie ihr Geschichten über Till Eulenspiegel und eine Geschichte über Hodscha Nasreddin, zwei witzige oder listige Menschen, in Spieltexte umgestalten und darstellen könnt. Dadurch lernt ihr auch, solche Geschichten besser zu verstehen.

Die Spielvorschläge stimmen euch auf das Spielen ein.

In diesem Kapitel lernt ihr ,

- darzustellen, wie Till Eulenspiegel und Hodscha Nasreddin ihre Überlegenheit zeigen,
- die Theatermethoden Pantomime und Erzähltheater zu nutzen,
- zu einem Text Spieltexte mit Dialogen und Regieanweisungen so aufzuschreiben, dass man danach spielen kann.

zu Texten spielen

1 Schaut euch die Fotos zu den Einspielübungen auf dieser Seite an. Lest die Texte dazu und probiert die Spielvorschläge aus.

Blindenspaziergang

Bildet Paare. Einer von beiden schließt die Augen. Der Sehende führt den „Blinden“ durch den Raum. Ihr berührt euch dabei nur an den Fingerkuppen. Der Sehende führt in unterschiedlichem Tempo, um Hindernisse herum, in die Höhe ... Aber Achtung: Der „Blinde“ darf nicht fallen oder sich stoßen! Tauscht die Rollen.

Wie du gehst, so geht es dir

- → Sammelt zunächst Verben aus dem Wortfeld „gehen“: schlendern, stolzieren, stolpern, schwanken ... Schreibt immer eine Gangart auf eine Karteikarte.
- → Legt fest, wer Spielleiter ist. Er bekommt die Spielkarten.
- → Geht durch den Raum. Der Spielleiter ruft eine bestimmte Art zu gehen aus. Auf diese Art bewegt ihr euch weiter, bis der nächste Zuruf kommt.
- → Auf Zuruf des Spielleiters bewegt ihr euch auf unterschiedlichem Grund: in heißem Sand, in immer tiefer werdendem Wasser, auf einer feuchten Treppe ... oder an unterschiedlichen Orten: in einer winterlichen Landschaft, in einer Schlossallee, in einem dunklen Gang, über einen stark besuchten Markt ...

Redensarten, die wir nicht wörtlich meinen …

Redensarten darstellen

- → Welche Redensart wird hier dargestellt? Begründet!
- → Schreibt typische Redensarten auf, jeweils eine auf einen Zettel:

eine Schwalbe machen

einen Eisenfuß haben

den Ball unter die Latte hämmern

ein Auge auf jemanden werfen, jemanden an der Nase herum führen, sich ins Fäustchen lachen, jemandem die Zähne zeigen, jemanden um den kleinen Finger wickeln, jemandem die Suppe versalzen, jemanden den Spiegel vorhalten, …

- → Bildet Paare. Jedes Paar zieht vom Spielleiter einen Zettel mit einer Redensart, die pantomimisch dargestellt werden soll. Die Zuschauer müssen sie erraten und die Bedeutung erklären.
- → Schlagt auch in einem Wörterbuch mit Sprichwörtern und Redensarten nach, was sie bedeuten. Dort erfahrt ihr auch, woher sie stammen.

Clownstheater

Clownszenen entwickeln

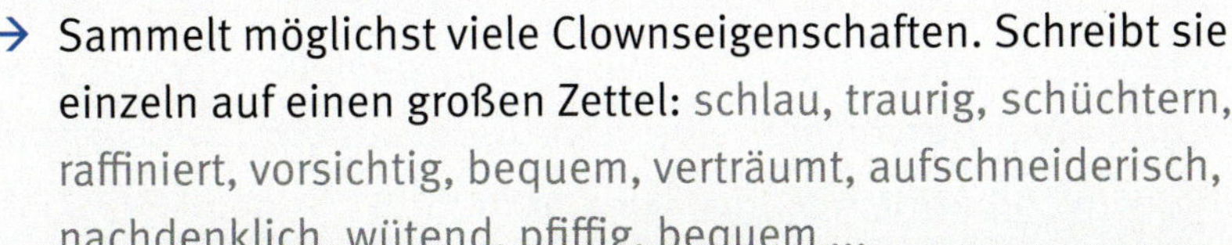

→ Sammelt möglichst viele Clownseigenschaften. Schreibt sie einzeln auf einen großen Zettel: schlau, traurig, schüchtern, raffiniert, vorsichtig, bequem, verträumt, aufschneiderisch, nachdenklich, wütend, pfiffig, bequem ...

→ Sucht euch Eigenschaften aus, die ihr als Clown darstellen möchtet. Jeder hält seinen Zettel hoch und sucht sich einen Partner mit einer anderen, möglichst unterschiedlichen Eigenschaft. So könnte „traurig“ mit „wütend“ oder „bequem“ mit „verträumt“ spielen.

→ Spielt nach einer kleinen Absprache kleine Szenen, z. B.:

- **als Scherz mit einem Gegenstand:**

Ein ahnungsloser Clown versucht, einen Stuhl hinauszutragen, den aber ein gerissener Clown festgeklebt hat...
Oder ein schlauer Clown will einen vorsichtigen Clown dazu bringen, sich auf einen Stuhl zu setzen, auf den er vorher ein wenig Wasser geschüttet hat...

- **als Missverständnis:**

Ein listiger Clown weist mit der Hand auf einen Stuhl. Ein bequemer Clown fasst die Geste so auf, dass ihm ein Platz angeboten wird. Der Stuhl ist jedoch frisch gestrichen...

Geschichten mit Till Eulenspiegel lesen und spielen

Till Eulenspiegel lebte vor etwa 700 Jahren. Er legte gerne mit List und Witz die Leute herein, besonders solche, die dumm, gemein oder ungerecht waren. Es gibt viele Geschichten über ihn. Die beiden folgenden sollen euch zum Spielen und zum Nachdenken anregen.

Tipp
Erklärt vorweg schwierige Wörter aus dem Textzusammenhang.

Wie Eulenspiegel zu Erfurt einen Metzger um einen Braten betrog

Nacherzählt von Walter Scherf

Eulenspiegel konnte seine Schalkheit nicht lassen. Als er nach Erfurt kam, war er bald bei Bürgern und Studenten bekannt.
Eines Tages ging er an den Fleischbänken vorbei. Da sagte ein Metzger: „Nehmt etwas mit nach Hause!“ Eulenspiegel fragte: „Was soll ich mitnehmen?“ Der Metzger antwortete: „Einen Braten.“ Eulenspiegel sagte Ja. Er nahm einen Braten und ging damit fort. Der Metzger aber lief ihm nach und sagte: „Nein, nicht so. Den Braten musst du bezahlen!“ Eulenspiegel entgegnete: „Vom Bezahlen habt Ihr nichts gesagt. Ihr habt gesagt: ‚Nehmt etwas mit nach Hause.‘ Und dann habt Ihr auf den Braten gewiesen.“ Die anderen Metzger kamen herzu und sagten: „Der Mann hat Recht.“ Sie waren dem ersten Metzger gram. Kam jemand zu ihnen und wollte etwas kaufen, so rief der andere die Leute zu sich und zog sie von ihnen ab*. Sie stimmten zu, dass Eulenspiegel den Braten behielt. Während der erste Metzger noch zankte, nahm Eulenspiegel den Braten unter den Rock ging damit hinweg und ließ die Metzger den Streit unter sich austragen.

**... und nahm ihnen die Kunden weg.*

1 Die Geschichte von Seite 168 soll jemand betont vorlesen: mit Pausen und deutlichen Betonungen. Andere spielen danach. Spielt mehrfach.

2 Natürlich weiß Till ganz genau, dass er den Braten bezahlen muss. Besprecht, worin Tills List besteht und wie das im Spiel deutlich wird.

3 Einer der anderen Metzger erzählt zu Hause, wie er das Geschehen erlebt hat. Erzähle seine Geschichte.

Die folgende Eulenspiegelgeschichte sollt ihr in kleinen Gruppen als „ein Spiel zu Folienbildern" auf einem Tageslichtprojektor nachspielen. Dazu müsst ihr auf einer auf Folie gezeichneten Kulisse Figuren und Requisiten bewegen, die ebenfalls auf Folie gezeichnet werden.

Till Eulenspiegel rächt sich an seinen Mitbürgern

Nacherzählt von Verena Arndt

Einige Zeit später wollte sich Eulenspiegel dafür rächen, dass er von den Leuten vor kurzem so ausgelacht worden war. Zwischen dem Stadtturm und einem großen Baum hatte er ein dickes Seil gespannt. Nun stand er im Turmfenster oben und versprach den Leuten, dass er auf dem Seil Kunststücke machen wollte. Unten auf dem Platz versammelten sich immer mehr Menschen. Von oben aus dem Turmfenster rief Eulenspiegel den Jungen zu, jeder sollte ihm seinen linken Schuh geben, denn er wollte ihnen etwas Besonderes zeigen. Sie zogen sich tatsächlich alle ihren linken Schuh aus und Eulenspiegel zog die Schuhe an der Schnur hoch. Es waren sechzig Stück! Nachdem Eulenspiegel eine Zeit lang auf dem Seil balanciert hatte, blieb er plötzlich stehen und rief herunter: „Passt gut auf! Damit ihr eure Schuhe wiederfindet!" – und schnitt die Schnur durch, sodass die Schuhe wieder auf die Erde purzelten. Da stürzten sich die Jungen alle aufeinander, denn jeder suchte seinen Schuh. Der eine schrie: „Das ist meiner!" Der andere tobte: „Du lügst! Der gehört mir!" Und sie schlugen und prügelten sich. Der eine lag unten, der andere oben. Der eine brüllte, der andere heulte und der dritte lachte. Und die Eltern gaben den Jungen Ohrfeigen und zogen

sich gegenseitig an den Haaren. Eulenspiegel aber saß oben auf dem Seil und lachte: „Hehe! So wie ihr mich gestern ausgelacht habt, so geht es euch heute selber!“ Und er ging seelenruhig auf dem Seil zurück zum Turm und freute sich, dass er alle reingelegt hatte. Vor den Leuten der Stadt durfte er sich aber vier Wochen lang nicht sehen lassen.

4 Lest die Geschichte mehrere Male und teilt sie wie einzelne Bilder in Szenen ein:
- Markiert die Szenen im Text (Folie), die zu den ersten beiden Bildern (Seite 169) passen.
- Welche Textstelle passt zu der Szene, die auf dem Foto links gerade gespielt wird?
- Was muss man auf dem zweiten Bild noch ergänzen?
- Wie viele Bilder braucht man noch und was müsste darauf zu sehen sein?

5 Die Bilder zeigen euch, was ihr für das Spiel vorbereiten müsst. Besprecht die Arbeitsschritte und verteilt die Aufgaben.

Die Folie dient als **Bühne**. Darauf bewegt ihr die Figuren

Auf Folie zeichnen und auf Spieße kleben

Das sind eure **Requisiten**

So ist alles für das Spiel schnell griffbereit

6 Überlegt, ob ihr Geräusche einsetzt. Probt sie und nehmt sie auf.

7 Probt das Spiel und führt es vor.

Einen Text im darstellenden Spiel gestalten

In dieser Werkstatt lernt ihr, wie man aus einer Geschichte ein Spielstück entwickelt und im darstellenden Spiel ausgestaltet. Die Geschichte „Till und die Honigdiebe“ wird hier auf unterschiedliche Weise dargestellt.

Schritt 1: Die Geschichte kennenlernen

▸▸ Seht euch zunächst die Bildergeschichte an. Ihr seht, wie alles anfing.
- Lest auf der grünen Karte (Seite 172) in einem **Spieltext (Textbuch)**, wie die Geschichte weitergeht.
- Lest auf der blauen Karte (Seite 173), wie die Geschichte endet.

Tipp

Spieltext (Textbuch): *Dort könnt ihr nachlesen, welche Person gerade spricht, wie sie sich bewegt, wie und was sie spricht und was sonst noch auf der Bühne geschieht.*

So beginnt die Geschichte spät abends.

Gähn… bin ich müde! Und der Weg ist noch so lang…

Leere Bienenkörbe! Da könnte ich schön schlafen!

ZZZZZZ…

Im schwersten ist sicher der meiste Honig.

Welchen nehmen wir?

Schnell weg hier!

Der ist aber wirklich schwer.

Zwei Honigdiebe sehen die Körbe.

*die **Szene**: Ein kleiner Teil im Theaterstück. Sie endet, wenn der Schauplatz sich ändert oder wenn die Schauspieler wechseln.*

*die **Regieanweisung**: Dort findet man Hinweise, wie eine **Szene** gespielt werden soll, wie der Spielort (Bühne) aussehen soll, wie die **Dialoge** gesprochen werden sollen, welche Musik eingespielt wird, wie die Beleuchtung ist. Regieanweisungen stehen in Klammern im Spieltext.*

*der **Dialog**: Gespräch zwischen zwei oder mehreren Personen.*

Es spielen mit: Till Eulenspiegel, die zwei Diebe
Till im Schneidersitz auf einem Tisch, Diebe gehen vor und hinter dem Tisch auf der Stelle, als wenn sie den Tisch (Bienenkorb) auf zwei Stangen tragen

TILL: *(schwankt hin und her, als ob er getragen würde, flüstert):* Was ist denn jetzt los?

1. DIEB: *(stöhnt):* Puh, ich kann bald nicht mehr.

2. DIEB: *(angestrengt):* So viel Honig haben wir noch nie geklaut.

TILL: *(leise):* Aha, euch werd ich eins auswischen.
(zieht blitzschnell den 1. Dieb an den Haaren und sitzt wieder still)

1. DIEB: *(schreit laut auf):* Aua! Warum ziehst du mich an den Haaren?!

2. DIEB: *(verärgert, beleidigt):* Ja, spinnst du denn? Ich trage den Korb, und zieh doch nicht an deinen Haaren!

TILL: *(freut sich, kichert leise, zieht schnell den 2. Dieb an den Haaren)*

2. DIEB: *(schimpft laut):* Lass das, das tut weh!

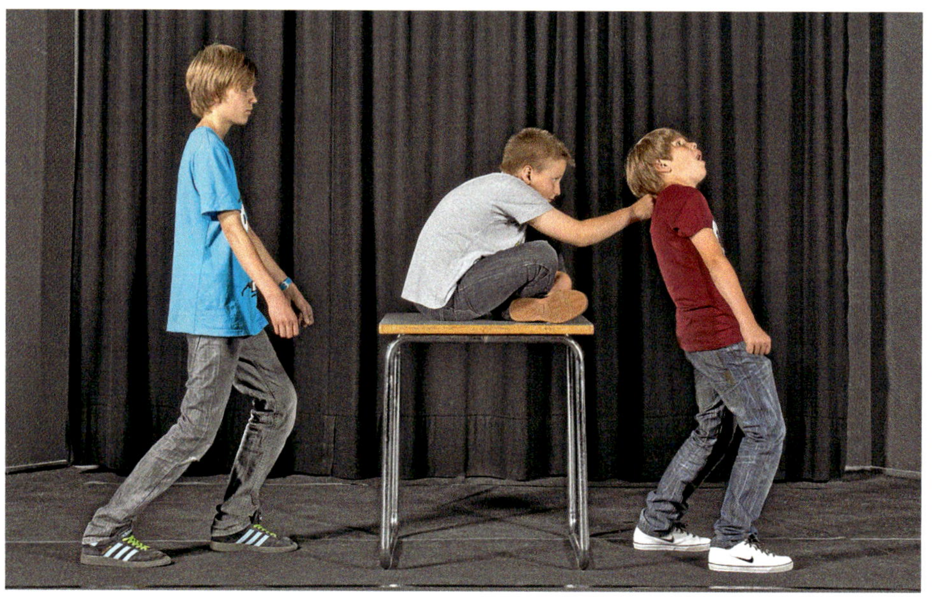

Sein Freund hätte ihm gerne den Vogel gezeigt, aber er hatte ja die Hände nicht frei. „Was schimpfst du denn? Ich schleppe diesen dämlichen Korb und tu dir doch nichts!“

Und die beiden beschimpften sich eine ganze Weile lang. Till Eulenspiegel konnte es nicht lassen und riss den Vordermann noch einmal kräftig an den Haaren, sodass dessen Kopf an den Bienenkorb schlug.

Der Gauner ließ den Korb fallen, drehte sich um und haute dem andern kräftig eins auf die Nase. Und schon war die schönste Rauferei im Gange. Dabei beschimpften und beschuldigten sie sich gegenseitig. Doch da es dunkel war, konnten die beiden Raufbolde nicht richtig sehen. Sie stolperten in ihrem Streit in die finstere Nacht und ließen den Bienenkorb mit Till Eulenspiegel am Wegrand liegen.

Till aber kuschelte sich wieder gemütlich in seinen Korb und schlief, bis die hellen Sonnenstrahlen ihn weckten.

▸▸ Erzählt euch gegenseitig die Geschichte. Der Zuhörer bzw. die Zuhörerin kann nachfragen oder selbst Fehlendes ergänzen.

Schritt 2: Einen Vorschlag zur Inszenierung auswählen und die Inszenierung erarbeiten

▸▸ Bildet Gruppen. Wählt aus den drei folgenden Vorschlägen zur Inszenierung der Geschichte „Till und die Honigdiebe“ zunächst einen Vorschlag aus.
Später könnt ihr noch andere Vorschläge bearbeiten.

Eine Bildergeschichte zu einem Spiel umgestalten

Hierbei geht es darum, was auf den Bildern zu sehen ist und in den Sprechblasen steht, im Spiel darzustellen. Dazu müsst ihr die Dialoge etwas ausgestalten. Auch Gedankenreden können darin vorkommen.

Daran solltet ihr denken:

→ Schreibt die Gesprächsbeiträge aus der Bildergeschichte so auf:
Till: *Ich bin müde und der Weg ist noch lang.*

→ Lest den Gesprächstext mit verteilten Rollen. Achtet besonders auf Betonung, Lautstärke und Sprechtempo.

→ Besetzt die Rollen. Die Rollen können natürlich von Jungen und Mädchen besetzt werden.

→ Wo spielt die Szene? Welche Kostüme und Requisiten (Tische, Stühle ...) braucht ihr?

→ Stellt nun im Spiel dar, was passiert. Beim Spiel könnt ihr das, was gesagt wird, auch leicht verändern.

→ Spielt die Szene mehrmals vor und gebt euch Tipps,
wie ihr durch die Bewegung (Gestik) die gesprochenen Worte unterstützen könnt, und

→ wie ihr durch die Veränderung des Gesichtsausdrucks (Mimik), Gefühle, Stimmungen und Wünsche anzeigen könnt.

Nach einem Spieltext eine Szene ausgestalten

Dazu müsst ihr mit Regieanweisungen und dem Sprechtext die Szene (S. 172) nachspielen.

Daran solltet ihr denken:

→ Macht einige Leseversuche mit verteilten Rollen.

→ Besprecht, was die Regieanweisungen in den Klammern verraten.

→ Wo spielt die Szene? Welche Kostüme und Requisiten (Tische, Stühle ...) braucht ihr?

- → Was im Text in wörtlicher Rede steht, könnt ihr natürlich auch in euren Worten ausdrücken. Achtet besonders auf Betonung, Lautstärke und Sprechtempo. Beachtet dazu die Angaben in den Klammern (Regieanweisungen).
- → Spielt die Szene mehrmals vor und gebt Tipps zur Verbesserung.

Einen Textauszug zu einer Theaterszene umgestalten

Bei diesem Vorschlag soll das Textende der Geschichte (Seite 173) in einen Spieltext umgeschrieben werden.

Daran solltet ihr denken:

- → Legt fest, welche Figuren außer Till noch vorkommen sollen.
- → Markiert im Text, wo die Figuren im Text etwas sagen sollten. Einmal sagt Till etwas wörtlich. Den Satz könnt ihr so verwenden.
- → An anderen Stellen müsst ihr selbst formulieren, was Till und die anderen sagen. Aus „die beiden beschimpften sich" wird
  1. Dieb: Lass das! Hast du mich nicht verstanden!
  2. Dieb: Du machst doch ständig weiter.
- → Ergänzt die Dialoge, indem ihr in Klammern hinzufügt, wie die Personen sprechen sollen (z. B. *leise, wütend* ...).
  1. Dieb: *(wütend)* ...
- → Legt fest, wo das Geschehen spielt, wie die Bühne gestaltet ist, welche Kleidung die Personen tragen, was sie gerade tun sollen, bevor der Dialog beginnt.
- → Spielt die Szene mehrmals und gebt Tipps.

Schritt 3: Die Inszenierung vorstellen und darüber sprechen

▸▸ Stellt in der Klasse eure Gruppenergebnisse vor, auch die Spieltexte. Sprecht danach auch über eure Spielerfahrungen.

Eine Geschichte von Hodscha Nasreddin spielen

Geschichten von Schelmen werden auch in anderen Ländern erzählt. Hodscha Nasreddin (Hodscha = Herr) ist so etwas wie der Eulenspiegel der Türkei. Er soll im 14. Jahrhundert gelebt haben und war ein fahrender Geselle, der für seinen Witz berühmt war.

Leonid Solowjow

Wie Nasreddin einen Wirt mit dem Klang des Geldes bezahlte

Nasreddin, so heißt es, ging eines Tages in Bagdad über den Basar. Plötzlich hörte er Lärm und Geschrei aus einer Garküche. Wie ihr wisst, ist Nasreddin sehr neugierig. Er ging sogleich hinein und sah, wie der dicke, rotmäulige Wirt einen Bettler am Kragen schüttelte, weil der Bettler nicht zahlen wollte.

„Was ist denn das hier für ein Lärm?", fragte unser Nasreddin.

„Dieser Landstreicher", brüllte der Wirt, „dieser verfluchte Strolch kam in meine Küche – mögen seine Eingeweide verdorren! Er holte einen Brotfladen aus der Tasche und hielt ihn so lange über den Bratspieß, bis er nach Hammelfleisch roch und noch einmal so gut schmeckte. Dann aß er den Fladen auf und nun will er nicht zahlen. Mögen ihm die Zähne im Munde verfaulen!"

„Stimmt das?", fragte Nasreddin den Bettler streng, der vor lauter Angst kein Wort hervorbrachte und nur mit dem Kopf nickte.

„Das ist nicht gut", sagte Nasreddin. „Es ist unrecht, fremdes Gut ohne Bezahlung zu benutzen."

„Hörst du, was dieser ehrwürdige Mann dir sagt, du zerlumpter Strolch?", fragte der Wirt erfreut.

„Hast du Geld?", fragte Nasreddin den Bettler. Dieser holte schweigend ein paar Kupfermünzen aus der Tasche. Gleich streckte der Wirt seine fette Pfote aus.

„Warte noch, o Meister des Wohlgeschmacks", hielt ihn Nasreddin zurück. „Hier, horch mal!"
Er schüttelte die hohle Faust vor dem Ohr des Wirtes und ließ die Münzen eine Weile klimpern. Dann gab er dem Bettler das Geld zurück und sagte:
„Ziehe hin in Frieden, armer Mann."
„Was?", rief der Wirt aus. „Ich habe das Geld doch gar nicht bekommen!"
„Er hat dich bezahlt und ihr seid quitt!", antwortete Nasreddin. „Er roch den Duft deines Bratens und du hörtest den Klang seines Geldes!"

1 Inszeniert die Geschichte in kleinen Gruppen als Erzähltheater. Nutzt die folgenden Hinweise.

Erzähltheater

Beim Erzähltheater spricht ein Erzähler oder eine Erzählerin den Text und macht Pausen. In den Pausen stellen Spieler einzelne Textstellen durch wörtliche Rede und Körpersprache szenisch dar.

Daran solltet ihr denken:

- → Markiert zunächst die wörtliche Rede im Text (Folie oder Kopie).
- → Überlegt, wie ihr das Spiel und das Sprechen durch Mimik und körpersprachlichen Ausdruck unterstützen könnt.
- → Verteilt die Sprechrollen für Erzähler und Spieler.
- → Der Erzähler spricht den Text langsam und mit Pausen, sodass die Handlung dazu pantomimisch dargestellt werden kann.
- → Der Erzähler unterbricht den Lesevortrag, wenn die Spieler ihre Dialoge einfügen. Redeeinleitungen werden weggelassen.
- → Prägt euch ein, was ihr sagen müsst. Das muss nicht wortwörtlich sein.

2 Stellt eure Ergebnisse anderen Gruppen vor und sprecht darüber: Was ist gelungen? Was sollte man ändern?

3 Was für ein Schelm ist Nasreddin? Vergleicht ihn mit Till Eulenspiegel und findet Gemeinsamkeiten und Unterschiede.

Einen Text im darstellenden Spiel gestalten

1 Entwickelt zu der Geschichte „Wie Eulenspiegel zu Erfurt einen Metzger um einen Braten betrog“ (Seite 168) eine Spielidee:
- Schreibt zu den Szenen die Dialoge.
- Ergänzt in Klammern, wie die Figuren sprechen und sich verhalten sollen.
- Führt euer Theaterstück der Klasse vor.

2 Nach der Vorführung geben die Zuschauer eine Rückmeldung:

Checkliste
für die Rückmeldung zu einem Erzähltheater:
- Ist die Geschichte verständlich und vollständig dargestellt?
- Wird die Pointe am Schuss verständlich?
- Wurden die Rollen überzeugend gespielt (Sprache, Körpersprache, Gefühlsausdruck)?

Das kann ich schon!

✔ Einen Text in Szenen für einen Theatertext gliedern
✔ Einen Text so aufschreiben, dass man ihn danach spielen kann
✔ Einen Rollentext sprechen und mit anderen zusammen darstellen

→ Wenn ihr noch einmal üben möchtet, wie man einen Text als Erzählpantomime darstellt, bearbeitet **EXTRA**, Seite 179/180.
→ Ihr könnt aber auch noch einmal in der **Werkstatt** (Seite 171-175) üben.
→ Wenn ihr zu einem Zeitungstext einen Spieltext entwerfen und szenisch darstellen wollt, arbeitet in **EXTRA** auf Seite 180/181 weiter.

Lasst euch in jedem Fall von eurer Lehrerin oder eurem Lehrer beraten.

Einen Text als Erzählpantomime spielen

Der Mehlsack

Als Kind tat unser Hodscha immer das Gegenteil von dem, was ihm sein Vater befahl. Sein Vater versuchte dieser Widersetzlichkeit dadurch zu begegnen, dass er seinem Sohn das aufgab, was er nicht tun sollte.
Eines Tages waren Vater und Sohn auf der Rückkehr von der Mühle an einem Fluss angekommen. Wohl führte eine Brücke über den Fluss, doch diese befand sich in einem so schlechten Zustand, dass der mit einem Mehlsack beladene Esel sie unmöglich passieren konnte.
„Hör her mein Junge!", sagte der Vater. „Ich werde über die Brücke gehen, du aber bringst den Esel durch den Fluss hinüber, doch benutze auf keinen Fall die Furt!"
Nasreddin Hodscha, der immer das Gegenteil zu tun pflegte, trieb nun den Esel prompt in die Furt. In diesem Augenblick bemerkte der Vater, dass sich der Mehlsack auf dem Rücken des Esels verschob und herunterzurutschen drohte. „Der Sack ist verrutscht und wird gleich ins Wasser fallen", rief der Vater zu seinem Sohn hinüber. „Unterlass es, ihn wieder zurechtzurücken!" Stoß ihn noch weiter nach unten!"
„Bei Allah, ich bin doch kein Kind mehr, Papa!", rief der Hodscha zurück. „Ich tat bisher immer das Gegenteil von dem, was du sagtest. Von nun an werde ich aber deine Befehle getreulich befolgen!" Kaum hatte er den Mehlsack berührt, plumpste dieser ins Wasser.

Furt: flache Stelle im Fluss

1 Probiert zu diesem Text in kleinen Gruppen eine Erzählpantomime. Macht mehrere Versuche. Führt eure Ergebnisse anderen Gruppen vor.

Erzählpantomime

Ein Erzähler spricht den Text und die anderen spielen dazu ohne Sprache. Der Erzähler muss das Spiel aufmerksam beobachten und an den richtigen Stellen Pausen machen, damit die Textstelle gespielt werden kann.

Daran solltet ihr denken:
- → Teilt die Hauptakteure ein. Neben dem Erzähler und den Akteuren kann es noch Schaulustige geben.
- → Setzt im Text Zeichen für Sprechpausen. Die Darsteller müssen Zeit haben, die Handlung pantomimisch auszugestalten.
- → Probiert verschiedene Möglichkeiten aus und gebt euch Tipps zur Verbesserung.

Einen Zeitungstext als Spielvorlage nutzen

Funkpirat verändert Bestellung bei DriveIn-Restaurant

Gorkum. Ein Funkpirat macht den Kunden und Mitarbeitern eines „DriveIn"-Fastfood-Restaurants an der niederländischen Autobahn A 15 bei Gorkum zu schaffen. Wenn ein Kunde mit seinem Auto vorfährt und über die Sprechanlage seine Bestellung aufgibt, schaltet sich plötzlich der Unbekannte ein. „Er sagt dann zum Beispiel: ‚Nein halt, doch keinen Hamburger, sondern Pommes und ein Milkshake', berichtete am Donnerstag einer der Mitarbeiter. „Und der Kunde bekommt dann etwas ganz anderes, als er bestellt hat."
Der Funker ist nun schon seit über einem Monat aktiv. „Zum Verrücktwerden", finden die Telefonistinnen, die die Bestellungen entgegennehmen. Wenn sich der Quälgeist nicht durch veränderte Frequenzen für die Sprechanlage abschütteln lässt, will der Betriebsmanager Anzeige erstatten.

1 Plant zu dem Text eine Inszenierung:
- Unterteilt den Text in Szenen.
- Schreibt Dialoge auf. Notiert dazu eure Regieanweisungen.
- Überlegt, welche Requisiten nötig sind.
- Probiert eure Ideen aus, besprecht nach jedem Versuch, was schon gut geklappt hat, was ihr noch ändern wollt.

Ideen und Anregungen:

Zwei Schelme treffen sich

Stellt euch vor, Till Eulenspiegel und Hodscha Nasreddin treffen sich zufällig irgendwo in einem kleinen Städtchen und kommen ins Gespräch. Bestimmt werden sie sich gegenseitig austauschen über

- die Menschen, die sie kennengelernt und über die sie sich geärgert haben,
- ihre Tricks, mit denen sie manche Leute an der Nase herumgeführt haben,
- ihre Gründe, jemanden zu überlisten und auszutricksen.

→ Verfasst einen **Dialog** der beiden Schelme und sprecht ihn anschließend mit verteilten Rollen.

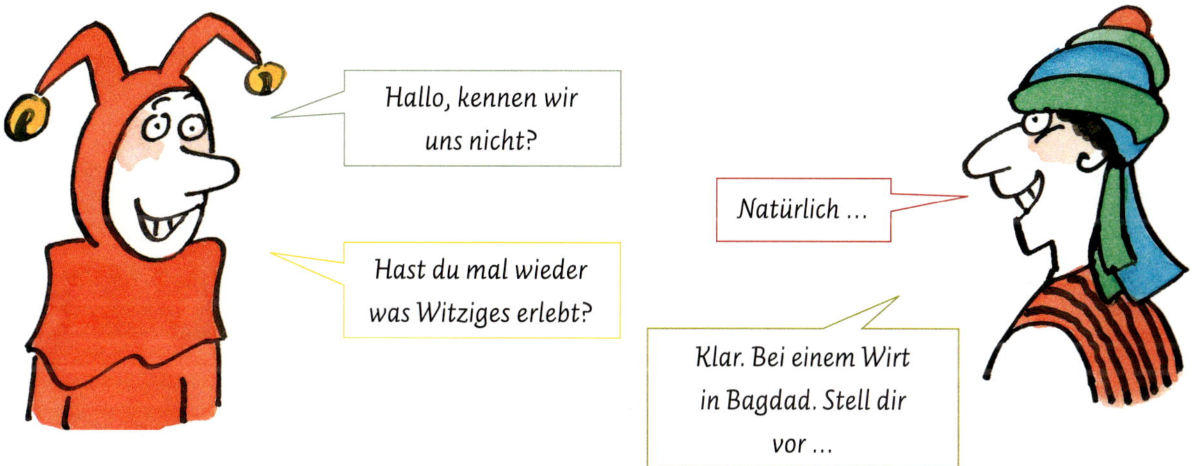

→ Ihr könnt daraus auch einen kleinen **Film** erstellen.
Entwerft einen Drehplan mit den einzelnen Szenen. Überlegt dabei auch immer, wie nah die Kamera am Geschehen sein soll.

→ Noch einfacher könnt ihr eine **Fotostory** herstellen.
Überlegt euch, wie ihr die Geschichte in sechs bis acht Bildern darstellen könnt. Diese Bilder stellt ihr als Standbild dar und fotografiert sie.
Danach stellt ihr die Fotos in ein Textverarbeitungsprogramm und ergänzt Denk- und Sprechblasen und erklärende Zwischentexte.

Werkstatt Sprache

In der Werkstatt Sprache lernst du, Sprache zu untersuchen und zu beschreiben. Dies hilft dir, Texte besser zu verstehen und zu schreiben.

Auf den einzelnen Werkstattseiten erarbeitet ihr zunächst wichtige Grammatikregeln an Themen und Texten. In einem Grammatikkasten sind diese Regeln noch einmal übersichtlich zusammengefasst. Anschließend wendet ihr diese Regeln an. Dadurch fällt es euch leichter, selbst Texte zu formulieren und zu überarbeiten.

In dieser Werkstatt lernt ihr,
- *Wortarten zu bestimmen und zu unterscheiden,*
- *die „Mitspieler" von Verben zu bestimmen,*
- *Verben in verschiedenen Zeiten zu gebrauchen,*
- *Wortzusammensetzungen und Ableitungen zu untersuchen,*
- *Satzglieder zu ermitteln und zu unterscheiden,*
- *Haupt- und Nebensätze zu bestimmen und zu gebrauchen,*
- *Texte mit verschiedenen Proben zu überarbeiten,*
- *Wörtliche Rede und Redeeinleitungen zu gebrauchen.*

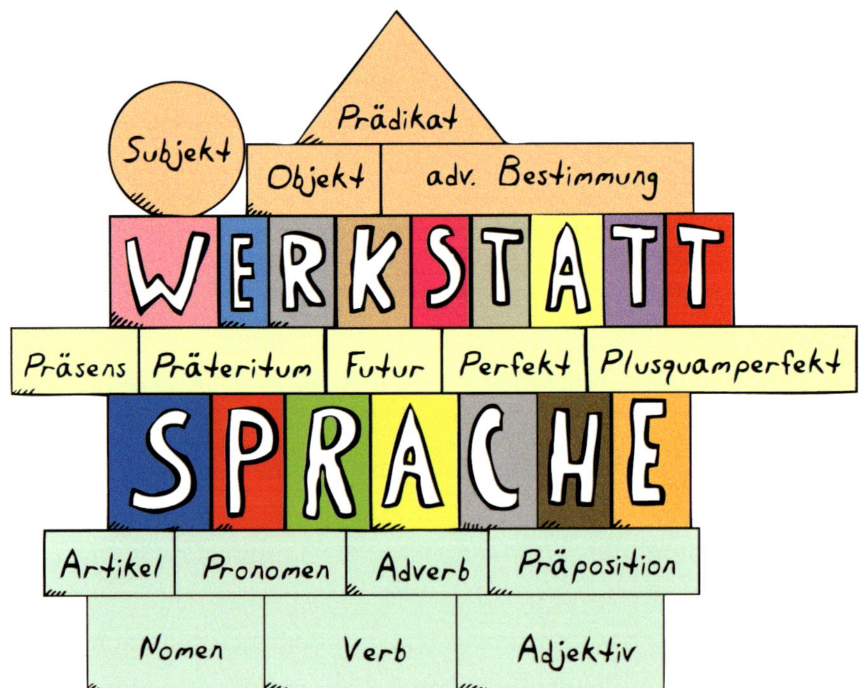

Wortarten bestimmen

1 Schaut euch das Grammatik-Haus an.

– Welche Begriffe kennt ihr? Erklärt sie euch gegenseitig.

Wenn ihr unsicher seid, dann schlagt die Begriffe im Register (Seite 288) oder in „Wissen und Können“ (Seite 278) nach.

2 Lies den Text und unterstreiche (Folientechnik) in allen Sätzen das Verb.

Das Prädikat kannst du mit einem einfachen Trick bestimmen. Probiere, ob du mit dem Wort eine Personalform mit ich, du, er/sie/es, wir, ihr, sie bilden kannst.

Donnerstags hat Carlotta in der großen Pause immer etwas vor.
(Sie hat immer etwas vor.)

Carlottas zahme Ziegen

Donnerstags hat Carlotta in der großen Pause immer etwas vor. Hannah, Max, Merlin und die fünf anderen Ziegen warten auf einen Ballen Heu, frisches Wasser, Streicheleinheiten und – Carlotta. Die Ziegen gehören einer Schule in Hamburg. Die Pflegearbeiten übernimmt seit drei Jahren das „Ziegen-Team“: Eine Gruppe von rund 50 Schülern kümmert sich abwechselnd um die Tiere. Die elfjährige Carlotta kehrt gerne mit Schaufel und Besen Mist zusammen. „Ich habe keine eigenen Haustiere und melde mich deshalb auch freiwillig für den Feriendienst“, erzählt sie. So viel Tierliebe bringt Erfolg: Ziege Emily brachte im Januar zwei kleine Zicklein auf die Welt. Über Max und Emma haben sich alle Schüler der Schule gefreut.

3 Ordne die Kärtchen den Begriffen aus dem Grammatik-Haus zu.
- Achte darauf, was in den Beispielsätzen unterstrichen ist.
- Welche Beispiele passen zu welchem Begriff?
- Beschrifte die Kärtchen mit den passenden Begriffen.

1.
Wortart: Nomen
Carlotta, Pause

2.
Wortart: ________
In der großen Pause

3.
Wortart: ________
frisches Wasser

4.
Wortart: ________
vorhaben, warten auf

5.
Wortart: ________
Die Ziegen einer Schule in Hamburg.

6.
Wortart: ________
…, erzählt sie

7.
Zeit: ________
Diese Pflegearbeiten übernimmt das „Ziegen-Team"

8.
Zeit: ________
Ziege „Emily" brachte zwei kleine Zicklein auf die Welt.

9.
Zeit: ________
Über Max und Emma haben sich fast alle Schüler gefreut.

10.
Satzglied: ________
Fünfzig Schüler kümmern sich um die Tiere.

11.
Satzglied: ________
Carlotta erzählt.

12.
Satzglied: ________
Die Pflegearbeiten übernimmt das „Ziegen-Team"

13.
Satzglied: ________
Carlotta hat in der großen Pause …

4 Ergänze auf den Kärtchen Nr. 1., 2., 3., 5. zwei Beispiele aus dem Text.

5 Ergänze auf den Kärtchen Nr. 10., 12., 13. zwei Beispiele aus dem Text.

Artikel und Pronomen gebrauchen

Der Löwe in der Grube

(Löwe) verfolgte (Ziege) und fiel dabei in ein tiefes Loch. (Hase) kam vorbei. (Löwe) bat (Hase) um Hilfe. Aber (Hase) half (Löwe) nicht. Dann kam (Maus). (Löwe) flehte auch (Maus) um Hilfe an. (Löwe) versprach (Maus), sie nicht zu fressen. Da half (Maus) (Löwe). Als (Löwe) aber frei war, stürzte (Löwe) sich auf (Maus). Schnell flüchtete (Maus) in ein Mauseloch. So hatte (Maus) gelernt: (Löwe) ist nicht zu trauen.

1 Schreibe die Fabel in dein Heft und setze die Wörter Löwe, Maus und Hase in der korrekten Form ein.
- Überlege, wann der bestimmte und der unbestimmte Artikel steht.
- Welche Nomen stehen im Nominativ, Akkusativ und Dativ?

Wenn das **Nomen** in einem Text unbekannt ist, steht der **unbestimmte Artikel** (ein Löwe, eine Maus, ein Huhn), wenn es bekannt ist, steht der **bestimmte Artikel** (der Löwe, die Maus, das Huhn).

2 Lies die Fabel und überarbeite sie: Entscheide, an welchen Stellen du ein Pronomen für das Nomen einsetzen kannst. Überlege auch, wo ein Demonstrativpronomen stehen könnte. Lies dazu den Tipp in der Randspalte.

Tipp
Um Nomen nicht so oft zu wiederholen, werden Pronomen (er, sie, es, ihm, ihn, ihr) als Stellvertreter eingesetzt. Wenn man das Gemeinte besonders betonen will, kann man auch Demonstrativpronomen (dieser, diese, dieses) benutzen.

Der Fuchs und die Maus

Der Fuchs sah an einem Weinstock reife Trauben und hätte die Trauben/diese gerne verzehrt – aber obwohl die Trauben/sie dem Fuchs/ihm vor Augen hingen, konnte der Fuchs/er die Trauben/sie nicht erreichen. Eine Maus hatte dem Fuchs/ihm zugesehen und wollte den Fuchs/ihn ärgern. „Davon bekommst du nichts!" Der Fuchs/dieser/er wollte sich aber vor der Maus/ihr nicht klein zeigen und erwiderte der Maus/ihr: „Die Trauben/sie sind mir noch zu sauer!"

Ohne Präpositionen geht es nicht

Hans Joachim Schädlich erzählt in seinem Buch „Der Sprachabschneider" vom Schüler Paul und einem Mann, der Vielolog heißt. Dieser Mann macht für Paul die Hausaufgaben. Paul muss ihm als Gegenleistung aber bestimmte Wörter überlassen.

1 Lies einen Ausschnitt aus dem Buch. Finde heraus, welche Wörter Paul an den Vielolog abgegeben hat.

Am Abend sagt er zu seiner Mutter: „Ich war Fußballtraining. Hinterher saßen wir noch Eisdiele." Pauls Mutter starrt Paul an, sagt aber nichts. Als er von dem Regen erzählt, den er am Morgen erlebt hat, sagt Paul: „Regen stürzte Straßenbahn wie haushohe Wellen ein Schiff." Pauls Mutter sagt: „Du kannst mir doch nicht erzählen, dass die Straßenbahn von dem Regen umgefallen ist!". „Hab ich doch gar nicht gesagt!"

Wörter wie in, vor oder auf nennt man **Präpositionen**. Sie stehen in der Regel vor Nomen oder Pronomen. Präpositionen geben Hinweise auf Ort und Richtung (**in** der Stadt), Zeit (**vor** ein paar Tagen), Grund (**wegen** Krankheit), Art und Weise (**mit** dem Hammer).

2 Lies den Bericht über Mikas ungewöhnliches Hobby. Auch hier hat der Vielolog die Präpositionen mitgenommen. Schreibe den Text ab und ergänze die Präpositionen. Vergleicht eure Lösungen.

Das klingt doch unglaublich: Ganz allein wagt sich Mika die Ostsee. Berlin ist sie auch manchmal dem Boot unterwegs – aber nur Kanälen. Als Mika Meer ankommt, steigt sie Boot und paddelt hinaus – ganz allein die dunklen Wellen. Eine wackelige Angelegenheit! Ihr Vater watet ganz der Nähe das kalte Wasser. Nur falls sie kentert. Er hätte aber ruhig Strand bleiben können, denn Mika hat kein Problem Boot und Paddel.

Adverbien: Wo, wann und wie etwas passiert

Lieber Sven,
hier im Ferienlager ist es toll. Wir sind sofort zum Strand gelaufen und haben dort Beach-Volleyball gespielt. Danach haben wir gemeinsam eine Wattwanderung gemacht. Abends haben wir Würstchen am Lagerfeuer gegrillt. Ich habe mich schnell an das Lagerleben gewöhnt. Würdest du mich gern hier besuchen?
Viele Grüße, dein Max

1 Lies den Feriengruß von Max und ordne die unterstrichenen Wörter in der Tabelle ein. Übertrage die Tabelle in dein Heft:

Ort (wo?)	Zeit (wann?)	Art und Weise (wie?)

Wörter wie dort, hier, vorn, gestern, heute, dann, jetzt oder anders, gern, vergeblich geben an, **wann** (Zeit oder Zeitdauer), **wo** (Ort oder Richtung) oder **wie** (Art und Weise) etwas geschieht oder verläuft. Diese Wörter nennen wir **Adverbien** (Umstandswörter).

2 Lies die E-Mail von Ivo und überarbeite sie. Vermeide die Wiederholungen und setze passende Adverbien ein.

Lieber Toni, auf dem Bauernhof ist es toll! Auf dem Bauernhof ist es nie langweilig! Ich habe heute schon um 8 Uhr gefrühstückt. Nach dem Frühstück bin ich sofort in den Stall gelaufen. Im Stall durfte ich beim Füttern helfen. Heute Nachmittag besuche ich die Kälbchen auf der Weide. Ich freue mich auf heute Abend. Heute Abend machen wir nämlich eine Nachtwanderung! Wir sehen uns nächste Woche! LG Ivo

Wörter haben mehrere Bedeutungen

1 Lies den folgenden Bilderwitz. Was kommt dir komisch vor?

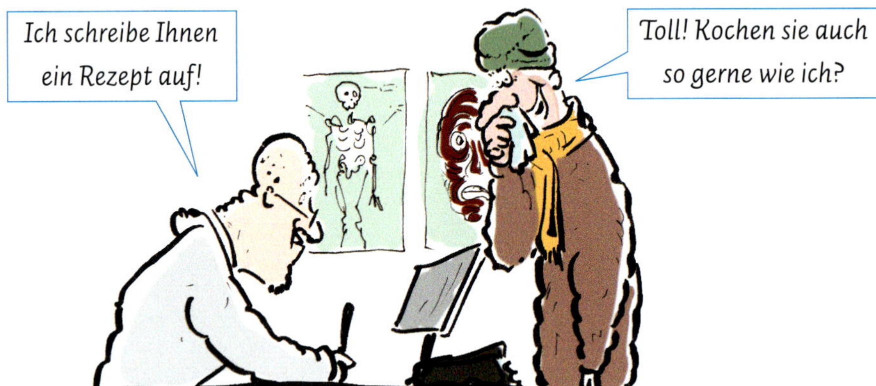

Rezept *das, -(e)s; -e*
1. Schreiben für den Apotheker, welches Medikament ein Patient bekommen soll. *Der Arzt stellt ein Rezept aus.*
2. Anleitung zum Kochen oder Backen. *In diesem Kochbuch stehen leckere Rezepte.*

2 Erkläre das Missverständnis:
Was meint der Arzt, was meint der Patient mit „Rezept“? Erkläre die unterschiedlichen Bedeutungen mithilfe des Wörterbuchartikels.

Wörter haben oft mehr als eine **Bedeutung:** Wörter sind **mehrdeutig.**
Die unterschiedlichen Bedeutungen eines Wortes findest du im Wörterbuch. Die einzelnen Bedeutungen sind im Wörterbuch oft mit Nummern versehen: 1., 2., 3. usw.
In Texten kannst du die Bedeutung mehrdeutiger Wörter aus dem Satzzusammenhang erschließen:
Peter hat sein Geld auf der **Bank.** Erika sitzt auf der **Bank.**
Du musst den **Hahn** aufdrehen. Der **Hahn** kräht den ganzen Morgen.

3 Erkläre die Missverständnisse in den folgenden Witzen. Schreibe die Wörter mit ihren Bedeutungen wie im Wörterbuchartikel oben auf.

Fritz bringt sein Auto in die Werkstatt. Fragt der Mechaniker: „Wann wurde ihr Auto zum letzten Mal überholt?“ „Vor zehn Minuten, von einem Radfahrer.“

„Tut mir leid, mein Herr“, meint der Kellner, „aber uns sind die Hähnchen ausgegangen.“
„Macht nichts“, meint der Gast, „wann kommen sie denn zurück?“

Wörter stehen in einem Sachfeld

1 Lies die beiden Lexikonartikel und erstelle eine Mindmap in deinem Heft.

Personal Computer
PC ist die Abkürzung für *Personal Computer* (persönlicher Computer). Der PC ist eine große Rechenmaschine mit einem Bildschirm und einer Tastatur. Er wird daher auch *Rechner* genannt. Der PC kann mit Worten, Zahlen und grafischen Darstellungen umgehen und auch mit anderen PCs in einem so genannten *Netzwerk* kommunizieren. Mit einem PC kann man unendlich viele Dinge tun. Z. B. rechnen, schreiben, zeichnen, Fotos bearbeiten, Filme ansehen und vieles mehr.
Die *Maus* ist ein Eingabegerät, mit ihr kann man dem PC sagen, was er tun soll. Wenn man den PC einschaltet, kommt man jedes Mal zur selben Bildschirmoberfläche. Diese Bildschirmoberfläche heißt *Desktop* (= Schreibtisch). Auf dem Desktop befinden sich *Ordner* (= Aktenordner) oder *Dateien* (= Dokumente). Mit der *Tastatur* kannst du Texte eingeben.

Computer *(der Com|pu|ter, die Com|pu|ter)*
Daniela schaltet zuerst den Computer ein, dann gibt sie die Daten ein, speichert oder sichert sie und druckt sie schließlich mit dem Laserdrucker aus.
Und was machst du mit dem Computer?
Viele sprechen von dem Computer wie von einem Menschen: Der Computer wird gefüttert, spuckt Daten aus, streikt, spielt verrückt und stürzt manchmal ab.
→ *E-Mail*

Wenn du Wörter zu einem Thema zusammenstellst, ergibt sich ein **Sachfeld.** Du erweiterst deinen Wortschatz, wenn du Sachfelder zusammenstellst. Zum Ordnen von Sachfeldern kannst du die Mindmap-Technik verwenden (vgl. Seite 258/259).
Die Wörter, die in einem Sachfeld stehen, müssen nicht zur selben Wortart gehören.

2 Kennst du noch weitere Dinge, die zum Computer gehören? Was kann man noch alles mit dem Computer machen? Ergänze die Mindmap.

3 Erstelle Sachfelder zu den Themen „Buch“ und „Fernsehen“ und ordne die Wörter in Mindmaps.

Tipp
Wenn du Sachfelder zusammenstellen möchtest, kannst du auch im Bildwörterbuch nachschlagen. Es gibt auch zweisprachige Bildwörterbücher.

Zusammensetzungen (Komposita): Sich genau ausdrücken

1 Lies den Text und markiere alle zusammengesetzten Nomen, in denen „Wald“ und „Baum“ vorkommen.

Baumarten im Wald

Früher bestand Deutschland fast nur aus Wald. Es war ein Land der Laubwälder. Das meiste davon war Buchenwald. Heute bestehen nur noch ein Siebtel der deutschen Wälder aus Buchen. Dagegen hat der Anteil der Nadelbäume stark zugenommen. Vor allem Fichtenwälder und Kiefernwälder sind stark verbreitet. Waldbesitzer, die ihren Wald naturnah bewirtschaften wollen, pflanzen aber wieder häufig Buchen an.

Wenn du ein richtiger Waldexperte werden willst, dann musst du die verschiedenen Laub- und Nadelbäume kennen. Sie auseinanderzuhalten ist gar nicht so schwer!

2 Übertrage die Tabellen in dein Heft. Trage die markierten Wörter ein. Ergänze die Tabellen mit eigenen Beispielen. Du kannst dein Schulwörterbuch benutzen.

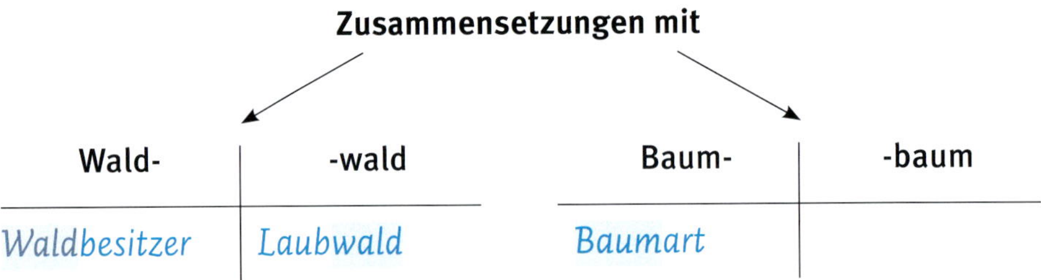

Zusammensetzungen mit

Wald-	-wald
Waldbesitzer	*Laubwald*

Baum-	-baum
Baumart	

3 Erklärt euch gegenseitig die Zusammensetzungen.

Ein Laubwald ist ein Wald mit …

Ein Laubwald ist ein Wald, in dem …

In einem Laubwald wachsen …

Viele Wörter sind aus zwei oder mehreren Wörtern zusammengesetzt. Diese neuen Wörter nennt man **Zusammensetzungen**. Zusammensetzungen bestehen aus Grundwort + Bestimmungswort.

Wald	+ Weg	= Waldweg
Bestimmungswort	**+ Grundwort**	**= Zusammensetzung**

Das Grundwort wird durch das Bestimmungswort genauer beschrieben: Ein Waldweg ist ein Weg im Wald.

4 Überarbeite den Text: Formuliere genauer, indem du zu den markierten Wörtern Zusammensetzungen bildest. Nutze dazu die blauen Wörter als Bestimmungswörter.

Stoß Kunststoff Frontal Schutz Feld
Wild Unfall Auto Land

Hase mit Engel

Zusammenstoß mit Auto bei Tempo 100 – und der wohl härteste Hase Deutschlands bleibt unverletzt. „So einen verrückten Unfall habe ich noch nie erlebt“, sagte Jäger Reint Janssen gestern. Ihn hatte der Fahrer Wilhelm Buß angerufen, nachdem er nachts mit dem Langohr auf der Straße zusammengestoßen war. Der Fahrer habe tags darauf bemerkt, dass der Hase im Hohlraum hinter der Stange gelandet sei. Das Tier war durch die Abdeckung geschlagen, die zuklappte. Janssen befreite den Hasen, und der hoppelte davon.

5 Schreibt Erklärungen zu den zusammengesetzten Wörtern.
Beispiel:
Ein Unfallfahrer ist ein Fahrer, der in einen Unfall verwickelt ist.

6 Suche in Zeitungsmeldungen Zusammensetzungen mit *Fahrer*, *Unfall* und *Straße*. Lege dazu eine Tabelle an wie in Aufgabe 2 auf Seite 190.

Ableitungen: Wörter aus mehreren Wortbausteinen

Marianne Kreft

Petra

Das macht Petra, wenn sie sich
mit Steffen *an-freundet:*
Sie *lächelt* Steffen an.
Sie legt ihren Arm um Steffen.
Sie hält Steffen an der Hand.
Sie *macht* Steffen den Ranzen *zu.*
Sie setzt sich ganz nah zu Steffen.

Das macht Petra, wenn sie sich
mit Steffen *ab-freundet:*
Sie *dreht* Steffen den Rücken *zu.*
Sie *guckt* Steffen bös *an.*
Sie *streckt* Steffen die Zunge *raus.*
Sie *lacht* Steffen *aus.*

1 Lies zunächst die erste Strophe des Gedichts. Was ist mit *an-freunden* gemeint?

2 In der zweiten Strophe hat die Autorin ein eigenes Wort erfunden: Was ist mit *ab-freunden* gemeint?

3 Warum hat die Autorin diese Wörter wohl mit einem Bindestrich geschrieben?

Viele Wörter bestehen aus mehreren Wortbausteinen: an-freund-en. Die Hauptbedeutung trägt der **Wortstamm** (-freund-). Die angefügten Wortbausteine vor dem Stamm nennt man **Vorsilbe (Präfix)** (an-). Der Wortbaustein nach dem Stamm heißt **Nachsilbe (Suffix)** (-en). Wörter mit Vor- oder Nachsilben nennt man **Ableitungen**. Zu allen Wortarten gibt es Ableitungen: Substantiv (Freundschaft), Verb (anfreunden), Adjektiv (freundlich)

4 Sucht Ableitungen mit dem Wortstamm *-freund-*. Arbeitet in Gruppen.

Vorsilbe	Stamm	Nachsilbe	Ableitung
an-	*freund*	*-en*	*anfreunden*
	Freund	*-schaft*	
un-	*freund*	*-lich*	
...	*freund*	*...*	*...*

5 Im Gedicht von Marianne Kreft kommen viele Verb-Ableitungen vor. Nenne vier Beispiele.

6 Überarbeite den Text: Mirko hat seine Gedanken zum Thema „Freundschaft“ aufgeschrieben. Einige Vorsilben hat er weggelassen. Setze die passenden Silben aus der Randspalte ein.

Was Freunde mir bedeuten

Für mich sind Freunde sehr wichtig. Aber bevor ich mich mit jemandem ___freunde, muss ich ihn gut kennen. Mit meinen Freunden ___bringe ich viel Zeit: Wir spielen zusammen und ___zählen uns alles. Freunde müssen mir ___hören. Meine Freunde würden mich nie ___lachen. Ich würde sie gerne in die Ferien ___nehmen. Mit meinen Freunden kann ich ___hängen und mich bei ihnen ___heulen. Ich ___zeihe meinen Freunden (fast) alles – sie müssen mir aber auch ___trauen und mich nie ___raten.

aus-
mit-
er-
an-
zu-
ab-
ver-

Bei Verben sind Vorsilben entweder trennbar oder fest mit dem Wortstamm verbunden.
Das kannst du herausfinden, wenn du die Verben im Präsens konjugierst:
trennbar: ***auf**muntern – ich muntere ihn **auf**.*
nicht trennbar: ***ver**söhnen – wir **ver**söhnen uns.*

7 Untersuche im Text, welche Vorsilben du abtrennen kannst und welche fest mit dem Stamm verwachsen sind. Schreibe sie in eine Tabelle.

Das Verb sucht seine Mitspieler

Das Verb steht im Zentrum des Satzes. Es bestimmt seine „Mitspieler“ – die anderen Satzglieder. Durch W-Fragen kannst du herausfinden, welche Mitspieler zum Verb gehören. Ihr sollt eine Geschichte zu den Bildern schreiben, in der die Verben aus dem Kasten vorkommen.

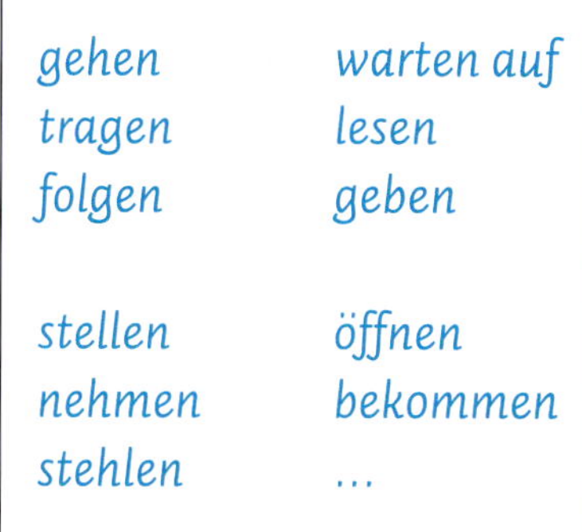

gehen
tragen
folgen

warten auf
lesen
geben

stellen
nehmen
stehlen

öffnen
bekommen
…

1 Überlegt euch, welche Mitspieler diese Verben haben und schreibt sie auf Verb-Kärtchen.

- Welche W-Fragen passen zu dem Verb?
- Schreibt die W-Wörter auf die Karten.
- Notiert einen Beispielsatz mit den Mitspielern.

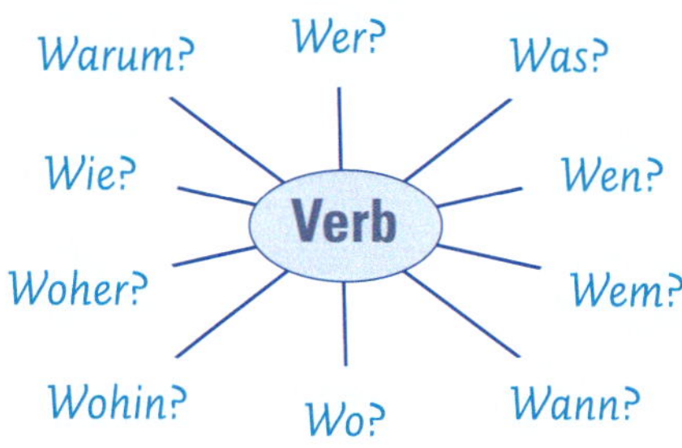

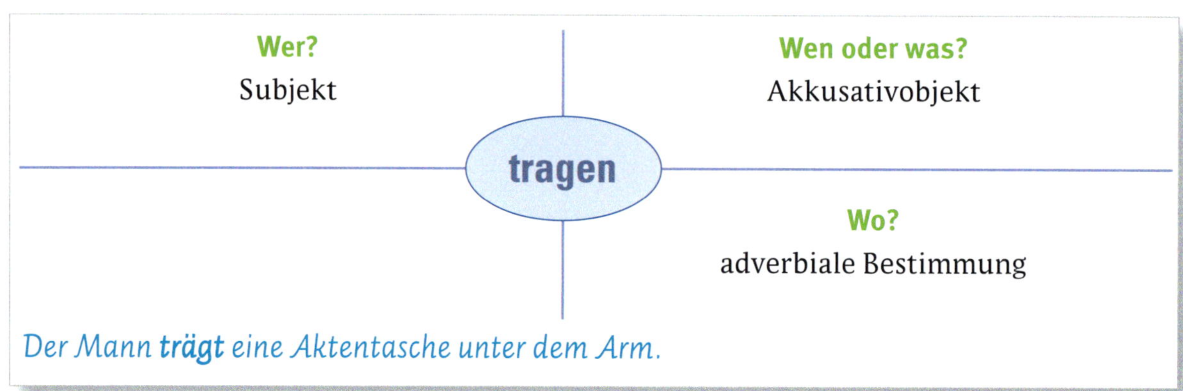

2 Schreibe eine Geschichte „Eine böse Überraschung“. Benutze dazu auch deine Verb-Karten. Suche dir passende Mitspieler unter dem Text und schreibe die Geschichte:

Eine böse Überraschung
Montagmorgen 8 Uhr. Herr Stefan geht ___ . Er trägt ___ unter dem Arm. Ein seltsamer Mann folgt ___ unauffällig. An der Haltestelle warten schon etliche Leute auf ___ . Der Mann stellt sich neben Herrn Stefan und liest ___ . „Mein Gott, das ist ja schrecklich!“, murmelt er. Dann gibt er ___ ___ . „Lesen Sie mal auf Seite 4“, fordert er ___ auf. Herr Stefan stellt ___ auf den Boden. Er nimmt ___ und sucht ___ . In diesem Moment stiehlt ___ die Tasche und rennt ___ damit. Hinter einem dicken Baum öffnet er die Tasche und bekommt ___ : ...

Zeitung — zur Bushaltestelle — ihm — eine braune Tasche — den Bus — Herrn Stefan — ihn — seine Tasche — den Bericht — der Mann — in den Park — einen riesigen Schreck — die Zeitung (2x)

3 Bestimme die Mitspieler. Übertrage dazu die Tabelle in dein Heft und ergänze sie.

Subjekt	Prädikat (Verb)	Akkusativobjekt	Dativobjekt	adverbiale Bestimmung
Herr Stefan	*geht*	–	–	*zur Bushaltestelle*
Er	*trägt*	*eine braune Tasche*	–	*unter dem Arm*
Ein Mann	...	...	...	...
...				

4 Schreibe eine Zeitungsmeldung zu der Überschrift „Elster stiehlt Trauring!“ Verwende dabei deine Verb-Karten.

Hochzeit geplatzt: Elster stiehlt Trauring!
So hatte sich das Hochzeitspaar die
Hochzeit nicht vorgestellt. ...

5 Bestimme die Satzglieder in deiner Zeitungsmeldung. Lege eine Tabelle an wie in Aufgabe 3.

Im Präteritum berichten

Ramsingh wehrt sich!

Für den 13-jährigen Ramsingh vom Hirtenvolk der Maldhari ist es kein Morgen wie jeder andere. Sein Vater und sein älterer Bruder sind krank. Deshalb hütet er zum ersten Mal das Vieh seiner Familie allein. Eine unerhört wichtige Aufgabe – immerhin sind die Wasserbüffel der wertvollste Familienbesitz. Er hofft auf einen ruhigen Tag. Doch als er mit seiner Herde ein Wasserloch erreicht, passiert es: Blitzschnell schießt ein Löwe aus dem Gebüsch und stürzt sich auf einen der Büffel. Zunächst ist der Hirtenjunge vor Entsetzen wie gelähmt. Doch dann rennt Ramsingh mit dem Mut der Verzweiflung laut schreiend und wild mit seinem Holzstock in der Luft herumfuchtelnd auf den Angreifer zu. Seine Tapferkeit wird belohnt: Die noch recht junge Löwin lässt sich einschüchtern und flieht. Ramsingh kommt mit dem Schrecken und der Wasserbüffel mit ein paar tiefen Hautkratzern davon.

1 Unterstreiche (Folientechnik) alle konjugierten Verben. In welcher Zeitform stehen sie?

2 Schreibe einen Bericht über Ramsinghs Abenteuer. Lege dazu zunächst eine Tabelle an.

Präsens	Grundform	Präteritum
er wehrt sich	*sich wehren*	*er wehrte sich*
es ist …	*sein*	*…*

Das **Präteritum** wird vor allem in schriftlichen Texten verwendet, besonders wenn über etwas Vergangenes berichtet wird.
Es gibt regelmäßige (hoffen – er hoffte) und unregelmäßige Präteritumformen (rufen – er rief).

3 Schreibe den Text auf und verwende das Präteritum.

Präsens und Futur: Über die Zukunft sprechen

1 Lies den Auszug aus einem Wetterbericht:
- In welcher Zeitform stehen die Verben?
- Woran kannst du erkennen, dass Zukünftiges angekündigt wird?

Morgen Vormittag hängen besonders südlich der Donau noch dichtere Wolken. Vom Niederrhein bis nach Schleswig-Holstein sind ebenfalls noch Schauer möglich. Nachmittags setzt sich die Sonne überall häufiger durch. Dabei liegen die Höchstwerte im Nordwesten zwischen 20 und 23 Grad. In den kommenden Tagen bleibt es wechselhaft. Für die kommende Woche deutet sich wieder eine kleine Hitzewelle an.

Wenn wir über die Zukunft reden, gebrauchen wir meistens das **Präsens.**
Die Zukunft wird dann mit **adverbialen Bestimmungen** der Zeit ausgedrückt: **In den kommenden Tagen** bleibt es wechselhaft.

2 Lies, was die Experten über die Entwicklungen in der Welt sagen. Woran kannst du erkennen, dass ihre Aussagen sich auf die Zukunft beziehen?

In ein paar Jahren wird es mehr Elektroautos geben.

Das Klima verändert sich: Es wird bei uns immer weniger regnen und wärmer werden.

Die Weltbevölkerung wächst. Im Jahr 2050 werden rund neun Milliarden Menschen die Erde bevölkern.

Mit dem **Futur** können wir eine Vermutung ausdrücken: Wahrscheinlich **wird** es in ein paar Jahren mehr Elektroautos **geben.**
Das Futur wird mit werden und der Grundform des Verbs gebildet.

Präteritum und Plusquamperfekt: Über Vergangenes schreiben

1 Lies die ersten beiden Sätze eines Zeitungsberichts.
- Markiere die konjugierten Verben.
- Überlege, was zuerst passiert ist, a) oder b).

a) Der Schweizer Pilot Bertrand Piccard und sein Copilot Brian Jones umrundeten als erste Menschen die Erde mit einem Ballon.
b) Zuvor hatten das schon viele andere versucht.

Berichte stehen im Präteritum. Wenn aber über etwas berichtet wird, das vorher stattgefunden hat, steht das **Plusquamperfekt**:
Der Ballon landete in der Wüste. Zuvor **war** er in den Alpen **gestartet**. Sie **hatten** es **geschafft**.
Das Plusquamperfekt wird gebildet mit den Hilfsverben haben oder sein und dem Partizip II eines Verbs.
Ein Satz im Plusquamperfekt wird oft durch ein Signalwort eingeleitet: z. B. durch zuvor, nachdem.

2 Lies die Fortsetzung des Berichts „In zwanzig Tagen um die Welt". Markiere mit verschiedenen Farben alle Verbformen im Präteritum und Plusquamperfekt.

Bertrand Piccard und Brian Jones schafften es allein vom Wind bewegt in zwanzig Tagen um die Welt zu ziehen. Ihr Ballon „Orbiter" war am 1.März in den Alpen gestartet. Die Ballonfahrer landeten 20 Stunden, nachdem sie als erste die Nonstop-Weltumrundung geschafft hatten, mit einer „Bilderbuchlandung" in Ägypten. Die rund vier Meter lange Kapsel setzte in der Wüste auf. „Adler gelandet – alles in Ordnung", funkten die beiden Piloten sofort nach der Landung an das Kontrollzentrum in Genf.

3 Lies, wie der Bericht endet. Markiere die Formen im Plusquamperfekt und fülle die Tabelle aus.

Nach 19 Tagen, 21 Stunden und 55 Minuten betraten die beiden Männer wieder die Erde. Sie hatten vier Kontinente und zwei Weltmeere überquert. Dabei hatten sie mehr als 46.000 km zurückgelegt. Zuvor waren viele Piloten gescheitert: 17 Ballons waren auf der Strecke geblieben.

Hilfsverb	Partizip II	Grundform
sie hatten	*überquert*	*überqueren*
sie hatten	…	…

4 Lies die Meldung.
- Erkläre den Gebrauch der Zeiten im ersten Abschnitt.
- Schreibe den zweiten Abschnitt mit den passenden Zeiten auf ein Blatt.

Bewusstloser Pilot flog weiter

Ein bewusstloser Hobbyflieger aus dem US-Bundesstaat Kansas überlebte den Absturz seines Flugzeuges mit leichten Verletzungen. Sein Flugzeug flog noch 400 Kilometer, nachdem der Pilot ohnmächtig geworden war – mithilfe des Autopiloten.

Der Pilot (verlieren) das Bewusstsein, nachdem er die Abgase seiner Maschine (einatmen). Das Flugzeug blieb auf Kurs und (fliegen) mehr als 400 Kilometer weit in den Bundesstaat Missouri. Dort (landen) es auf einem Acker, nachdem der Treibstoff (ausgehen). Die Maschine (schlittern) über ein Weizenfeld und (stoppen) vor einer Baumreihe. Ein Farmer (alarmieren) den Rettungshubschrauber. Nachdem die Ärzte den Piloten (untersuchen), (fahren) dieser mit dem Zug nach Hause zurück. Als er nach Hause (kommen), (erzählen) er seiner Familie, was er (erleben).

Über Sprachen nachdenken

Deutsch	Englisch
Maus	*mouse*
iPhone	...
...	...

1 In einem Englisch-Schulbuch finden sich folgende Ideen, wie die Schule der Zukunft aussehen könnte. Vergleiche das englische Original (links) mit der deutschen Übersetzung (rechts).

a) Welche Wörter aus dem Englischen sind direkt ins Deutsche übernommen? Legt eine Tabelle an.

c) Sammelt weitere Medien-Wörter. Ergänze die Tabelle.

PCD: Personal Computer Display
All pupils will have a small computer with their timetable, electronic textbooks, email and voice mail.
With their PCD they will be able to search for information for projects and do their homework.

PCD: Personal Computer Display
Alle Schüler werden einen kleinen Computer mit ihrem Stundenplan, elektronischen Textbüchern, E-Mail und Mailbox haben.
Mit ihrem PCD werden sie in der Lage sein, Informationen für Projekte zu suchen und ihre Hausaufgaben zu machen.

2 Lies noch einmal den deutschen Text.

a) In welcher Zeitform steht der Text? Warum?

b) Markiere (Folientechnik) im ersten Satz Subjekt, Prädikat und Objekt mit verschiedenen Farben.

c) Versuche, diese Satzglieder im englischen Satz zu finden.

3 Ergänze den Regelkasten: Welche Regel gilt für das Englische, welche für das Deutsche?

Das **Futur** besteht im Englischen und im Deutschen aus zwei Teilen (dem Hilfsverb werden und dem Infinitiv). Im ____ stehen die beiden Teile unmittelbar zusammen, im ____ steht das Hilfsverb an zweiter (Satzglied)Stelle, der Infinitiv am Satzende.
Diese Regel gilt für alle Zeitformen, die zusammengesetzt sind (Perfekt, Plusquamperfekt).

Andere Sprachen – andere Wörter

Jo Pestum

Tato und Paul

Tato aus Afrika ist neu in Deutschland. Paul hilft ihm beim Deutschlernen. Tato malt Tiere und Paul schreibt die deutschen Wörter hinzu.

Unter den Schwan schrieb ich Schwan, unter das Pferd schrieb ich Pferd, unter die Kuh schrieb ich Kuh, unter den Dackel schrieb ich Dackel und unter das Schwein schrieb ich Schwein. Ich schob Tato mein Blatt zu und war gespannt, ob er das Bilderwörterspiel weiterspielen würde. Er schaute meine Zeichnungen in Ruhe an, und als er jedes Tier erkannt hatte, begann er zu schreiben. Und so lernte ich schon am ersten Tag wichtige Wörter in der Kikongo-Sprache. Flusspferd heißt Kiboko, Gazelle heißt Mbuluku, Büffel heißt Mpakasa, Elefant heißt Nzoko, Löwe heißt Ntambu, Krokodil heißt Ngandu, Leopard heißt Ngo, und Schlange heißt Nioka. Was für ein Gefühl, solche Wörter zu wissen! In unserer Schule gab es an zwei Nachmittagen einen besonderen Deutschunterricht für ausländische Kinder. Aber ich bin mir sicher, dass Tato die wichtigen Wörter nicht dort lernte, sondern von mir. Unter seine Fragebilder schrieb ich: Motorrad, Fußball, Düsenjet, Lederjacke, Cowboystiefel, Taschenrechner, Boxhandschuhe, Telefonhäuschen, Straßenbahn, Kassettenrecorder. Solche Wörter wollte er wissen. Dafür brachte er mir eine Menge Kikongo-Wörter bei. Ich lernte zum Beispiel, dass ein Geländewagen, wie man ihn für die Fahrt zum großen Fluss braucht, Kaminion ya kanuta bima heißt. Nti heißt Baum, Muntu heißt Mensch, Kisalu heißt Reise, Bwatu heißt Boot, Tiya heißt Feuer.

1 Wie lernen Paul und Tato die fremde Sprache?

2 Welche Wörter bringt Paul Tato bei, welche Wörter bringt Tato Paul bei? Warum wohl?

3 Macht selbst Bilder-Wörter-Spiele mit Deutsch und anderen Sprachen in eurer Klasse. Ihr könnt auch entsprechende Wörterbücher anlegen.

Tipp
Suche im Internet Informationen zur Kikongo-Sprache

Satzglieder im Überblick

Sätze bestehen aus mehreren **Satzgliedern.**
Durch die Umstellprobe kannst du die Satzglieder ermitteln: Subjekt, Prädikat, Objekte und adverbiale Bestimmungen.
Die Kamera zeigt den Verdächtigen nach dem Diebstahl am Fahrstuhl.
Den Verdächtigen zeigt die Kamera am Fahrstuhl nach dem Diebstahl.
Adverbiale Bestimmungen kannst du weglassen, ohne dass der Satz unvollständig wird (Weglassprobe).
Die Klasse 6a besucht den Streichelzoo.

Das Prädikat spielt eine wichtige Rolle im Satz:
Vom Prädikat aus kannst du durch W-Fragen alle anderen Satzglieder bestimmen:

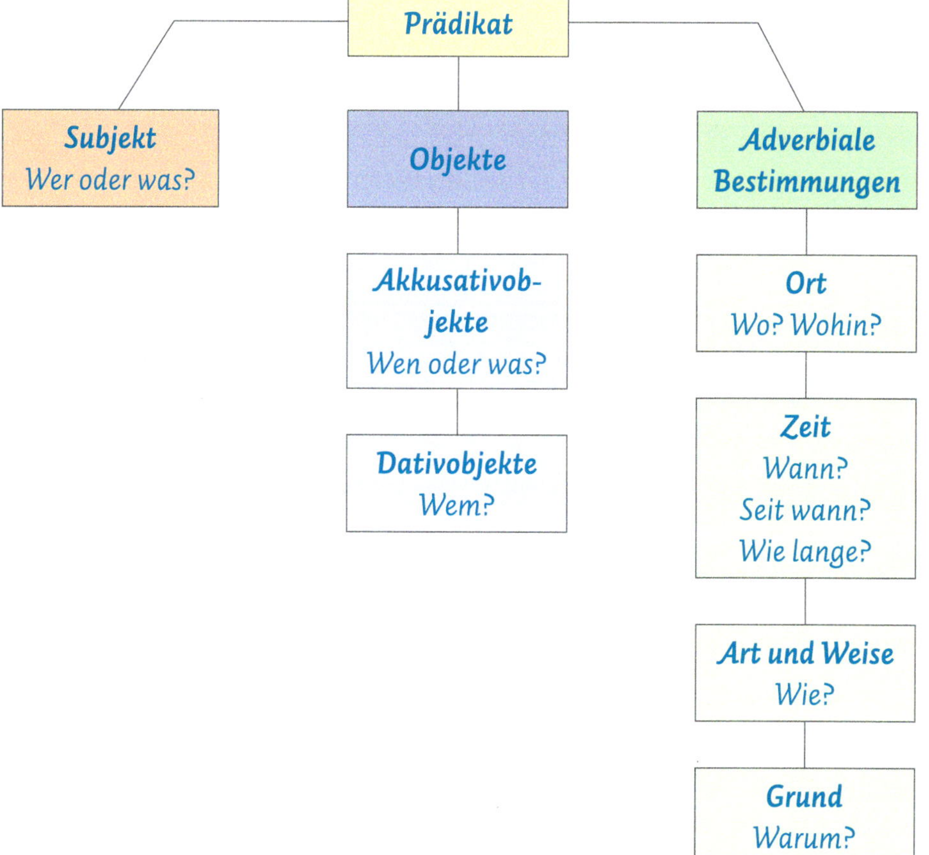

1 Lies den Anfang der Zeitungsmeldung.
- Suche dir einen Satz heraus und ermittele die Satzglieder.
- Bestimme im ersten Satz die Satzglieder durch die W-Fragen genauer.

Dieb schickt Dalí-Meisterwerk per Post zurück

Ein 150 000 Dollar teures Bild des spanischen Malers Salvador Dalí kam zehn Tage nach seinem Diebstahl per Post in New York an. Mitarbeiter des US-Postdienstes fanden die wertvolle Express-Sendung aus Europa am Flughafen unter den Paketen. Von dem Dieb fehlt nach wie vor jede Spur.

Die Bilder einer Überwachungskamera zeigen den verdächtigen Mann nach seinem Diebstahl am Fahrstuhl

Eine E-Mail kündigte die wertvolle Sendung ein paar Tage vorher an. Der Dieb hatte die Sendungsnummer in der E-Mail angegeben. Die Postmitarbeiter konnten das Paket deshalb am Flughafen problemlos abfangen.

2 Überarbeite das Ende der Meldung mit Hilfe der Hinweise am Rand.

„Cartel de Don Juan Tenorio"

Der Mann hatte das Gemälde einfach von der Wand einer Galerie genommen. Er hatte das wertvolle Bild in eine Einkaufstasche gesteckt. Der Dieb war anschließend mit dem Fahrstuhl nach unten gefahren und geflüchtet. Alles ist gut dokumentiert: Die Überwachungskamera hat den dreisten Diebstahl aufgezeichnet.

→ *Betone, was der Mann in die Einkaufstasche gesteckt hat.*

→ *Stelle an den Anfang, wie der Dieb geflüchtet ist.*

→ *Betone, was die Kamera aufgezeichnet hat.*

Adverbiale Bestimmungen: Auf die Umstände kommt es an!

1 Lies die beiden Sätze:
Ein Fuchs hat 120 Schuhe gestohlen.
Die Schuhe hat ein Förster entdeckt.

a) Bestimme die Satzglieder durch die Umstellprobe. Aus wie vielen Satzgliedern besteht jeder Satz?
b) Stelle W-Fragen: Aus welchen Satzgliedern bestehen die Sätze?

Subjekt und **Prädikat** kommen in jedem Satz vor.
Das Prädikat wird von einem Verb gebildet, es richtet sich nach dem Subjekt: Ein Fuchs **hat** ... Viele Füchse **haben** ...
Das Prädikat ist oft zweiteilig: Ein Fuchs **hat** ... **gestohlen.**
Vom Prädikat hängen weitere Satzglieder ab, z.B.
- **Akkusativobjekt**: Ein Fuchs hat **120 Schuhe** gestohlen.
- **Dativobjekt**: Ein Fuchs hat **den Leuten** ihre Schuhe gestohlen.

2 Die beiden Sätze (aus Aufgabe 1) stammen aus einem Zeitungsbericht, einige Wörter wurden dabei weggelassen. Welche Informationen vermisst du? Stelle W-Fragen.

3 Lies nun die Originalmeldung auf Seite 205 und beantworte folgende Fragen:
- Wann hat der Fuchs die Schuhe gestohlen?
- Wo hat der Fuchs die Schuhe versteckt?
- Warum hat der Fuchs die Schuhe gestohlen?
- Wann hat der Förster die Schuhe gefunden?
- Wo hat er die Schuhe gefunden?
- Wie hat der Förster die Schuhe entdeckt?
- Warum ist der Fuchs nicht mehr aufgetaucht?

Meister Reineke steht auf Schuhe

Föhren. Ein Fuchs hatte in den vergangenen Monaten Schuhe aus Gärten und von Terrassen und Hauseingängen im Ort Föhren gestohlen und in seinem Bau versteckt.

Viele Monate lang war Meister Reineke nachts auf Diebestour. Aus unerfindlichen Gründen stibitzte der Fuchs alle möglichen Schuhe, darunter Sandaletten, Laufschuhe, Gummistiefel, Haus- und Arbeitsschuhe und brachte diese seinen Jungen in den Bau. Dort hat ein Förster am Montagmorgen das Diebesgut zufällig bei Waldarbeiten entdeckt. Einige Schuhe lagen vor dem Bau. Beim Untersuchen des Fuchsbaus beförderten der Förster und seine Kinder Mathis und Mia noch über 100 Schuhe ans Tageslicht. Wegen der menschlichen Witterung wurde der Fuchs seit Tagen nicht mehr an seinem Bau gesehen.

Adverbiale Bestimmungen sind Satzglieder, die angeben, wo, wann, wie oder warum etwas geschehen ist.
Wir unterscheiden adverbiale Bestimmungen
- des **Ortes:** im Bau, dort ...
- der **Zeit:** am Montagmorgen, nachts ...
- der **Art und Weise:** bei Waldarbeiten, zufällig ...
- des **Grundes:** wegen der menschlichen Witterung ...

4 Bestimme die adverbialen Bestimmungen im Text „Meister Reineke steht auf Schuhe" genauer. Fülle die Tabelle aus.

Zeit	Ort	Art und Weise	Grund
in den vergangenen Monaten			

5 Überarbeite den ersten Abschnitt der Zeitungsmeldung. Stelle dazu ein Satzglied, das du betonen willst, an den Anfang. Es gibt mehrere Möglichkeiten, welche gefällt dir am besten? Warum?

Mit Proben Texte überarbeiten

Hier lernst du verschiedene Proben kennen.
Sie helfen dir beim Schreiben und Überarbeiten von Texten.
Probiere es aus!

Proben zur Textüberarbeitung

Umstellprobe

Du kannst Wörter oder Wortgruppen in einem Satz umstellen und verschieben.
Diejenigen Wörter oder Wortgruppen eines Satzes, die beim Umstellen immer zusammenbleiben, nennt man **Satzglieder**.

Du kannst z. B.
- eine wichtige Aussage an den Anfang des Satzes verschieben:
  Der Detektiv verfolgt den Dieb bis in den Park.
  → *Bis in den Park verfolgt der Detektiv den Dieb.* (*Bis in den Park* wird betont.)

Erweiterungsprobe

Du kannst Sätze durch Wörter, Wortgruppen oder Satzglieder um zusätzliche Informationen ergänzen und erweitern.

Du kannst z. B.
- Nomen durch Adjektive erweitern:
  Ein Mädchen rennt durch den dunklen, geheimnisvollen Wald.
- Verben durch adverbiale Bestimmungen (des Ortes, der Zeit, der Art und Weise) erweitern:
  Das Mädchen rennt mit klopfendem Herzen durch den dunklen Wald.

Ersatzprobe

Innerhalb eines Satzes kannst du einzelne
Wörter oder Wortgruppen durch sinnverwandte Wörter oder Wortgruppen ersetzen und austauschen.

Du kannst z. B.
- Namen und Nomen durch Pronomen ersetzen: *Esel sind nicht störrisch. Sie verhalten sich eher klug.*

Klangprobe

Die Klangprobe hilft dir, herauszufinden, ob deine Sätze sich gut anhören. Probiere verschiedene Möglichkeiten aus und finde heraus, was besser klingt.

Du kannst z. B.
- herausfinden, welche Wörter besser klingen:
  Meine Schwester war müde oder todmüde
  oder fix und fertig oder hundemüde.

1 Luca hat ein Ferienerlebnis erzählt. Lies seine Geschichte.
- Was gefällt dir an der Geschichte?
- Welchen Teil der Geschichte hätte Luca ausführlicher erzählen können?

Ich war mit meinen Eltern und meiner Schwester vor einem Jahr in der Türkei am Meer. Es war ein sehr heißer Sommer und wir gingen jeden Tag ans Meer. Ich lernte im Meer schwimmen und meine Schwester spielte am Meer mit einem aufblasbaren Frosch.
Der Frosch rutschte eines Morgens wegen der ▬ Wellen weg und trieb auf den Wellen. Meine Schwester Diara verlierte ihren Frosch und sie schwimmte dem Frosch nach. Ich sah meine Schwester Diara im Meer. Diara wurde immer kleiner. Sie rief „Hilfe!" Ich hörte ihre ▬ Rufe und versuchte zu ihr zu schwimmen. Aber ich schaffte es nicht, weil sie zu schnell im Meer treibte.
Ein paar Fischer waren mit ihrem ▬ Boot unterwegs. Gott sei Dank! Sie retteten meine Schwester. Meine Schwester kehrte müde und kaputt zu uns zurück.
Meine ▬ Eltern kauften meiner Schwester am nächsten Tag einen ▬ Frosch aus Stoff. Sie versprach uns: „Ich verliere den bestimmt nicht! Und ich mache keine ▬ Sachen mehr."

2 Überarbeite den Text mithilfe der Proben von Seite 206.

a) Luca hat die gelb markierten Wörter zu oft wiederholt. Überarbeite die Sätze und führe Ersatzproben durch.

b) Betone die unterstrichenen Satzglieder und stelle sie an den Anfang.

c) Luca hat drei Verben im Präteritum falsch gebildet. Finde die Fehler und korrigiere sie.

d) An manchen Stellen hätte Luca genauer erzählen sollen. Welche Adjektive passen in die grauen Kästchen?

Ersatzprobe: Synonyme verwenden

1 Im folgenden Zeitungsbericht wollte der Reporter das Wort „Fahrrad“ nicht zu oft wiederholen. Lies den Text und unterstreiche (Folientechnik), welche anderen Wörter und Ausdrücke er noch für „Fahrrad“ verwendet hat.

Vom Stahlross zum Mountainbike

Das Fahrrad ist auf der Überholspur. Steigende Spritkosten und besser ausgebaute Radwege führen zu einem regelrechten Fahrradboom. Weg vom Auto hin zum Drahtesel – das Fahrrad liegt im Trend. Das Rad ist also nicht nur ein beliebtes Freizeit- und Sportgerät, sondern auch ein umweltfreundliches Verkehrsmittel.

Mit der **Ersatzprobe** kannst du bestimmte Wörter durch andere, bedeutungsähnliche ersetzen. Dadurch kannst du Wiederholungen vermeiden und abwechslungsreich schreiben.
Achte beim Schreiben auf bedeutungsähnliche Wörter (**Synonyme:** Fahrrad – Rad oder Drahtesel) oder Oberbegriffe (Fahrrad – Verkehrsmittel).

Spritztour im Auto

Auf die Plätze, fertig – abgetaucht! Gerade sauste das Auto noch über die Straße, schon schwebt Squba unter Wasser. Elegant wie ein Fisch gleitet das Auto in bis zu 10 Meter Tiefe, ohne dass die Räder den Grund berühren. Fünf wasserfeste Elektromotoren treiben das Auto an. Und falls den Fahrern mal die Luft wegbleibt, müssen sie nur die Anschnallgurte lösen und auftauchen: Squba ist ein Auto.

2 Lies den Artikel über ein ganz besonderes Fahrzeug. Schreibe abwechslungsreicher und ersetze „Auto“ durch diese Wörter:
das spritzige Gefährt   das Tauchmobil   ein Cabrio   der Sportwagen

Umstellprobe: Wichtige Satzglieder an den Anfang stellen

1 Lies die Wörter und setze sie zu einer Überschrift zusammen.

mit Fahrrad-Taxi | **Polizisten** | **britische** | **zum Einsatz** | **rasen**

Wörter, die beim Umstellen zusammenbleiben, bilden ein **Satzglied.** Du kannst die Satzglieder also durch die **Umstellprobe** bestimmen. Mit der Umstellprobe kannst du das Satzglied, das du betonen möchtest, an die erste Stelle setzen. Dadurch kannst abwechslungsreich schreiben und deine Leser auf Wichtiges aufmerksam machen.

2 Überarbeite die Zeitungsmeldung und schreibe sie neu – vielleicht am Computer. Stelle die unterstrichenen Satzglieder an den Anfang, um sie zu betonen.

London (dpa) – Zwei britische Polizisten sind mit einer Rikscha zum Einsatz gerast. Sie schrien dabei aus voller Kehle „Tatüü-tataa". Zwei Kollegen riefen die Bobbies während ihres Streifgangs um Hilfe. Die zwei Polizisten sprangen sofort auf ein vorbeifahrendes Fahrrad-Taxi auf. Sie konnten den Übeltäter am Ort des Geschehens festnehmen. Die tüchtigen Rikschafahrer bekamen ein Trinkgeld für ihren ungewöhnlichen Einsatz.

3 Ergänze die Zeitungsmeldung durch zusätzliche Informationen. Suche zwei bis drei Stellen, die du mithilfe der Erweiterungsprobe (S. 206) genauer formulieren kannst..

Erweiterungsprobe: Nomen durch Adjektive genauer beschreiben

1 Was fällt dir beim Lesen dieses Lexikonartikels auf?

Dachs

Mit viel Glück kann man in der Abenddämmerung den Dachs sehen. Er hat einen Kopf mit Streifen über Augen und Ohren. Den ganzen Tag schläft das bis zu 20 kg schwere Tier und geht erst am Abend auf die Suche nach Kleintieren, Beeren und Früchten. Mit seinen Vorderpfoten, die Grabkrallen haben, gräbt der Allesfresser seine Höhle. Sie liegt oft bis zu 5 m tief unter der Erde. Gänge und Lüftungsrohre führen in den Wohnkessel, der mit Moos und Laub ausgepolstert ist.

2 Überarbeite den Lexikonartikel: Schreibe genauer und suche aus den Adjektiven die passenden aus. Beim Einsetzen musst du die Adjektive verändern (deklinieren).

dick klein breit schwarz weiß
scheu groß zahlreich

3 Vergleicht eure Ergebnisse.

Mit **Adjektiven** kannst du Menschen, Tiere oder Gegenstände genau beschreiben: das kleine Kind, das scheue Tier, der enge Gang.
Adjektive stehen links vom Nomen und werden wie das Nomen verändert (dekliniert): Ich beobachte die scheue**n** Tiere.
Wenn du Texte überarbeitest, kannst du die Nomen durch Adjektive erweitern, um dich genauer auszudrücken.

4 Überarbeite den Lexikontext:
- Wie kannst du den Marienkäfer genauer beschreiben?
- Überlege, welche Nomen du durch die blauen Adjektive genauer beschreiben kannst.

Marienkäfer

Der Käfer mit den Punkten gilt als Glücksbringer. Seine Farbe ist eine Warnfarbe. Sie soll andere Tiere davon abhalten, ihn zu fressen, weil er schlecht schmeckt. Bei Bedrohung scheidet er einen Saft aus. Der Marienkäfer ist ein Insekt. Er lebt von Blatt- und Schildläusen, die unseren Gartenpflanzen schaden.

klein rot schwarz leuchtend gelb nützlich

5 Jil und Nora haben einen Lexikonartikel über den Kukuck geschrieben. An einigen Stellen haben die beiden Adjektive verwendet, die überflüssig sind. Überarbeite ihren Text.
- Markiere (Folientechnik) zunächst die Adjektive, mit denen der Kukuck genau beschrieben wird und die stehenbleiben müssen.
- Sprecht darüber, welche Adjektive nicht in den Lexikonartikel passen und weggelassen werden sollten.

Kuckuck

Besonders im schönen Frühling hört man den Ruf des Männchens, der dem Vogel den lustigen Namen gegeben hat. Den scheuen Kuckuck selbst sieht man selten. Der Kuckuck ist ein schlanker Vogel, er hat einen langen Schwanz und ein braunes oder graues Gefieder. Es gibt rund 130 Arten. Manche sind so klein wie ein Spatz, andere so groß wie ein Huhn. Der Kuckuck ernährt sich von Insekten, ekligen Raupen oder saftigen Früchten. Der Kuckuck ist ein Zugvogel, der in Afrika überwintert.

Konjunktionen verbinden Sätze – Satzzeichen setzen

1 Lies den Zeitungsbericht und untersuche die markierten Sätze.
- Wo steht das konjugierte Verb in den blau markierten Sätzen?
- Wo steht das konjugierte Verb in den grün markierten Sätzen?

Wie viel Müll machen wir?

In einem Haushalt entsteht unglaublich viel Müll. Viele Leute sortieren ihren Müll. Das ist prima, weil man so aus altem Glas wieder neues machen kann. Es ist auch wichtig Papier in eine Extratonne zu werfen, weil man aus dem Altpapier neue Schulhefte herstellt. Auch Essensreste und anderer Bioabfall sind nützlich, wenn man sie in extra Tonnen sammelt, weil man zum Beispiel Blumenerde daraus macht.

Sätze, in denen das konjugierte Verb als zweites Satzglied steht (Viele Leute **sortieren** ihren Müll), nennt man **Hauptsätze**. Hauptsätze können allein stehen.
Sätze, in denen das konjugierte Verb am Ende steht, nennt man **Nebensätze** (wenn zu viel Schnee **liegt**).
Nebensätze können nie allein stehen und nur in Verbindung mit Hauptsätzen vorkommen. Sie werden durch **Verbindungswörter** (z. B. weil, wenn, als, nachdem, obwohl, während) eingeleitet. Zwischen Hauptsatz und Nebensatz steht immer ein Komma.

2 Lies den Zeitungsbericht „Esel statt Müllwagen“ und bearbeite ihn: Wähle die passenden Verbindungswörter aus. Achte auf die Groß- und Kleinschreibung.

Esel statt Müllwagen

In dem sizilianischen Städtchen Castelbuono hört man Hufgetrappel, wenn/als die Müllabfuhr anrückt. Kein lautes Autogebrumm ist zu vernehmen, denn/weil die Stadtverwaltung setzt neuerdings Esel zum Einsammeln von Abfall ein. Und/Nachdem die Müllmänner die Transportboxen auf dem Rücken der Esel gefüllt haben, trotten die Tiere weiter zum nächsten Haus. Eselin Teresa und ihre Artgenossen werden eingesetzt, obwohl/weil sie billiger als Lastwagen sind. Die Esel-Müllabfuhr schont auch die Umwelt oder/und man kann die Esel auch mal streicheln. obwohl/weil der Einsatz der Esel kritisiert wird, soll es bei der Esel-Müllabfuhr bleiben. Etliche Einwohner der Stadt halten die Langohren für ungeeignet, während/aber die Müllmänner finden ihre grauen Kollegen sehr sympathisch!

3 Verbinde die Sätze mit den angegebenen Verbindungswörtern. Schreibe die Meldung in dein Heft.

Vermisster Papagei sagte, wo er wohnt

a) Ein Ehepaar entdeckte einen Graupapagei in seinem Garten. Es rief die Polizei. (als)

b) Die Polizisten waren sehr freundlich zu ihm. Der Vogel sprach kein Wort. (aber)

c) Ein Polizist brachte den Vogel in eine Tierklinik. Er machte sich Sorgen um das Tier. (weil)

d) Der Vogel war einige Tage in der Tierklinik. Er wurde gesprächig. (nachdem)

e) Die Polizei fand den überglücklichen Besitzer. Der Papagei hatte seine Adresse komplett mit Hausnummer angegeben. (denn)

3 Formuliere die Sätze in b) und e) mit Verbindungswörtern, die einen Nebensatz einleiten.

Redeeinleitungen bei wörtlicher Rede

Rudolf Kirsten

Fuchs und Hase

„Du drohst mir mit deinen Hörnern, darum fresse ich dich!“, sagte der Fuchs zu dem Hasen, den er erbeutet hatte. „Ich habe keine Hörner!“, schrie der Hase. „Du lügst!“, knurrte der Fuchs. „So sieh mich doch an und überzeuge dich!“, jammerte der Hase. Der Fuchs aber schloss die Augen und biss ihn tot.

1 Welche menschlichen Eigenschaften haben die Tiere in dieser Fabel?

2 Denke über die markierten Verben nach: Welche blauen Wörter passen deiner Meinung nach am besten zu den Verben?
a) „Ich habe keine Hörner!“, schrie der Hase ___ .
b) „Du lügst!“, knurrte der Fuchs ___ .
c) „So sieh mich doch an und überzeuge dich!“, jammerte der Hase ___ .

ängstlich drohend böse verzweifelt kläglich

Was Personen sagen oder denken, wird in Texten oft in **wörtlicher Rede** wiedergegeben. Bei der wörtlichen Rede steht oft ein Begleitsatz mit einer Redeeinleitung:

„Ich fresse dich“,	*sagte der Fuchs.*
Wörtliche Rede	**Begleitsatz** mit ***Redeeinleitung***

Als Redeeinleitung wird oft „sagen“ verwendet, oder aber andere Verben aus dem Wortfeld: behaupten, meinen, schreien, rufen, flüstern, murmeln jammern, klagen, fragen, antworten, ...
An den Verben kannst du erkennen, wie die Äußerung gemeint ist.

3 Überarbeite die Fabel und überlege, an welchen Stellen du den Redebegleitsatz an den Anfang stellen kannst.

4 Mia hat die Fabel „Der Fuchs und der Ziegenbock“ nacherzählt. Lies den ersten Abschnitt und ergänze die blauen Redeeinleitungen.

Der Fuchs und der Ziegenbock

Der Fuchs war in einen Brunnen gefallen und kam nicht mehr raus. Da kam ein Ziegenbock vorbei, der großen Durst hatte. Als er den Fuchs sah, ___ er: „Wie schmeckt denn das Wasser?“ Der Fuchs ___ sofort: „Einfach köstlich!“ Dann ___ der Fuchs den Ziegenbock ___: „Probier doch selbst und komm herunter!“ „Eine gute Idee!“, ___ der Bock – und schon sprang er in den Brunnen. Nun überlegte der Fuchs, wie er den Ziegenbock reinlegen könnte.

fragen　　auffordern　　entgegnen　　antworten

5 Lies, was Fuchs und Ziegenbock miteinander sprechen. Suche die passenden Redeeinleitungen und schreibe die Fabel zu Ende.

„Wie kommen wir aus diesem feuchten Gefängnis wieder heraus?“

„Dir wird schon etwas einfallen!“

„Stell dich auf deine Hinterbeine, und stemme deine Vorderhufe fest gegen die Mauer. Ich klettere nun über deinen Rücken hinauf.“

„Du hast es nun geschafft! Und wie ziehst du mich nun heraus?“

„Hättest du nur halb so viel Verstand wie Haare in deinem Bart, du wärest nicht in den Brunnen gesprungen, ohne vorher zu bedenken, wie du wieder herauskommst.“

Der Bock meinte zuversichtlich:　Der Fuchs forderte den Ziegenbock auf:
Der Fuchs kicherte:　Der Ziegenbock stutzte:
Der Fuchs fragte scheinheilig:

Satzzeichen im Überblick: Punkt, Komma & Co.

Satzzeichen bringen Ordnung in Texte und Sätze. Sie helfen dir dadurch, Sätze und Texte besser zu verstehen. Die verschiedenen Satzzeichen geben dir auch Hinweise, wie du einen Text vorlesen kannst.
Für alle Satzzeichen gibt es Regeln, die du beachten musst.

Satzschlusszeichen (. ! ?)	**Komma (,)**	**Wörtliche Rede („…“)**
Satzschlusszeichen zeigen an, wo ein Satz zu Ende ist. Das häufigste Satzschlusszeichen ist der **Punkt**. Der Punkt steht am Ende eines Aussagesatzes. Am Ende eines Fragesatzes steht ein **Fragezeichen**. Nach einem Ausruf oder einem Befehl steht ein **Ausrufezeichen**. Achtung! Nach den Satzschlusszeichen wird der neue Satzanfang wieder großgeschrieben.	Auch das Komma bringt Ordnung in die Texte: Das Komma steht zwischen **Haupt- und Nebensätzen**. Das Komma steht vor den Konjunktionen: *weil, dass, wenn, als …* **Aufzählungen** werden durch Kommas getrennt. Achtung: Vor *und* oder *oder* steht bei Aufzählungen kein Komma. **Mehrere Hauptsätze**, die nacheinanderstehen, werden ebenfalls durch Komma getrennt. Achtung: Vor *und* oder *oder* braucht kein Komma zu stehen. Du kannst jedoch ein Komma setzen, um die Gliederung des Gesamtsatzes zu verdeutlichen.	Beim Schreiben gebraucht man besondere Satzzeichen, um zu signalisieren, was eine Person wörtlich gesagt hat. Die **wörtliche Rede** (das Gesprochene) steht immer in Anführungszeichen (Gänsefüßchen). Sätze, die die wörtliche Rede anzeigen und begleiten, nennt man Begleitsätze. In **Begleitsätzen** stehen Verben wie *sagen, meinen, denken, rufen, schreien, flüstern* usw. Wörtliche Rede und Begleitsatz können an verschiedenen Stellen stehen: 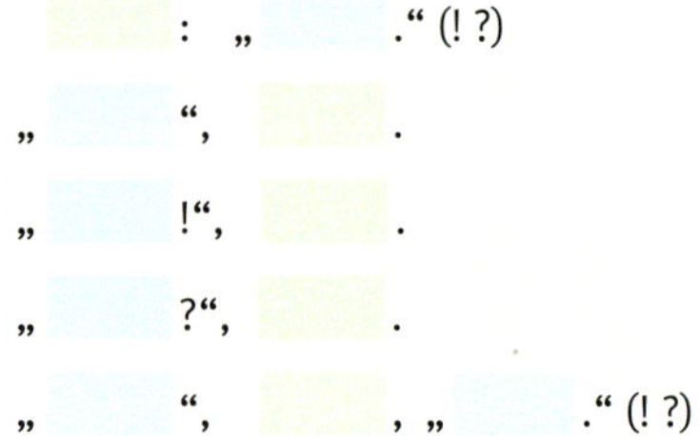

1 Übe noch einmal die **wörtliche Rede**. Lies den ersten Abschnitt des Textes. Markiere (Folientechnik), was die Kinder wörtlich sagen und setze Anführungs- und Schlusszeichen.

Unsere lieben Lehrer
Was macht einen guten Lehrer aus? Eine scheinbar leichte Frage. Kinder auf der ganzen Welt haben sehr ähnliche Antworten gegeben, als man ihnen diese Frage einmal gestellt hat. Ein guter Lehrer liebt seine Arbeit, antwortete Tapsola, 12 Jahre. Er muss streng, aber gerecht sein, meinte Maia, 13. Und Lisa, 10 Jahre, fand: Ein guter Lehrer sollte Mädchen und Jungen gleich behandeln.

2 Markiere (Folientechnik) die Nebensätze. Erkläre, wo ein **Komma bei Nebensätzen** stehen muss. Du kannst die Sätze auch abschreiben.

Jeder kennt mindestens einen „tollen" Lehrer weil der Lehrer freundlich und gerecht ist. Für einige ist ein Lehrer gut weil man ihm alle Fragen stellen kann und er zugibt wenn er die Antwort nicht kennt. Andere finden den Lehrer toll weil man sich bei ihm nie langweilt.

3 Welche Satzzeichen fehlen im letzten Abschnitt? Achte auf die **Satzschlusszeichen**, die **Kommas** und die **wörtliche Rede**.

Was muss ein guter Lehrer können Auf diese Frage geben Wissenschaftler ganz unterschiedliche Antworten Aber alle können sich auf ein paar allgemeine Sachen verständigen Ein Lehrer muss gerecht sein Aber was heißt das für konkrete Situationen Sollte er etwa streng sein Er muss jedenfalls dafür sorgen dass der Unterricht nicht zu sehr gestört wird Aber zu streng ist auch nicht gut Professor Andreas Helmke meint Es ist günstig wenn die Atmosphäre entspannt ist Angst ist sowieso ganz schlecht Wenn ein Schüler Angst hat lernt er schlechter

Werkstatt Rechtschreibung

Auf den folgenden Seiten findest du Anregungen und Ideen zum Thema Rechtschreibung. Sie sollen dir helfen, Schritt für Schritt sicherer in deiner Rechtschreibung zu werden. So kannst du mit den Seiten arbeiten:

- *Du kannst an der Stelle arbeiten, wo du Hilfe für eine besondere Rechtschreibschwierigkeit entdeckt hast.*
- *Du kannst einzelne Themen nach und nach mit einem Partner oder mit der ganzen Klasse durcharbeiten.*

In dieser Werkstatt lernst du

- *Rechtschreibstrategien,*
- *Rechtschreibregeln und -hilfen,*
- *Übungsformen, mit denen du dein Rechtschreibwissen selbstständig wiederholen und dir einprägen kannst.*

Rechtschreibgespräche führen

Die Schülerinnen und Schüler der 6b führen häufig während des Unterrichts Rechtschreibgespräche über die Wörter, die schwierig zu schreiben sind, oft in der ganzen Klasse, manchmal zu zweit oder in kleinen Gruppen. Sie sammeln die Wörter auf einem Plakat als Wörterspeicher. Diesmal reden sie in kleinen Gruppen über das Wort *die Wildgans.* Wer auf eine schwierige Stelle im Wort hinweisen will, oder eine Strategie kennt, mit der man einen Fehler vermeiden kann oder eine Frage stellen möchte, meldet sich zur Wort.

1 Fällt euch noch mehr zum Wort *die Wildgans* ein?

2 Führt ein solches Rechtschreibgespräch über die Wörter *Fußball, Rennpferd* und *Flussbett*. Natürlich dürft ihr auch eigene Wörter für das Rechtschreibgespräch auswählen.
- Entscheidet, ob ihr euch vor Beginn des Gesprächs Notizen machen wollt.
- Sprecht nach dem Gespräch auch über den Verlauf eures Rechtschreibgesprächs: Was ist gelungen? Was möchtet ihr ändern?

Rechtschreibstrategien wiederholen

Wörter in Silben zerlegen

die Sonne – die Krone

Warum wird manchmal verdoppelt, ein anderes Mal nicht?

Sich erinnern

→ Wenn man Wörter deutlich und rhythmisch spricht und mit Silbenbögen unterlegt, kann man die einzelnen Laute untersuchen und ihnen Buchstaben zuordnen:

→ In einem Wort wie *die Sonne* ist die betonte Silbe geschlossen. Der Buchstabe in der Mitte wird verdoppelt, damit der Vokal kurz gesprochen wird: ***die Sonne*** und nicht ***die Sone***,

→ In einem Wort wie *die Krone* ist die betonte Silbe offen. Der Buchstabe in der Mitte wird nicht verdoppelt, damit der Vokal lang gesprochen wird: ***die Krone*** und nicht ***die Kronne***,

Zum Nachsehen – kurz und knapp auf Karteikarte!

Strategiekarte 1

Wörter in Silben zerlegen

- Das zweisilbige Wort zur Probe auf einen Zettel schreiben, mit Verdopplung und ohne Verdopplung
- **Die Silbenprobe machen:** Beide Wörter mit Silbenbögen unterlegen und dabei in Murmelstimme rhythmisch mitsprechen:
  die Sonne die ~~Sone~~

Ausprobieren

▸▸ Finde das Wort, das nicht in die Wortreihe passt. Begründe!

- Schreibe die Wortreihen ab und unterlege sie mit Silbenbögen.
- Markiere jeweils das Wort, das nicht in die Reihe passt.

a) *hoffen die Kanne offen die Quelle schälen die Welle*
b) *die Rose rasen schnappen die Hupe die Qualen*
c) *der Bissen brummen gaffen die Quallen fallen fragen*

Wörter verlängern

b oder p? d oder t?

Wie findet man die Antwort?

Sich erinnern

Man verlängert, um zu entscheiden

→ ob man am Wortende *b/p, d/t* oder *g/k* schreibt:
Der Hund bellt: Hund mit d, weil die Hunde.

→ ob in einem einsilbigen Wort wie *bellt* verdoppelt werden muss:
bellt mit ll, weil sie bellen.

→ ob in einem Wort wie *Reh* ein *h* am Ende steht:
Das Reh läuft davon: Reh mit h, weil die Rehe.

→ ob der s-Laut in einem Wort wie *liest* mit *s* geschrieben wird:
Er liest: liest mit s, weil wir lesen.

Strategiekarte 2

Wörter verlängern

– Bei Nomen den Plural bilden: ***der Hund – die Hunde***
– Bei Adjektiven eine Verbindung mit einem Nomen bilden:
bunt – der bunte Hund
– Bei Verben die *wir-Form* bilden: ***sie bellen***
– Bei Zusammensetzung das Wort mit dem Problembuchstaben zuerst abtrennen und dann verlängern:
Buntspecht – bunt | Specht – der bunte Hund

Ausprobieren

▸▸ Führt ein Rechtschreibgespräch zu a)–f).

a) ***das Sie ? – die Sie__e***
b) ***run ? – eine run__e Scheibe***
c) ***der Schu ? – die Schu__e***
d) ***das Gla ? – die Glä__er***
e) ***er re ? et – wir re__en***
f) ***der Kle ? stoff – wir kle__en***

▸▸ Lies die Wörter. Was hörst du? Wie schreibst du? Begründe.
kräftig, ruhig, staubig, windig, listig, durstig, richtig, zornig

Wörter ableiten

Mit ä oder e, mit äu oder eu?
Mit h oder ohne h?

Sich erinnern

→ Auch Wörter haben eine Familie. Die Schreibung der meisten Wörter einer Wortfamilie bleibt gleich:
fahren: er fährt, Fuhrwerk, verfahren, vorfahren …

→ Von den Verwandten in der Wortfamilie ist die Schreibung eines Wortes häufig bekannt: *sieht wie sehen mit h.*

→ Wenn es in der Wortfamilie ein Wort mit a gibt, schreibt man *ä*.
Wenn es in der Wortfamilie ein Wort mit au gibt, schreibt man *äu*.
prächtig mit ä, weil die Pracht   *die Läuse mit äu, weil die Laus*

Strategiekarte 3

Wörter ableiten

- Nach einem bekannten Wort aus der Wortfamilie suchen.
  Gleiches schreibt man gleich!
  Das Fuhrwerk mit h – wortverwandt mit fahren, fuhr …

- Ein schwieriges Wort mal so, mal so schreiben.
  Häufig sagt das Gefühl, was richtig ist.
  ~~*kapputt*~~ ~~*kaput*~~ ~~*kapput*~~ *kaputt*

Ausprobieren

▸▸ Suche einen hilfreichen Verwandten und begründe damit die Schreibweise des markierten Buchstabens.
der Fund: Zur Wortfamilie gehört auch *finden,* also mit *d*.

a) Sie machte einen seltenen Fund.
b) Er steht nicht gern früh auf.
c) Die Fahrt im Flugballon gefällt dir hoffentlich.
d) Den Schuh zieht er regelmäßig ohne einen Schuhanzieher an.

Wörter in Wortbausteine zerlegen

Sich erinnern

→ Alle Wörter einer Wortfamilie haben den gleichen Wortstamm:
fahr: fahren, losfahren, der Fahrer, verfahren, die Fahrt ...
Gleiche Wortstämme schreibt man gleich.

→ Vor dem Wortstamm können Vorsilben (Präfixe) stehen:
aus- , mit-, er-, zu-, ab-, ent-, auf-, ver-, un-, vor- ...

→ Hinter dem Wortstamm stehen oft Nachsilben (Suffixe):
-ig, -lich, -bar, -heit, -keit, -nis, -ung ...

→ Gleiche Wortbausteine werden fast immer gleich geschrieben:
verfahren, verlaufen ..., die Krankheit, die Schönheit ...

→ Mehr Hilfen dazu findest du in der Werkstatt Sprache:
– Zusammensetzungen, Seite 190
– Ableitungen, Seite 192

Strategiekarte 4

Wörter in Wortbausteine zerlegen

- Wörter in Wortbausteine zerlegen
- Schreibweisen von Wortbausteinen beachten
- Wörter wieder zusammensetzen
- Dabei auf die Schreibweise der einzelnen Wortbausteine achten

die Schiff | fahrt – die Schifffahrt 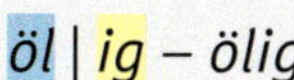 *öl | ig – ölig*

Ausprobieren

▸▸ Erklärt im Rechtschreibgespräch die markierte Rechtschreibschwierigkeit in den folgenden Wörtern:

a) verrechnen, verreisen, verriegeln, verrotten

b) überrascht, aufführen, aussuchen, beendet, enttäuscht

c) die Schifffahrt, das Betttuch, der Dickkopf, die Brennnessel

Groß oder klein? – Auf den Begleiter achten

Wörter als Nomen zu erkennen, ist gar nicht so einfach.

Sich erinnern

→ Man erkennt Nomen meistens daran, dass vor ihnen besondere **Begleiter** stehen: **Artikel** oder **Pronomen**: *der Wald, ein Weg, unser Versteck.*

→ Manchmal ist der Begleiter in einem anderen Wort **„versteckt“**: beim, zum, im, vom, ins, zur: *beim Förster, beim Spielen.*

→ Manchmal fehlt ein Begleiter. Man kann ihn **zur Probe ersetzen (Artikelprobe/Adjektivprobe)**: *aus (der/großer) Angst.*

→ Oft steht der Begleiter nicht direkt vor dem Nomen. Ein **Adjektiv** steht noch **dazwischen**: *ins neue Schwimmbad* …

Strategiekarte 5

Groß oder klein? – Auf den Begleiter achten

Beim Kontrolllesen:
- Den Begleiter suchen und markieren
- Das Wort ermitteln, zu dem der Begleiter gehört
- Einen Begleiter zur Probe einsetzen, wenn er fehlt
- Die Adjektivprobe durchführen

Ausprobieren

▶▶ Schreibe den Text richtig ab.

DER TROMMLER IM WALD

WENN EIN SPECHT IM WALD AUF DEN AST SCHLÄGT, DANN WILL ER NICHT INSEKTEN ODER KÄFERLARVEN FANGEN. DER SPECHT WILL DURCH SEIN GETROMMEL EIN WEIBCHEN ANLOCKEN. ODER DAS WEIBCHEN SUCHT SEIN MÄNNCHEN, DENN AUCH DIE SPECHTDAME TROMMELT. DER SPRECHTKOPF IST SO GEBAUT, DASS DIE KRAFT DES SCHLAGENS ABGEFEDERT WIRD. SO IST DAFÜR GESORGT, DASS SPECHTE KEINE KOPFSCHMERZEN BEKOMMEN.

Das Rechtschreibwörterbuch nutzen

Beim Schreiben bist du eher an dem Inhalt (an der Geschichte, an der Information) interessiert, die du aufschreiben möchtest. Deswegen wirst du nicht gleich im Wörterbuch nachschlagen, wenn du dir gerade einen Satz ausdenkst. Du könntest deinen Zweifel aber notieren und dazu die Tipps der Strategiekarte 6 nutzen:

Strategiekarte 6

Das Rechtschreibwörterbuch nutzen

- Den Zweifel sofort notieren:
  Das Zweifelswort auf zweierlei Weise aufschreiben oder mit einem Fragezeichen versehen.
- Am Ende die Zweifelswörter nachschlagen und berichtigen, falls nötig.

Ausprobieren

▸▸ Schlage die Zweifelswörter in dem folgenden Text nach und berichtige sie, falls nötig.

Klick für Klick ein Trick

Wenige Millimeter bewegt ? Midas das Lego-Männchen nach Rechts ? . Dann drückt er auf den Auslöser seiner Kammera. ? Klick! Sofort erscheint die Fiegur ? in der Mitte des Displays. Weiter geht's: Wieder läßt ? Midas die Figur weiterwandern und drückt – klick – ab. Millimeter für Millimeter versetzt der Elfjährige aus Hamburg das Männchen, schießt Hunderte Fotos. Dann fügt er die Bilder am Computer zu einem Film zusammen. Auf dem Bildschirm siet ? das später aus, als bewege sich das Männchen wie von selbst durch die aufgebaute Lego-Kulisse. „Seit ? der Grundschule erfinde ich Geschichten und mache Filme daraus“, erzählt ? Midas. Sogar Preise hat er dafür schon gewonnen ...

Fehlerquellen entdecken, Fehler korrigieren und berichtigen

1 Lies die Geschichte, die Kai für seine Geschichtenmappe geschrieben hat.

Fahrerflucht

Am letzten Samstag liess ich am abend mein ferngesteuertes Auto auf dem Geweg direkt vor unserem Haus hin und her faren. Es sauste ganz schön davon. Damit es nicht vom gehweg auf die Straße raste, bremste ich es immer wieder ab. Dabei bemerckte ich überhaupt nicht, wie ein Autofahrer mit seinem Pkw auf dem Gehweg geriet. Ich versuchte im letzten moment mein Auto noch wegzulenken. Auch mein lautes rufen verhinderte das überfahren meines Autos nicht. Es geriet unter das Vorderrat.

Ich hörte nur noch ein knrischendes geräusch. Mein winken und auch das laute rufen waren vergeplich, der Autofahrer fuhr einfach weiter. Ich schriep mir die Automarke auf und Teile des Kenzeichens auf. Anschließend meldete ich den Vorfal der Polizei und bat um Hilfe. Die Suche der Polizei war erfolkreich. Das Auto kann nicht mehr repariert werden. Natürlich möchte ich es gern ersetzt haben.

2 Kai hat den Text noch nicht korrigiert. Führe die Korrektur durch.
Ihr könnt dazu auch die „Ich-Du-Wir"-Methode" (S. 282) nutzen.

a) Übertrage den Fehlerbogen in dein Heft.

Kais Fehlerbogen

Fehlerwort	Was hätte Kai tun können, um Fehler zu vermeiden?
lie<u>ß</u>	*Strategie 2: wir ließen*
<u>A</u>bend	…
Ge<u>h</u>weg	…

b) Notiere alle Fehler berichtigt in der ersten Spalte. Markiere die Fehlerquelle.

c) Formuliere in der zweiten Spalte einen Hinweis zur Fehlervermeidung. Nutze dazu die Strategiekarten auf Seite 220–225.

Vorschlag für eine Berichtigung:

Berichtigung	
ließ	← 1. das Fehlerwort
Er ließ den Ball fallen.	← 2. Kurzer Satz
ließ, er verließ, wir ließen *aber: lassen, verlassen*	← 3. Verwandte Wörter mit Besonderheiten, wenn es welche gibt
ließ mit ß, weil wir ließen *offene Silbe,* *der Vokal wird lang gesprochen.*	← 4. Eine Rechtschreibhilfe, wenn du sie kennst.

3 Wie könnte Kai andere Fehler aus dem Fehlerbogen berichtigen? Formuliere zu einigen Fehlerwörtern ähnliche Tipps wie im Vorschlag. Nimm dazu auch die Tipps aus den Ideenspeichern in „Wissen und Können" auf Seite 280 zur Hilfe.

Wann schreibt man ck und tz?

1 Lies die Reimwörter und nenne die Rechtschreibschwierigkeit.

die Blitze die Ritze die Sitze
die Tatzen kratzen die Katzen

die Flocke die Glocke die Lücken
die Mücken drücken die Lücken

Wörter in Silben zerlegen

2 Wann schreibt man *tz* und *ck*? Finde eine Antwort. Untersuche dazu die Wörter aus Aufgabe 1:
- Unterlege die Reimwörter mit Silbenbögen.
- Vergleiche die Buchstaben am Silbenende der betonten Silben: Was ist gleich? Wie wird der Vokal gesprochen?
- Ergänze nun die Rechtschreibhilfe und schreibe sie ins Heft.

Die betonte Silbe in Wörtern wie *die Tatze* oder *die Mücken* ist geschlossen. Der Vokal muss kurz gesprochen werden.
tz und *ck* stehen nach einem Vokal, der ___ gesprochen wird.

das Glück, der Schreck, das Stück, der Fleck, es juckt, sie neckt, er guckt, es leckt …
der Blitz, der Schatz, der Platz, der Witz, sie hetzt, sie nutzt, er setzt, er putzt …

Wörter verlängern

3 Überprüfe die Rechtschreibhilfe mit den einsilbigen Wörtern:
- Bilde zweisilbige Wortformen: das Glück – glücken.
- Unterlege die zweisilbigen Wörter mit Silbenbögen: *glücken*
- Was kannst du feststellen?

4 Stelle die Wörter zu Aufgabe 3, die sich reimen, zu Wortpaaren zusammen und schreibe sie ins Heft: *das Glück – das Stück, …*

5 Erkläre das *ck* in ***eckig*** und ***schrecklich*** und das *tz* in ***witzig*** und ***trotzig.***

Warum steht in der Haken, die Küken, quieken und häkeln nur einfach k?

Warum steht in Brezel, heizen und kreuzen nur einfach z?

6 Finde eine Antwort auf die beiden Fragen.

Wörter in Silben zerlegen

- Schreibe die Wörter der Sprechblase ins Heft und unterlege sie mit Silbenbögen: *der Haken, ... heizen, ...*
- Vergleiche die Silbenenden der betonten Silbe. Wie muss der Vokal gesprochen werden?
  der Haken und nicht *der Hacken*
  Das Brezel und nicht *das Bretzel*.
- Ergänze die Merkhilfe im Regelkasten und schreibe sie mit Wortbeispielen ins Heft.

Nach offener Silbe und langem Vokal oder einem Zwielaut *(ei, eu, äu)* stehen nur einfaches ▭ und einfaches ▭ .

das Salz der Kranz die Pflanze die Stelze die Schürze die Wanze die Gurke die Marke die Wolke melken winken scherzen

7 Auch diese Wörter werden nur mit *k* und *z* geschrieben:

a) Markiere den Buchstaben, der vor *z* und *k* steht (Folie).

b) Schreibe die Wörter geordnet auf. Übernimm dazu die Tabelle ins Heft und ergänze die Spaltenüberschriften.

... vor k oder z	**... vor k oder z**	**... vor k oder z**
das Salz	*die Marke*	...

c) Was stellst du fest? Ergänze die Rechtschreibhilfe im Regelkasten.

Nach den drei Buchstaben ▭ , ▭ und ▭ stehen nur einfaches *k* und einfaches *z*.

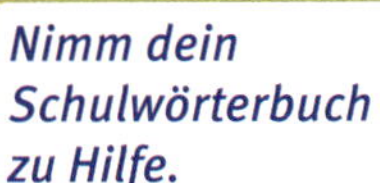

Nimm dein Schulwörterbuch zu Hilfe.

Auswählen und üben, das Wörterbuch dabei nutzen

Ü1 Ergänze die Reihe mit weiteren Reimwörtern.
a) auf **-itzen**: *blitzen, flitzen...* b) auf **-acke**: *die Backe, die Hacke ...*
c) auf **-ucken**: *drucken, gucken ...* d) auf **-ücke**: *die Brücke, die Krücke*

Ü2 Ergänze in den folgenden Wörtern die fehlenden Buchstaben. Begründe die Schreibweise in Klammern *dick (dicke)* oder durch Markierungen (*krank*).
k oder ck? *di* kran* der Fle* der Sa* der Schran* der Sto**
z oder tz? *kra*zen das Kreu* kur* der Bli* der Si* der Wi**
k oder ck? *dru*en qua*en quie*en schme*en*
z oder tz? *we*en die Pfü*e die Spri*e der Wei*en*

Ü3 Stelle mit den folgenden Wörtern Reimwörter zusammen.
– gucken, rucken ... *– schnitzen, flitzen ...*

gucken	*schnitzen*	*recken*	*rucken*	*petzen*
lecken	*glücken*	*setzen*	*pflücken*	*schmecken*
hetzen	*necken*	*flitzen*	*spucken*	*spritzen*
rücken	*sitzen*	*drücken*	*wetzen*	*zucken*

Ü4 Bilde mit einigen Verben der **Ü3** die er-, sie- oder es-Form des Präsens.
er guckt, sie schnitzt, ...

Ü5 Begründet in einem Rechtschreibgespräch *ck* und *k*, das *tz* und *z*.
die Rocklänge die Stricknadel der Putzlappen der Schutzhelm der Tankwart die Schrankwand der Holzwurm das Stinktier
Bilde weitere Wortzusammensetzungen mit *z* oder *tz*, *k* oder *ck*.

Ü6 Bilde mit den Übungswörtern Sätze für ein Partnerdiktat:
Mit dem Spitzer spitzt du den Bleistift spitz.

Ü7 Wie erklärst du das *zz* in *Putzzeug* und das *kk* in *Druckknopf*?

Wann ä oder e, wann äu oder eu?

1 Führt das Rechtschreibgespräch mit den folgenden Wörtern weiter:
die Bälle, ärmlich, die Bärte, die Träume, die Zäune, träumen, das Kätzchen, das Mäuschen, täglich, häuslich …
– Nennt das Rechtschreibproblem im Wort.
– Stellt der Langform jeweils eine Kurzform gegenüber.
Natürlich dürft ihr auch eigene Wortbeispiele nehmen.

räumen, träumen, der Raum, der Traum, aufgeräumt, verraucht, der Rauch, verträumt, schäumen, der Träumer, schaumig, räuchern, der Schaum, der Räucherfisch, die Räumung, das Schaumbad

zählen, schätzen, wärmen, die Quälerei, zahlreich, warm, quälen, unschätzbar, die Qual, die Wärme, qualvoll, die Zahl, der Schatz, der Zähler, verschätzen, die Wärmflasche

2 Stelle aus den Wörtern der beiden Wortkarten jeweils vier Wortfamilien zusammen. Zu jeder Wortfamilie gehören vier Wörter. Markiere jeweils die Wörter, die das *ä* und *äu* begründen.

3 Suche zu jeder Wortfamilie der Aufgabe 2 mindestens ein weiteres verwandtes Wort mit *a* oder *au*. Nimm das Wörterbuch zu Hilfe.

4 Zu manchen Wörtern mit *ä* gibt es kein Wort mit *a*:
*der *rger, *hrlich, der K*fer, der K*fig, der K*se, kr*hen, der L*rm, das M*dchen, der M*rz, die Qu*lle, s*gen, s*lten, schr*g, sp*t, tr*ge, die Tr*ne, vorw*rts, w*hrend*

- Schreibe die Wörter richtig auf. Drei Wörter werden mit e geschrieben.
- Überprüfe jedes Wort mit einem Rechtschreibwörterbuch.
- Bilde mit einigen Wörtern Sätze für ein Partnerdiktat.

5 Vervollständige den Merkkasten. Notiere auch Beispielwörter.

> Man schreibt ä, wenn es ein verwandtes Wort mit ▢ gibt.
> Man schreibt äu, wenn es ein verwandtes Wort mit ▢ gibt.
> Beispiele: ▢

Auswählen und üben, das Wörterbuch dabei nutzen

Ü1 Setze ein:
***ä* oder *e*:** *die Bl*tter, die F*lder, gef*hrlich, gef*lscht, die H*fte*
***äu* oder *eu*:** *Josi kam h*te ohne ihren Turnb*tel zum Sportunterricht. Er war zur B*te ihres Katers Miko geworden. Der tr*mte, dass er fette M*se durch alle R*me jagte. Als er erwachte, war der B*tel nur noch ein zerfetztes H*fchen Stoff.*

Ü2 *Wenn ich fahre, fährt er auch. Wenn ich falle, fällt er auch.*
Wer könnte gemeint sein? Bilde weitere ähnliche *wenn-Sätze* mit den Verben *fangen, laufen, schlafen und schlagen.*

Ü3 Aus vielen Nomen mit *a* oder *au* lassen sich Verkleinerungsformen mit *–chen* bilden. Probiere es mit diesen Wörtern aus:
der Baum, das Fass, der Hahn, der Hase, die Katze, der Schrank.
Beispiel: *der Baum – das Bäumchen.* Ergänze noch weitere.

Ü4 Bilde mit einigen Übungswörtern kurze Sätze für ein Lauf- oder Partnerdiktat: *Er hat ein Äffchen gemalt. Darauf ist er mächtig stolz.*

Stimmloses s – mit ss oder ß?

der Bissen, die Gasse, das Kissen, der Rüssel, die Schüssel, die Tasse
die Füße, die Größe, die Grüße, die Maße, die Stöße, die Straße

1 Finde eine Antwort auf die Frage der Überschrift. Diese Aufgabe könnt ihr auch zu zweit bearbeiten:

a) Sprich die Wörter der beiden Wortreihen deutlich aus. Vergleiche den gesprochen s-Laut mit dem geschriebenen.

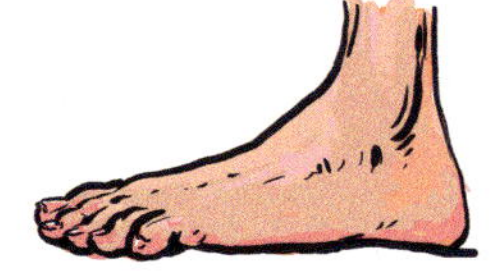

b) Schreibe die Wörter auf und unterlege sie mit Silbenbögen.

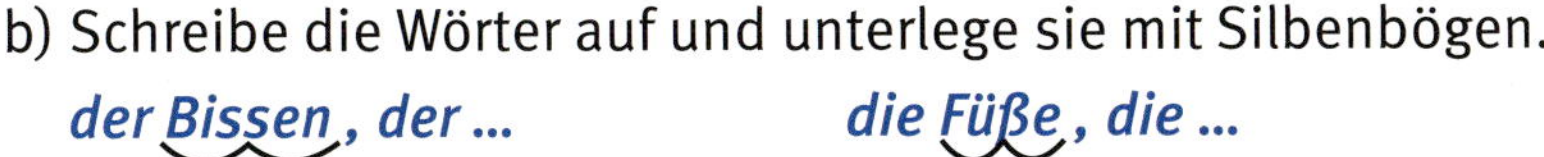

der Bissen, der ... *die Füße, die ...*

Wörter in Silben zerlegen

c) Vergleiche die Silbenenden der betonten Silben.

> Wenn die Silbe offen ist, dann schreibt man ▢ .
> Wenn die Silbe geschlossen ist, dann schreibt man ▢ .

2 Schreibe die Übungswörter aus Aufgabe 1 als Reimpaare auf und finde weitere.
der Bissen – das Kissen, die Gasse – die Tasse – ...

die Flü✱e, gie✱en, die Grö✱e, grü✱en, die Flö✱e, hei✱en, la✱en, die Nü✱e, rei✱en, versü✱en

3 Füge in die zweisilbigen Wörter oben ein ss oder ß ein. Begründe die Schreibweise, indem du Silbenbögen setzt.
die Flüsse, gießen, ...

der Bi✱, der Flu✱, das Gescho✱, der Klo✱, die Nu✱, der Ri✱
der Gru✱, der Spie✱, der Spa✱, der Fu✱, gro✱

Wörter verlängern

4 Begründe in den einsilbigen Wörtern oben die Schreibung mit ss oder ß. Verlängere die Wörter dazu: ***der Biss – die Bisse ..., der Gruß – die Grüße, ...***

die Bisswunde, der Spaßvogel, essbar, der Schlusspfiff, ungenießbar

Wörter in Silben zerlegen

5 Suche zu den Wörtern eine Wortform, die das ss oder ß begründet.
Bisswunde: Biss | wunde – Bisse ...

6 Bilde zu den Verben *essen, lassen, vergessen* und *gießen, reißen, beißen* das Präteritum: *essen – wir aßen*. Nutze ein Wörterbuch.

7 Ergänze die Merkhilfe im Regelkasten.

Ist die betonte Silbe *offen* und wird der Vokal *lang* gesprochen, schreibt man: ___. Beispiele: die Grüße, ___
Ist die betonte Silbe **geschlossen** und wird der Vokal **kurz** gesprochen, schreibt man ___. Beispiele: die Küsse, ___
Auch **ei, ie, au, äu, eu** gehören zu den **lang gesprochenen** Vokalen. Nach ihnen steht **niemals** ein **ss**. Beispiele: fließen, ...

Ein einsilbiges Wort verlängere um eine Silbe: *der Gruß – die Grüße, der Riss – die Risse ...*

Auswählen und üben, das Wörterbuch dabei nutzen

Ü1 Schreibe die folgenden Sätze ab und setze ein *ss* oder *ß* ein.
a) Gie✱ noch was nach. b) Es go✱ in Strömen. c) Es ging hei✱ her. d) Der Termin pa✱t mir nicht. e) Sie a✱ mit großem Appetit. f) Sie zerri✱ sich ihre Kette. g) Die Kerze ru✱te fürchterlich. h) Manchmal ist er ein richtiger Spa✱verderber und Be✱erwi✱er.

Ü2 Suche zu den Wortpaaren weitere Reimwörter:
lassen – fassen ... gießen – fließen ... ließ – gieß ... das Fass – lass...

Ü3 Suche Wörter mit *-aß* und *-auß, -eiß* und *-ieß, -oß* und *-uß*.
Wenn du unsicher bist, verlängere zur Probe.

Das Wörtchen „dass“

Das Wörtchen „dass“ wird häufig falsch geschrieben. Die folgenden Übungen sollen dir helfen, sicher im Gebrauch dieses Wörtchens zu werden.

Schülerinnen und Schüler äußern sich zur Pausengestaltung:
a) Jeder wünscht sich, dass man pünktlich in die Pause gehen kann.
b) Alle erwarten, dass der Unterricht pünktlich beendet wird.
c) Viele hoffen, dass noch mehr Tischtennisplatten aufgestellt werden.
d) Alle wissen, dass sie ein Recht auf vollständige Pausen haben.

1 Schreibe alle Sätze in dein Heft und unterstreiche die Verben, nach denen hier das Wörtchen *dass* (Konjunktion) steht.

2 Ergänze, was dir zur Pause einfällt:
- Nutze dazu Verben vom gelben Zettel.
- Es soll immer ein *dass*-Satz folgen.
- Nicht das Komma vor dem *dass* vergessen.

Ich bedauere, dass manche Lehrer die Stunde überziehen.

meinen, denken, glauben, bedauern, befürchten, behaupten, bitten, sagen, vermuten, wissen, wünschen, hoffen ...

3 Ergänze die folgenden Teilsätze mit den Sätzen a) – e), sodass ein vollständiger Satz entsteht. Achtung: Das Prädikat rutscht ans Ende:
Ich denke, dass ich nicht am Training teilnehmen kann.

Ich denke, dass ...	***a) Ich kann nicht am Training teilnehmen.***
Ich nehme an, dass ...	***b) Ich muss mein Zimmer aufräumen.***
Aber ich möchte, dass ...	***c) Du übernimmst diese Aufgabe für mich.***
Denn ich meine, dass ...	***d) Du erledigst das viel besser als ich.***
Doch ich fürchte, dass ...	***e) Das Training wird ohne mich stattfinden.***

4 Überlege dir ein Thema und schreibe auf, was du *weißt, vermutest, denkst* oder *wünschst, erwartest* oder *befürchtest.* Die Sätze sollen so anfangen, dass sich ein *dass*-Satz anschließt. Denke an das Komma!

5 Übertrage den Merksatz in dein Heft. Notiere ein weiteres Beispiel.

> **Sätze mit dass** führen einen Gedanken fort und vervollständigen einen Satz:
> ***Ich wünsche*** (was denn?) → , ***dass die Pause pünktlich beginnt***.
> Die Konjunktion *dass* steht häufig nach Verben des Denkens, Fühlens und Sagens: *meinen, denken, glauben …*
> Vor *dass* steht ein Komma.

Ü1 Übt mit *dass* zu zweit oder in der Gruppe in einem Schreibspiel:
- Einigt euch auf ein Thema für das Schreibspiel: *Zensuren, Klassenfahrt, Lesen …* Ihr könnt auch das Schreibspiel unten fortsetzen.
- Schreibt das Thema in die Mitte auf ein größeres Papier.
- Nun schreibt jeder Sätze zu diesem Thema auf. Alle Sätze sollen so anfangen, dass der Gedanke mit *dass* vervollständigt wird.
- Man kann auf das, was jemand schreibt, durch einen Satz antworten. Man darf auch einen ganz neuen Gedanken formulieren.
- Fallen euch keine weiteren Sätze mehr ein, ist das Spiel zu Ende.
- Lest noch einmal die Sätze – vielleicht mit verteilten Rollen.
- Zum Schluss kontrolliert die Rechtschreibung und Zeichensetzung.

Ich finde, dass es ein gutes Motto für uns ist.

Ich wünsche mir, dass …

MITEINANDER

GEHT ES BESSER

Ich fürchte, dass du Recht hast!

Ich vermute, dass sich nicht alle daran halten.

Ich kann mir vorstellen, dass …

Wörter mit Dehnungs-h

die Sahne   der Fehler   die Kohle   der Zähler

1 Das *h* macht in manchen Wörtern darauf aufmerksam, dass der Vokal gedehnt (lang) gesprochen wird.
- Lies die Wörter. Was hörst du?
- Unterlege die Wörter mit Silbenbögen (Folie). Was beobachtest du?
- Das Dehnungs-h wird auch *stummes h* genannt. Begründe das.

Wörter in Silben zerlegen

Wörter mit Dehnungs-h bilden die Ausnahme. Du musst sie dir also einprägen. Es gibt auch eine Schreibhilfe.

das Fohlen, bohren, die Bühne, dehnen, die Fahne, fahren, führen, die Kehle, kehren, die Kohle, lähmen, lehmig, lehren, nehmen, der Rahmen, die Sohle, stöhnen, strahlen, wohnen, zähmen

2 Formuliere die Schreibhilfe:
- Unterstreiche in den Wörtern den Buchstaben, der dem *h* folgt (Folie).
- Ordne die Wörter. Übernimm dazu die Tabelle in dein Heft:

h vor l	h vor m	h vor n	h vor r
das Fohlen …	…	…	…

- Ergänze nun die folgende Schreibhilfe. Schreibe sie mit Beispielwörtern ins Heft.

In manchen Wörtern mit einem Vokal steht ein Dehnungs-h. Ein solches Dehnungs-h steht aber nur vor ___, ___, ___ und vor ___.

Wörter ableiten

3 Einmal **Dehnungs-h** immer **Dehnungs-h**: *fahren, fuhr, Fahrzeug ...*
- Ergänze die Wortfamilie mit weiteren verwandten Wörtern.
- Bilde auch eine Wortfamilie zu *fehlen* und *führen*.
  Nutze ein Wörterbuch.

4 Viele Wörter mit *l, m, n,* und *r* haben kein **Dehnungs-h**. Beginnt ein Wort mit *T/t, Sch/sch, Kr/kr, Sp/sp* oder *Qu/qu* kommt ein Dehnungs-h nie vor. Überprüfe diese Zusatzhilfe an Wörtern im Wörterbuch:
das Tor ...; die Schule ...; die Krone ...; der Sport ...; die Qual ...

5 Schreibe die folgenden Wörter richtig auf. Schlage im Zweifelsfall nach.
*gezä*mt kla*r kra*men der Kra*n die Kro*ne kü*l, quä*len das Ro*r die Scha*le der Scha*l schma*l schwe*r schwü*l der So*n spü*len die Spu*r ste*len das Ta*l der To*n zä*len*

Auswählen und üben, das Wörterbuch dabei nutzen

Ü1 Bilde mit einigen Wörtern mit Dehnungs-h Wortzusammensetzungen: ***der Bahnsteig, ...***

Ü2 Zu einigen Wörtern mit Dehnungs-h bilde Wortfamilien wie zu *fahren, fehlen* und *führen*.

Ü3 Bilde Sätze, in denen möglichst viele Wörter mit Dehnungs-h vorkommen.

Ü4 Schneide Zeitungs- oder Zeitschriftentexte aus. Suche darin nach Wörtern mit Dehnungs-h und markiere es.

Ü5 Schreibe in fünf Minuten möglichst viele Übungswörter auf. Überprüfe anschließend die Rechtschreibung. Im Zweifelsfalle nimm ein Wörterbuch zu Hilfe.

Merkwörter besonders üben

Bei einigen Wörtern lässt sich die Schreibweise nicht mit Strategien wie Verlängern oder Ableiten erklären. Ihre Schreibweise muss man sich merken. Auch Wörter, die man häufig falsch schreibt, können dazugehören.

Merkwörter sammeln

Führe am besten eine bereits begonnene Wörtersammlung fort. Michels Merkwörtersammlung in seiner Rechtschreibmappe sieht so aus. Er hat damit in der Klasse 5 begonnen:

Wörter mit aa, ee, oo:
der Aal, doof, der See, das Moos, das Haar, der Schnee

Wörter mit x:
boxen, die Hexe, das Lexikon, Nixe, der Text, extra, das Taxi

Wörter mit i statt mit ie:
dir, wir, mir, der Tiger, der Liter, der Igel, erwidern, widerlich

Wörter mit ai statt mit ei:
der Hai, der Kaiser, die Gitarrensaite, der Mais, der Mai

Wörter mit ä, zu denen ich kein Wort mit a finde:
die Träne, während, krähen, ungefähr, vorwärts, der Käse, der Lärm

Wörter mit v:
vielleicht, der Verkehr, bevor, die Vorsicht, verletzen, das Volk

Wörter ohne h, die ich häufig mit h schreibe:
holen, hören, klar, manchmal, nämlich, der Schal, schon, stören

1 Was fällt euch an Michels Sammlung auf? Was macht ihr ähnlich oder ganz anders? Gebt euch Tipps und Anregungen.

Auswählen und üben, das Wörterbuch dabei nutzen

Ü1 Die Übungswörter nach dem ABC ordnen und aufschreiben.

Ü2 Die Übungswörter von jemandem diktieren lassen.

Ü3 Im Wörterbuch verwandte Wörter suchen.
der Aal: aalen, aalglatt, Aalfang ...
der Schnee: der Schneemann, schneeweiß ...

Ü4 Lustige Wortzusammensetzungen bilden.
der Schnee + der Klee – der Schneeklee ...
der Boxer + das Lexikon – das Boxerlexikon ...

Ü5 Sich einen lustigen Satz mit möglichst vielen Merkwörtern ausdenken.
Der Boxer Max liest im Taxi Texte über Nixen und Hexen.

Ü6 Wörter auf Wortkarten schreiben und ein Laufdiktat machen: die Wortkarten auf die Fensterbank legen, sich möglichst viele Wörter merken, beim Schreiben leise mitsprechen, zum Schluss kontrollieren.

Ü7 Mit den Wörtern ein kurzes Diktat aus zwei oder drei Sätzen für jemanden zusammenstellen.

Ü8 Sich fünf bis sechs Wörter merken und immer wieder auswendig hinschreiben.

Ü9 Sich mit den Merkwörtern ein Memoryspiel ausdenken und spielen.

Ü10 Mit den Merkwörtern eine kleine Geschichte erfinden und sie weitererzählen.

Nomen werden großgeschrieben

Auf Begleiter achten

Wann schreibt man ein Wort groß?

a) Das erste Buch habe ich aus Langeweile gelesen.
b) Am liebsten lese ich im warmen Bett.
c) Sehr gerne lese ich Sachbücher.

1 Erklärt in einem Rechtschreibgespräch die markierten Großbuchstaben. Ergänze weitere Beispiele.

2 Unterstreiche im folgenden Textausschnitt alle Nomen mit ihren Begleitern und schreibe sie ins Heft. Wenn der Begleiter fehlt, setze ihn zur Probe in Klammern dazu.
– ein Geräusch.

Auf Seite 224 wird an besondere Begleiter von Nomen erinnert.

Durch ein Geräusch wurde er wach. Die Gardinen bewegten sich leise im Wind. Der Mond schien ins Zimmer und warf Schatten an die Wände. Angstvoll schaute er unter seiner Bettdecke hervor. Seine Hand suchte den Lichtschalter. Er hatte Angst und wollte die Mutter rufen. Aber nicht ein Wort bekam er über die Lippen. Schließlich knipste er das Licht an, sein Blick wanderte durchs Zimmer. Die Tür öffnete sich einen Spalt breit. „Ach, du!“, seufzte er erleichtert, als er seinen Hund erblickte.

Ü1 *Unser … Hausmeister verkauft die … Brötchen. Die … Pause macht … Spaß.*
Bilde weitere Kurzsätze, die ein anderer mit Adjektiven näher bestimmt.
Unser netter Hausmeister verkauft die frischen Brötchen.

Ü2 Zwischen Begleiter und Nomen möglichst viele Adjektive einfügen:
Eine lesenswerte, hintergründige, schaurig schöne Geschichte.

Auf besondere Wortbausteine achten

1 Was üben die beiden Kinder gerade? Finde eine Antwort.
- Zu welcher Wortart gehören die Wörter, die der Junge diktiert?
- Was ändert das Mädchen? Wie werden sie jetzt geschrieben?

2 Bilde aus den Adjektiven und Verben der folgenden Liste Nomen:
aufmerksam, bescheiden, dankbar, entdecken, erlauben, erleben, erzählen, faul, gestehen, gesund, gleich, krank, ordnen, sauber, schwierig, sich ereignen, trocken, übel, üben, versäumen, wohnen
Ihr könnt auch zu zweit arbeiten: Einer diktiert ein Wort aus der Liste, der andere formt es in ein Nomen um und schreibt es auf.

3 Vervollständige die Rechtschreibregel im Kasten. Schreibe sie mit Wortbeispielen ins Heft.

> Manche Wörter erkennt man sofort als Nomen. Sie haben am Ende den Wortbaustein *-heit, -keit,* ___ oder ___ .
> Man nennt diese Bausteine auch Suffixe.

4 Bilde aus den Adjektiven und Verben ***ärgern, bekennen, ereignen, geheim, hindern, versäumen*** Nomen im Singular und Plural mit ***-nis:***
ärgern – (das) Ärgernis – (viele) Ärgernisse, bekennen – (das) ...
Worauf musst du beim Schreiben besonders achten?

5 Bilde mit einigen Wörtern aus den Wörterlisten zu Aufgabe 2 und 3 Sätze für ein Partnerdiktat:
*Jan ist aufmerksam. – Jan zeigt eine große **Aufmerksamkeit**. Er wirkt bescheiden. – Seine ___ fällt auf.*

Verben können zu Nomen werden

a) Mir macht das Lesen besonderen Spaß. Ich lese gern.
b) Beim Rechnen läuft er zur Hochform auf. Er rechnet gern.
c) Ihm macht das Erzählen großen Spaß. Andere malen lieber.

Auf Begleiter achten

1 Erklärt in einem Rechtschreibgespräch, warum die unterstrichenen Wörter das eine Mal groß- und das andere Mal kleingeschrieben sind.

In der Schule

a) Das Lesen sollte in der Schule noch mehr geübt werden.
b) Beim Sportunterricht ist das Schwimmen am beliebtesten.
c) In den Pausen ist das Spielen besonders wichtig.
d) Im Kunstunterricht gehört nach dem Malen das Aufräumen dazu.
e) Mindestens einmal in der Woche sollte es Zeit zum Erzählen geben.
f) Manchmal kann bei Konflikten das Erinnern an Regeln helfen.
g) Für das Abschreiben von der Tafel gib dir Mühe.

2 Schreibe die im Text unterstrichenen Wortgruppen jeweils auf und schreibe eine Verbform daneben:

das Lesen – ich lese, sie liest … *das Schwimmen – ich …*

3 Füge zwischen Begleiter und Nomen ein passendes Adjektiv ein:

das laute Lesen, beim … Schwimmen …

4 Ergänze die folgende Schreibregel – auch mit einigen Beispielen.

Wenn der Begleiter (*der, die, das* oder ___) vor einem ___ steht, wird es zu einem ___ und wird großgeschrieben. Beispiele: ___

5 Formuliere ähnliche Übungssätze wie in Aufgabe 1. Ein Partner soll die Schreibung erklären.

Ü1 Verb oder Nomen? Achte auf die Begleiter und schreibe die Satzpaare richtig ab.

a) Am Nachmittag hole ich dich zum SCHWIMMEN ab. In unbekannten Gewässern zu SCHWIMMEN ist nicht erlaubt.
b) Oft SPIELEN Kinder an Bahndämmen. Dort ist das SPIELEN verboten.
c) Wir ESSEN und KOCHEN gern gemeinsam. Beim ESSEN unterhalten wir uns gern über das gemeinsame KOCHEN.
d) Wenn ich beim LESEN gestört werde, finde ich das zum HEULEN. Deshalb sollte mich keiner stören, wenn ich LESEN will.
e) Wir SKATEN gerne im Park. Beim SKATEN tragen wir natürlich unsere Schutzkleidung.
f) Vom lauten SCHNARCHEN meiner Zimmernachbarn werde ich regelmäßig wieder wach. Wenn manche SCHNARCHEN, wackeln die Wände.
g) Während der Klassenfahrt werden wir viel WANDERN. Zum WANDERN braucht man gute Schuhe.

Ü2 Im Straßenverkehr, in der Schule, im Wald ... gibt es Gebote und Verbote. Erfinde einige mit den Verben: ***herumschreien, spielen, wegwerfen, spucken, boxen, ärgern, faulenzen, abschreiben, spielen, herumtoben, nachfragen ...***
Formuliere so, dass die Verben zu Nomen werden und großgeschrieben werden müssen.

Das Herumschreien
im Wald vermeiden!

Beim Spielen
nicht ärgern.

Adjektive können zu Nomen werden

Nach Mengenwörtern wie **alles, etwas, viel, nichts, allerlei** können Adjektive zu Nomen werden und müssen großgeschrieben werden. Die Adjektive enden dann mit **-es** oder **e**:
Ich wünsche dir **alles Gute**. Ich wünsche mir **etwas Schönes**.

1 Unterstreiche in den Sätzen a) – d) jeweils das Adjektiv und das Adjektiv mit dem Begleiter, das als Nomen gebraucht wird.

a) Es ist alles möglich. – Er kauft sich **alles Mögliche**.
b) Jetzt ist wieder alles gut. – Ich wünsche dir alles Gute.
c) Rede nicht so schlecht über andere. – Sage nichts Schlechtes über andere.
d) Er fand vieles interessant und entdeckte auch allerlei Fremdes.

2 Begründet in einem Rechtschreibgespräch die Groß- und Kleinschreibung in Aufgabe 1 a)–d). Nutzt die Angaben im Regelkasten.

Ü1 Finde in der SMS die Rechtschreibfehler und berichtige sie.

Hallo Paul, zu deinem Geburtstag alles gute und viele schöne Geschenke. Wir bringen dir einige schöne Bilder und auch etwas überraschendes von unserem Inselaufenthalt mit. Bis morgen!

Ü2 Unterstreiche die Adjektive in den Sätzen (Folie):

An einem Glückstag möchte ich
1. nichts erleben, was stressig ist,
2. etwas essen, was schmackhaft und köstlich ist,
3. manches unternehmen, was interessant ist,
4. etwas lesen, was spannend und gruselig ist,
5. wenig hören, was traurig ist,
6. oder etwas träumen, was fantastisch ist.

Forme die Sätze so um: An einem Glückstag möchte ich

1. nichts Stressiges erleben, 2. etwas Schmackhaftes ...

Großschreibung von Anredefürwörtern

Betreff: *Portemonnaies vergessen!*

Liebe Frau Mischke,

***Ihre** Zwillinge Jakob und Lena haben **ihre** Portemonnaies bei mir vergessen. Damit **Sie** nicht denken, die beiden hätten **sie** verloren, wollte ich **Sie** noch anrufen, doch **Ihr** Telefon war besetzt. Also habe ich **sie** eingepackt und in den Briefkasten gesteckt. Übrigens, es war nett mit **ihnen**, **sie** haben sich hier auf dem Bauernhof so richtig ausgetobt.*
Viele Grüße
Elisabeth Groß

1 Einige der Pronomen in der E-Mail sind fett gedruckt. Mit diesen Pronomen sind verschiedene Personen und Dinge gemeint:
- Zeichne Pfeile von den Pronomen auf Frau Mischke, die angeredet wird (Folie).
- Unterstreiche die Pronomen, mit denen die Kinder gemeint sind, und die, die sich auf die Portemonnaies beziehen (Folie).

2 Welche Pronomen sind großgeschrieben? Welches Missverständnis wird so vermieden? Nutze für eine Antwort auch den Regelkasten.

Aus Höflichkeit schreibt man das Anredepronomen *Sie* und seine Formen *Ihnen, Ihre ...* groß.

Sehr geehrter Herr Karo,
gestern haben Sie mit Ihren Enkelkindern auf meiner Wiese gespielt. Dabei habe ich Sie beobachtet, wie Sie Ihre Getränkedosen und andere Verpackungen auf der Wiese verstreut haben. Das ma-

chen Sie öfter so ... Ist es zu viel verlangt, wenn Sie nach dem Spiel Ihr Zeug einsammeln und wieder mit nach Hause nehmen? Ich kann doch nicht jeden Tag vor meiner Tür Ihren Müll beseitigen. Ich hoffe, Sie haben Verständnis für mein Anliegen. Dafür möchte ich Ihnen danken.
Mit freundlichen Grüßen

Frau Groß

3 Über diesen Brief war Herr Karo zuerst sehr böse. Warum wohl?

4 Schreibe den Brief richtig auf.
- Unterstreiche die Pronomen im Brief.
- Wenn Herr Karo gemeint ist, schreibt man die Anredepronomen groß.
- Wenn über die Kinder geredet wird, schreibt man die Pronomen klein.

5 Der folgende Satz gehört noch in diesen Brief hinein. Schreibe ihn richtig auf: DAS MÜSSTEN SIE IHNEN DOCH EIGENTLICH VERBIETEN.

Lieber Herr Winkelmann,
ich verspreche IHNEN, wir werden uns um unsere Klassenmäuse kümmern – auch in den Ferien. Anika wird SIE mit nach Hause nehmen und in IHREM Terrarium versorgen.
Mit freundlichem Gruß
Nils Specht

6 Wodurch kann es hier zur Verwechslung kommen? Berichtige die Pronomen.

7 Schreibe ähnliche kurze Mitteilungen. Ein Lernpartner soll sie richtig aufschreiben.

Überprüfe dein Wissen und Können

Um euer Rechtschreibwissen und -können selbstständig zu überprüfen, könnt ihr auch eine der folgenden Möglichkeiten nutzen:

... immer mal wieder: Zu Beginn, zwischendurch und am Ende einer Übung!

Möglichkeit 1:

– Schreibt zehn bis fünfzehn Wörter mit einer besonderen Schwierigkeit auf Karten – am besten in Großbuchstaben, dann könnt ihr damit auch überprüfen, ob es sich um Nomen handelt.

– Erklärt reihum in einem Rechtschreibgespräch die Schreibweise der Wörter mithilfe von Strategien.
– Diktiert euch nach dem Rechtschreibgespräch einzelne Wörter (Partnerdiktat).
Berichtigt gemeinsam Falschschreibungen.
Besprecht, was man hätte tun können, um Falschschreibungen zu vermeiden.
– Besprecht miteinander, was ihr schon ganz gut könnt, was ihr weiter üben wollt.

Möglichkeit 2:

– Schreibt auf Regelkarten Rechtschreibhilfen, die ihr kennt – auf jede Karte eine Hilfe. Nutzt dazu die Regelkästen in der Rechtschreibwerkstatt.

Ob ein Wort großgeschrieben wird, erkennt man an seinem Begleiter. (Seite 224)

Mit ä oder äu schreibt man, wenn es eine verwandte Form mit a oder au gibt. (Seite 231)

Schreibt auf **Wortkarten** einsilbige, zweisilbige und zusammengesetzte Wörter mit ganz verschiedenen Rechtschreibschwierigkeiten, die zu den Regelkarten passen. Beispielwörter findest du auch in der Werkstatt Rechtschreiben. Merkwörter scheiden aus.

WALD	HÄSCHEN	FLOHMARKT
PILZE		

- Überprüft so:
  a) Die Regelkarten werden für alle gut lesbar auf dem Tisch ausgebreitet.
  b) Die Wortkarten werden gemischt und gestapelt auf den Tisch gelegt.
  c) Ein Spieler zieht die erste Karte und legt sie über eine Regel seiner Wahl.
  d) Die Mitspieler kontrollieren. Ist die Regel richtig ausgewählt, erhält der Spieler die Wortkarte.

- Entscheidet vor Spielbeginn,
  a) was mit einer falsch zugeordneten Karte passiert,
  b) ob es einen Sieger geben soll,
  c) welche Regelkarten und Wortkarten zum Einsatz kommen.

- Entscheide nach dem Test, zu welcher Regelkarte du in der Rechtschreibwerkstatt noch einmal üben solltest. Lass dich auch beraten.

Tipp
Nutze die Wortkarten weiter für ein Laufdiktat.

Werkstatt Methoden und Arbeitstechniken

In dieser Werkstatt lernt ihr verschiedene Methoden und Arbeitstechniken kennen, die euch helfen, selbstständig zu lernen und zu arbeiten. Ihr könnt sie im Deutschunterricht und in anderen Fächern anwenden.

Ihr lernt, wie ihr
- *Unterrichtsergebnisse sammelt und ordnet,*
- *in einem Portfolio eure Leistungen nachweist,*
- *Textstellen aus einem Internettext in ein Textdokument eines Textverarbeitungsprogramms übertragt,*
- *Informationen aus dem Internet überprüfen und bewerten könnt,*
- *gemeinsam Schreibkonferenzen durchführen könnt,*
- *ein Computerprogramm für die Textüberarbeitung nutzt,*
- *in einem Rechtschreibwörterbuch nachschlagt.*

Sammeln und Ordnung schaffen

Name:
Klasse:

Fach: Deutsch

Schuljahr:

Damit du Informationen zu einem Unterrichtsthema später nachschlagen oder auch nacharbeiten kannst, solltest du alle Arbeitsblätter, eigene Texte, Lösungen zu Arbeitsaufträgen, Mitschriften aus dem Unterricht, Zeichnungen, Skizzen usw. sorgfältig sammeln.

Sammle alles, was zum Thema gehört, auch wenn es nicht ausdrücklich gefordert wird. Auf diese Weise bekommst du eine eigene Sammlung zum Thema, die sich ständig erweitern lässt.

1 Heft oder Ordner? Was empfiehlt sich für den Deutschunterricht? Diskutiert die Vor- und Nachteile.

2 Worauf sollte man beim Führen eines Ordners oder eines Heftes besonders achten? Unterhaltet euch darüber. Nutzt die Angaben der Checkliste und das Muster des Inhaltsverzeichnisses unten.

Für eine regelmäßig Rückmeldung zur Mappenführung haben Schülerinnen und Schüler die folgende Checkliste vereinbart:

Meine Rückmeldung zum Ordner von __________ Datum _____

Zeichenerklärung: + erreicht o teilweise erreicht - nicht erreicht

- ☐ *Jedes Blatt hat eine Überschrift.*
- ☐ *Das Inhaltsverzeichnis ist vollständig.*
- ☐ *Die Mappe ist vollständig.*
- ☐ *Die Arbeitsblätter sind vollständig bearbeitet.*
- ☐ *Jedes Blatt ist nummeriert.*
- ☐ *Die Seiten sind übersichtlich gestaltet.*
- ☐ *Zeichnungen haben die passende Größe.*
- ☐ *Zeichnungen sind sorgfältig angefertigt.*
- ☐ *Ein Rand ist eingehalten.*
- ☐ *Die Schrift ist ordentlich und gut lesbar.*

Das ist dir besonders gelungen: ...

Darauf solltest du besonders achten: ...

So führen die Schüler ihr Inhaltsverzeichnis und vervollständigen es ständig:

Inhaltsverzeichnis

Datum	Inhalt	Seite
03.09.2012	Was ist eigentlich ein Sachbuch?	1
04.09.2012	Bücherorte	2+3
06.09.2012	Wie finde ich ein Buch?	4
10.09.2012	Inhalt der Themenmappe	5+6

Lernleistungen zu einem Thema dokumentieren

Deine Lernleistungen kannst du auch in einem Portfolio nachweisen und zusammenstellen. Was zu einem solchen Portfolio gehört und wie es entsteht, erfährst du in 4 Schritten.

Schritt 1: Wähle einige Texte, Zeichnungen, ... aus, die du während der Beschäftigung mit einem Thema gesammelt hast. Sie sollen deine besonderen Leistungen zeigen.

- *Eine gelungene Geschichte, ein Brief, eine Beschreibung ...*
- *Eine Mindmap zu einem Text, ein Stichwortzettel für einen Vortrag ...*
- *Einen Textentwurf mit einer Überarbeitung nach einer Schreibkonferenz ...*
- *Besonders gut gestaltete Seiten zu einem Thema oder aus deinem Ordner ...*

Schritt 2: Kommentiere in wenigen Sätzen nacheinander jede Seite, warum du gerade diese Seite (die Geschichte, die Mindmap, ...) ausgewählt hast.

Gelungen ist mir ...
Es zeigt von mir und meiner Arbeit ...
Gelernt habe ich ...

Schritt 3: Lege die einzelnen Seiten mit deiner Kommentierung in eine Mappe. Zu den Seiten fertige ein Deckblatt mit Namen, Datum, Fach an.

Schritt 4: Deine Mitschüler und Lehrer formulieren zu deinem Portfolio ihre Eindrücke. Am besten nutzen sie dazu einen Rückmeldebogen, wie er in der Randspalte steht.

Eindrücke zu deinem Portfolio

Von: ... Datum: ...

Ich habe ... angeschaut/ gelesen/angehört.

- *Besonders gefällt mir ...*
- *Weniger gut gefällt mir ...*
- *Ich kann daraus lernen ...*
- *Ein Tipp für dich ...*

Jana arbeitet zum Kapitel „Ran an die Bücher“ an einer Themenmappe für das Thema „Pferde“. Für ein Leistungsportfolio hat sie in einem ersten Schritt eine Seite aus ihrer Mappe ausgewählt. Andere sollen noch folgen:

Die Pflege

Vor dem Reiten wird ein Pferd immer geputzt. Meistens haben es Pferde ganz gern, geputzt zu werden. Sie mögen es, wenn sich jemand um sie kümmert.
Zur Pferdepflege braucht man besonderes Putzzeug:

So wird geputzt:

- Zuerst werden Stroh und Mist aus den Hufen gekratzt. Manchmal befinden sich kleine Steinchen im Huf. Die Steinchen müssen herausgekratzt werden, da sie sonst dem Pferd beim Gehen Schmerzen verursachen können.
- Mit dem Striegel und der Kardätsche (einer weichen Bürste) wird das gesamte Fell mit Ausnahme des Kopfes und der Beine geputzt.
- Mit einem weichen Wolllappen sollte der Kopf, der sehr empfindlich ist, geputzt werden.
- Für die Beine sollte eine härtere Wurzelbürste verwendet werden.

Zu der Seite hat Jana in einem zweiten Schritt ihren Kommentar geschrieben:

Mein Kommentar zur Seite „Die Pflege“:
Gelungen ist mir kurz und knapp zu beschreiben, wie man ein Pferd pflegt, bevor man es reitet.
Ich musste die Informationen aus meinem Sachbuch über Pferde aus 5 Seiten auswählen. Das war nicht leicht, hat mir aber Spaß gemacht.
Gelernt habe ich dabei
1. Fachausdrücke zu benutzen,
2. Arbeitsschritte verständlich zu beschreiben und
3. eine Seite übersichtlich zu gestalten. Dazu waren aber mehrere Versuche nötig.

1 Gib Jana zu ihrer Seite eine Rückmeldung.
Nutze dazu den Rückmeldebogen zu Schritt 4 auf Seite 252.

2 Besprich deinen Kommentar zu Janas Seite mit einem Mitschüler.

3 Wähle eine oder mehrere Seiten aus, die zeigen können, was du in letzter Zeit gelernt hast. Kommentiere sie und lass dir dazu eine Rückmeldung geben.

Mit Informationen aus dem Internet informieren

Wie du Informationen aus dem Internet in ein Textverarbeitungsprogramm übernehmen kannst, zeigen die folgenden vier Schritte.

> Tipp
> *Beachte auch die Hinweise zum Bewerten von Internetseiten auf Seite 256/257.*

> Tipp
> *Nutze Lesestrategien. Hinweise dazu findest du in Wissen und Können auf Seite 283.*

Schritt 1: Die Internetseite und ein leeres Textdokument des Textverarbeitungsprogramms öffnen

Schritt 2: Eine Textstelle auswählen, markieren und kopieren

- Entscheide, welche Zeilen oder Abschnitte du nutzen möchtest.
- Markiere mit der gedrückten linken Maustaste die gewählte Textstelle.
- Kopiere sie mit einem Klick der rechten Maustaste auf den Textteil.

Schritt 3: Die kopierte Textstelle in das Textdokument einfügen

- Aktiviere das leere Textdokument mit der linken Maustaste.
- Setze den Eingabecursor dorthin, wo du den Text einfügen willst.
- Klicke mit der rechten Maustaste auf „Einfügen“.

Schritt 4: Abbildungen hinzufügen, das Textdokument gestalten

- Klicke mit der rechten Maustaste das Bild auf der Internetseite an, das du nutzen möchtest.
- Klicke mit der rechten Maustaste auf „Kopieren“.
- Aktiviere das Textdokument.
- Klicke mit der rechten Maustaste auf „Einfügen“.
- Ordne Text und Bilder übersichtlich an.

Schritt 5: Die Quelle für Textstellen und Grafiken angeben

- Gib am Ende deines Textdokuments immer die genaue Quelle (Internet-Adresse) an, aus der die Textstellen und Grafiken stammen.

Anika hat im Internet unter *http://www.wasistwas.de* die folgende Seite entdeckt: Sie will daraus Informationen für eine Seite in ihrer Mappe übernehmen, die sie zum Thema „Kinder in aller Welt“ gestaltet.

NATUR & TIERE / ARTIKEL

Was ist das?

Laila: Einmal Nepal und zurück

Laila ist erst zehn Jahre alt, aber für ihr Alter schon ganz schön weit gereist. Mit ihren Eltern, die als Entwicklungshelfer arbeiten, hat sie 2 Jahre in Nepal gelebt. In einem Interview verrät sie uns, wie ihr das Leben in dem asiatischen Land, das zwischen Tibet und Indien liegt, gefallen hat.

Hallo Laila. Unsere Leser möchten Dich gern ein bisschen kennenlernen. Kannst Du uns etwas von Dir erzählen?

Ich bin 10 Jahre alt und wohne mit meiner Familie in Bad Sobernheim. Das ist eine kleine Stadt an der Nahe mit viel Wald und Weinbergen drumherum. Ich turne gerne, lese viel und spiele Querflöte in meiner Freizeit.

Wie kam es, dass Du mit Deinen Eltern für 2 Jahre nach Nepal bist?

Mein Vater hat für zwei Jahre in einem Entwicklungshilfeprojekt gearbeitet. Meine Eltern waren schon vorher zweimal in Nepal gewesen und wollten auch mit uns Kindern dort hin.

Was machen deine Eltern denn beruflich?

Mein Vater ist Stadt- und Verkehrsplaner und hat in einen Trainingsinstitut gearbeitet, damit die Umwelt besser geschützt wird und alles besser geplant wird. Meine Mutter hat in einer Vorschule mit kleinen Kindern gearbeitet.

Und wie findest Du das?

Ich fand das in Ordnung, was beide machen. Wenn ich mal älter bin, will ich vielleicht auch mal so etwas machen, Afrika fände ich toll.

1 Probiere die Schritte auf Seite 254 aus: Erstelle mit der Internetseite die Seite für Anikas Mappe. Wähle eine andere ähnliche Internetseite, wenn du die Seite mit Laila im Internet nicht mehr findest.

Beachte: Das Kopieren von Informationen ist nicht einfach so erlaubt. Einschränkungen gibt es durch das „Urheberrecht“. Wenn dein Dokument nur in der Schule benutzt wird, genügt die Angabe der Quelle (Schritt 5).

2 Suche im Internet Informationen zum Urheberrecht. Stelle deine Rechercheergebnisse in der Klasse vor. Diskutiert ihre Bedeutung für euch.

Informationen aus dem Internet bewerten

Ein Experte rät: „Als Internetnutzer sollte man ein paar Tricks kennen, mit denen man überprüfen kann, ob die Informationen aus dem Internet, die man nutzen möchte, auch stimmen."

Maike meint: „Warum soll ich prüfen, was im Internet steht? Ich muss doch davon ausgehen können, dass alles stimmt, was dort veröffentlicht wird."

▶▶ Diskutiert die beiden Meinungen in der Klasse. Nutzt für das Gespräch auch die folgenden Tipps von Experten:

Tipp 1: Überprüfen, wem die Website gehört: Im sogenannten „Impressum" nachschauen.

Haben die Verfasser einen guten Ruf? Wenn du nicht sicher bist, frage einen Experten. Das können deine Lehrer, Eltern oder Mitschülerinnen und Mitschüler sein.

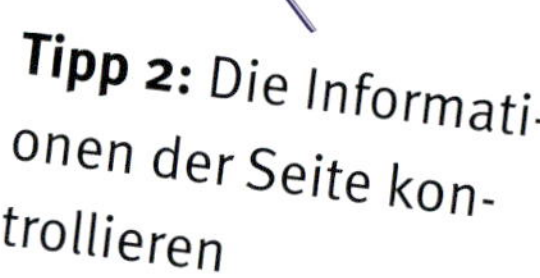

Tipp 2: Die Informationen der Seite kontrollieren

Was auf der Seite steht mit dem vergleichen, was du selber schon weißt. Vergleiche die Informationen auch mit Angaben in einem Lexikon.

Tipp 3: Überprüfen, von wann die Informationen sind.

Wenn die Seite schon alt ist oder es schon länger her ist, dass sie aktualisiert wurde, sind die Informationen wahrscheinlich veraltet.

Fachleute empfehlen ein Leseexperiment in vier Schritten:

Schritt 1: Stellt euch vor, ihr wollt über Wasserfledermäuse berichten und lest dazu im Internet die beiden folgenden Texte:

Die Wasserfledermaus
Die Wasserfledermaus ist wie jede Fledermaus klein und lebt auch in Wäldern. Sie fliegt zur Nahrungssuche zu Wasserflächen. Sie kann auch Beute von der Wasseroberfläche aufnehmen. Wie alle Fledermäuse hält sie ihren Winterschlaf in alten Kellern.

Die Wasserfledermaus
Die Wasserfledermaus ist wie jede Fledermaus klein und bewohnt überwiegend Baumhöhlen in Wäldern oder Parks. Sie fliegt über Wasserflächen und jagt dort Insekten. Ihren Winterschlaf hält sie in Kellern, aber auch in Baumhöhlen.

Schritt 2: Was ist euch aufgefallen? Tauscht euch darüber aus.

Schritt 3: Lest nun, was in einem Lexikontext über die Wasserfledermaus steht.

Die Wasserfledermaus, kleine Art mit großen Füßen, lockeres, braungraues Fell; Gesicht rötlich braun. Wochenstuben in Baumhöhlen, Nistkästen, Gebäudespalten. Winterquartiere in Höhlen und Stollen. Fliegen auf festen Flugrouten in ihre Jagdgebiete, um dicht über der Wasseroberfläche und bis in 5 m Höhe vorwiegend Insekten zu erbeuten; können mit Hinterfüßen und Schwanzflughaut auch Beute von der Wasseroberfläche aufnehmen.

Schritt 4: Klärt nach dem Lesen:
- Welche Bedeutung hat der Lexikontext?
- Was soll das kleine Lese-Experiment wohl zeigen? Begründet!

Einen Text als Mindmap darstellen

Wir können uns das, was im Text vorkommt, besser merken, wenn wir es in einer Abbildung aufzeichnen und aufschreiben und es dabei sogar mit Bildern oder Zeichen ausschmücken. Eine solche Abbildung wird Mindmap genannt.

Beachtet die folgenden Schritte und Tipps:

Schritt 1: Wichtige Informationen in einem Textabschnitt markieren

Schritt 2: Die Informationen in Stichworten notieren

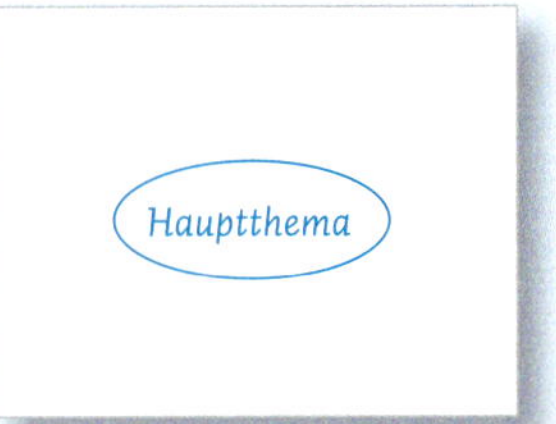

Schritt 3: Ein unliniertes DIN-A4-Blatt quer legen
Das Hauptthema des Textes in die Mitte des Blattes schreiben und einkreisen

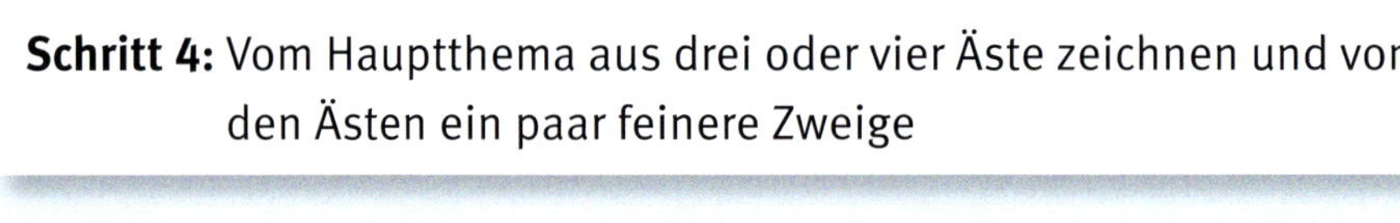

Schritt 4: Vom Hauptthema aus drei oder vier Äste zeichnen und von den Ästen ein paar feinere Zweige

Schritt 5: An die Äste die Oberbegriffe (Hauptgedanken) schreiben

Schritt 6: Auf die Zweige die Unterbegriffe (Nebengedanken, die zu den Hauptgedanken gehören) schreiben

Weitere Tipps zur Gestaltung:
- Schreibe in Druckbuchstaben, denn sie sind oft leichter zu lesen.
- Schreibe so, dass man das Papier beim Lesen nicht drehen muss.
- Benutze Farben. Sie können zeigen, was enger zusammengehört.
- Kombiniere die Ober- und Unterbegriffe mit Bildern oder Zeichnungen.

1 Lies den Textabschnitt aus einer Zeitschrift. Erstelle anschließend eine Mindmap dazu. Bearbeite dazu die Aufgaben 2–6.

Was ist Urwald?

Ein Urwald ist ein Wald, der noch nie bewirtschaftet wurde. Die Bäume können wachsen, alt werden und sterben, ohne dass sie gefällt oder neue Bäume gepflanzt werden. Umgestürzte Bäume bleiben liegen, verrotten und bilden so die Nahrung für neue Pflanzen und viele kleine Tiere. Ausgedehnten Urwald gibt es noch in Südamerika, wo Teile des tropischen Regenwaldes rund um den Fluss „Amazonas" unter Schutz stehen. Aber auch auf der Nordhalbkugel unserer Erde gibt es Urwälder, zum Beispiel in Kanada und Russland. Weil es dort die meiste Zeit des Jahres kalt ist, wachsen dort Nadelwälder, denen die Kälte nichts ausmacht.

2 Ergänze den Stichwortzettel im Heft.
Markiere zunächst weitere Stichwörter im Text (Folie).

Urwald
- *nie bewirtschaftet*
- *Bäume werden alt*
- *bleiben liegen*
- *verrotten*
- *Nahrung für Pflanzen und Tiere*

...

3 Zeichne eine Mindmap in dein Heft. Beachte die Schritte 3 und 4.

4 Beschrifte die Mindmap. Beachte die Schritte 4–6.
Welches Stichwort enthält das Hauptthema und gehört in die Mitte?
Welche Stichwörter enthalten Hauptgedanken zum Hauptthema (Oberbegriffe)?
Welche Stichwörter enthalten Nebengedanken (Unterbegriffe)?

5 Probiere aus, welche Stichworte sich gut durch Bilder oder Zeichnungen verdeutlichen lassen.

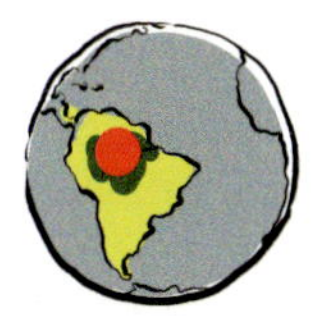

6 Vergleiche dein Ergebnis mit anderen aus der Klasse.

7 Wähle einen Sachtext zu einem aktuellen Thema aus einer Zeitschrift und erstelle dazu eine Mindmap.

Texte in der Schreibkonferenz überarbeiten

Eine mündliche Schreibkonferenz durchführen

In Schreibkonferenzen gebt ihr euch in Gruppen zu dritt oder viert Tipps zu Schreibideen und Schreibplänen, meistens zur Überarbeitung von Textteilen und ganzen Texten. Dabei helfen euch diese 4 Schritte.

Schritt 1: Text oder die Schreibidee vorstellen, aufmerksam zuhören

Schritt 2: Gemeinsam über die Textidee oder den Text sprechen

→ Nutzt dazu die Strategien zur Textüberarbeitung aus der Werkstatt Spache auf Seite 206-211.

Schritt 3: Reihum Anregungen geben, was ergänzt, gestrichen, ausgetauscht oder umgestellt werden sollte

Schritt 4: Die Anregungen zum Schreiben und Überarbeiten nutzen

1 Probiert die einzelnen Schritt aus. Sprecht anschließend darüber, was geklappt hat und was ihr vielleicht ändern wollt.

Eine schriftliche Schreibkonferenz durchführen – mit einer Textlupe arbeiten

Ihr könnt euch auch schriftliche Rückmeldungen zu euren Texten geben. Dann arbeitet ihr mit Rückmeldebögen, in die ihr eure Kommentare eintragt (Textlupe). Am besten geht ihr so vor:

Schritt 1: Gruppen bilden – am besten zu dritt oder viert
- Jeder gibt seinen Text an den linken Banknachbarn.
- Jeder liest den Text, am besten mehrere Male.

Schritt 2: Eine Rückmeldung geben – die Textlupe (S. 263) ausfüllen
- Jeder schaut nach, was gelungen ist, ob es Fehlerhaftes oder Störendes gibt.
- Gelungenes und Störendes wird gut lesbar und verständlich in die entsprechende Spalte der Textlupe geschrieben.
- Einen Tipp eintragen, wie man etwas verbessern kann.
- Der Text mit der Textlupe wird nach links weitergegeben.
- Jeder bearbeitet den neuen Text genauso.

Tipp
Nutzt Schreibhinweise und Checklisten aus dem Unterricht.

Schritt 3: Die Textlupe lesen und nutzen
Die Texte werden so lange weitergereicht, bis euer eigener Text wieder bei euch angekommen ist.
- Jeder liest die Rückmeldung, die er bekommen hat, und fragt nach, wenn er einen Hinweis nicht versteht.
- Jeder entscheidet, welche Tipps und Anregungen er bei einer Überarbeitung nutzen möchte.
- Jeder überarbeitet seinen Text, falls es notwendig ist.

Tipp
Sprecht immer auch darüber, was ihr beim nächsten Mal anders machen wollt.

Jana schreibt an einer Entengeschichte. Für einen Teil ihrer Geschichte möchte sie mehrere Rückmeldungen in einer Textlupe.

Conrad liest während einer Schreibkonferenz den Textausschnitt. Was er dabei denkt und überlegt, steht in den Denkblasen:

Findet sie das gut unter Wasser? Hat sie Angst?

Ein Gespräch mit den Fischen ist prima.

Die ersten Sätze sind richtig gut.

Die Ente trieb auf dem Wasser in der glühend heißen Sonne. Ihr war so heiß, dass sie auf die Idee kam, mal kurz unterzutauchen, um sich abzukühlen. Also tauchte sie unter. Was sie dort unten sah, erstaunte sie sehr. Mit einem Fisch unterhielt sie sich sogar und tauchte dann wieder auf. …

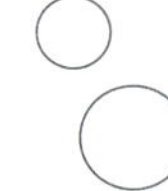

Vielleicht ist es eine ganz bunte Welt. Vielleicht lauern Gefahren. Man erfährt dazu nichts.

Jana muss die Welt unter Wasser unbedingt beschreiben.

1 Conrad ist dabei, die Textlupe auszufüllen. Ergänze, was noch fehlt. Nutze den Inhalt der Denkblasen auf der Seite 262.

Tipps von:	Das gefällt mir ...	Hier stört mich etwas ...	Meine Tipps ...
Conrad	*Mir gefällt, wie du anfängst und wie du dich ausdrückst*	*Man erfährt nicht …*	…
…	…	…	…

2 Was gefällt dir an Janas Text? Was stört dich? Welchen Tipp zur Überarbeitung möchtest du ihr geben?
- Erweitere die Textlupe im Heft mit deinen Hinweisen.
- Vergleiche deine Einträge mit einem Mitschüler.

3 Überarbeite Janas Text mit Hilfe der Textlupe. Nutze dazu die Strategien zur Textüberarbeitung: Umstellprobe, Erweiterungsprobe, Ersatzprobe sowie die Klangprobe.

Tipp
Hinweise zu den Proben findest du in der Werkstatt Sprache auf Seite 206-211.

Nach einem besseren Ausdruck suchen – im Thesaurus recherchieren

Was Synomyme sind, steht in der Werkstatt Sprache auf Seite 208.

Michel schreibt seine Entengeschichte am Computer. Das Wort „hohen“ hat er markiert. Er möchte es ersetzen. Dazu will er im Thesaurus nachschlagen. Der Thesaurus ist das Wörterbuch des Textverarbeitungsprogramms. Dort kann man verschiedene Wörter mit einer ähnlichen Bedeutung finden (Synonyme).

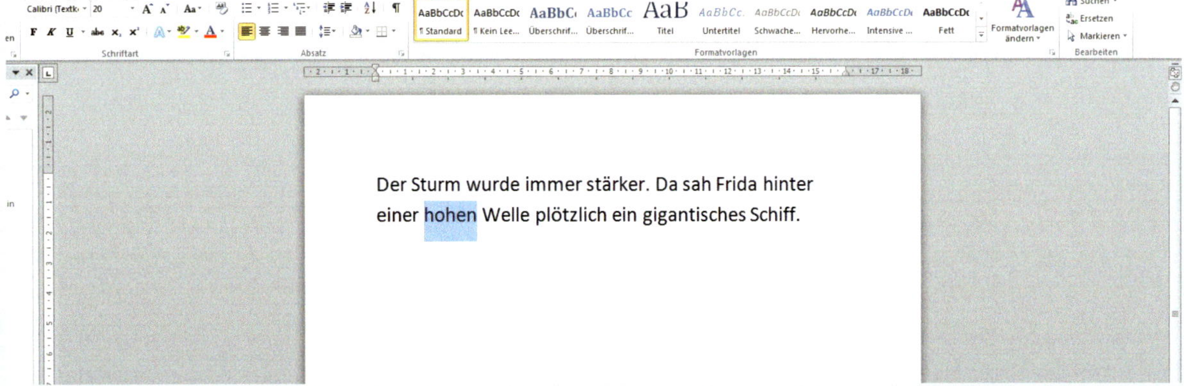

1 Was vermutest du: Warum möchte Michel „hohen“ durch ein anderes Wort austauchen? Suche in einem Gespräch nach einer Begründung.

2 Recherchiert in Partnerarbeit im Thesaurus nach einem geeigneten Wort für „hohen“. Nutzt die folgenden Schritte 1 – 4:
- Wählt aus dem Wörterangebot aus. Begründet eure Entscheidung.
- Fügt das gewählte Wort ein.

Schritt 1: Den Thesaurus öffnen
Mit dem Cursor auf das Wort im Text, das ersetzt werden soll, gehen und mit der linken Maustaste anklicken.
Es öffnet sich ein Fenster. Dort mit der linken Maus auf **Nachschlagen** klicken.

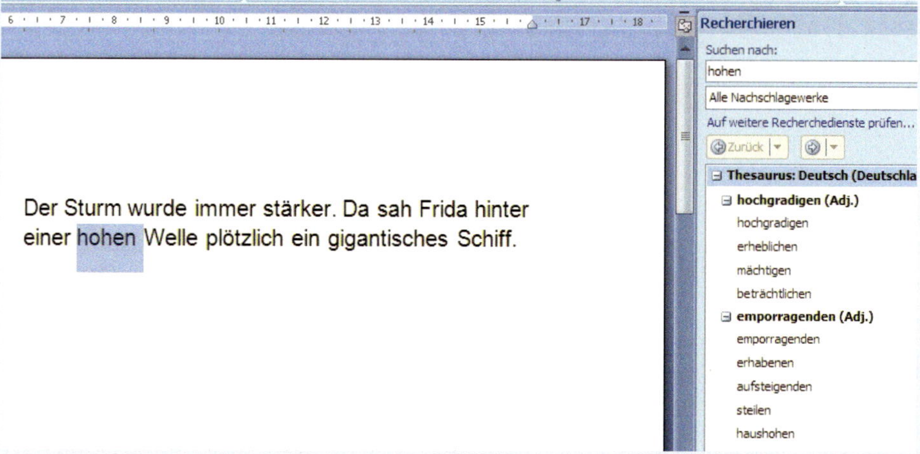

Schritt 2: Im Thesaurus recherchieren

- Mit der Maus durch das Wörterangebot „wandern“.
- Jedes Wort, das du mit dem Cursor ansteuerst, wird umrahmt.
- Sich für einen passenden Ausdruck entscheiden.
- Setze den Cursor auf das ausgewählte Wort.

Schritt 3: Das Wort im Text ersetzen

Drücke auf das Pfeilfeld im umrahmten Wortfeld. Es öffnet sich ein Fenster. Dort klicke mit der rechten Taste auf *einfügen*. Das Wort hohen wird ersetzt durch **das gewählte Wort**.

Tipp

Vergesst nie zu überprüfen, ob das eingesetzte Wort auch wirklich passt. Nutzt dazu die Klangprobe.
Hinweise zur Klangprobe findet ihr in der Werkstatt Sprache auf Seite 206.

3 Übt so und lernt das Wörterbuch immer besser kennen:
- Einer schreibt mit dem Computer einen Satz mit einem unpassenden oder unschönen Wort.
- Der andere sucht im Thesaurus nach einem passenderen Wort und ersetzt das störende.

4 Besprecht, wann und wozu ihr den Thesaurus nutzen könnt.

5 Erstellt mit dem Thesaurus zu Verben wie *kommen*, *schwimmen* oder *treffen* ein Wortfeld.

Im Rechtschreibwörterbuch nachschlagen

Dein Wörterbuch sollte am besten griffbereit auf deinem Tisch liegen. Denn nur, wenn du das Wörterbuch immer wieder benutzt, kannst du dich darin schnell und sicher orientieren.

1 Besprecht in Partnerarbeit, was ihr in dem folgenden Wörterbuchauszug alles über Wörter erfahrt.

Mein Schulwörterbuch

150 151

hygienisch

F G H **I** J K L

Hygiene, *kein Plural*; Hy-gi-ẹ-ne; **hygienisch** (sauber, rein)

Hymne, die (Lobgesang); der Hymne, die Hymnen; Hym-ne; vor dem Spiel erklang die Nationalhymne

Hyperlink, der [haiperlink] (per Mausklick herstellbare elektronische Verbindung); des Hyperlinks, die Hyperlinks; Hy-per-link

hypermodern (übertrieben modern); *keine Steigerung*; hy-per-mo-dẹrn

Hypnose, die (schlafähnlicher Zustand, der durch Suggestion bewirkt wird); der Hypnose, die Hypnosen; Hyp-nọ-se; **hypnotisieren**; er hat den Patienten hypnotisiert

Hypothek, die (Belastung, vor allem auf einem Grundstück); der Hypothek, die Hypotheken; Hy-po-thẹk; eine Hypothek auf das Haus aufnehmen

Hypothese, die (begründete, doch unbewiesene Annahme); der Hypothese, die Hypothesen; Hy-po-thẹ-se; **hypothetisch**; eine hypothetische Annahme

Hysterie, die (übermäßig nervöses Aufgeregtsein); der Hysterie, die Hysterien; Hys-te-rie; **hysterisch**; eine hysterische Stimmung

I

IC, der = Intercityzug; der **ICE** = Intercity-expresszug

ich [Pron.]; ich; die **Ichform** (*auch* Ich-Form); eine Erzählung in der Ichform; die **Ichsucht** (*auch* Ich-Sucht); in ihrer Ichsucht dachte sie nicht an die anderen

ideal (vollkommen, perfekt); idealer, am idealsten; ide-al; ideale Bedingungen zum Skilaufen; das **Ideal** (vorschwebendes Muster, Ziele); das **Idealbild**; der **Idealfall**

Idealismus, der; des Idealismus, *kein Plural*; Ide-a-lis-mus; er ging voller Idealismus an die Arbeit; der **Idealist**; **idealistisch**; sie hat idealistische Vorstellungen vom Leben

Idee, die; der Idee, die Ideen; Idee; er hat immer gute Ideen

Identifikation, die (Feststellen der Identität); der Identifikation, die Identifikationen; Iden-ti-fi-ka-ti-ọn

identifizieren; du identifizierst, er identifizierte sich mit dieser Idee, sie hat den Täter identifiziert; iden-ti-fi-zie-ren; die **Identifizierung**

identisch (übereinstimmend, völlig gleich); *keine Steigerung*; idẹn-tisch; identische Muster; die **Identität** (Echtheit, Übereinstimmung)

Ideologie, die (Weltanschauung, Grundeinstellung); der Ideologie, die Ideologien; Ideo-lo-gie; **ideologisch**; eine ideologische Frage

Idiot, der; des Idioten, die Idioten; Idi-ọt; **idiotisch**; ein idiotischer Einfall

Idol, das (verehrter Mensch, Wunschbild); des Idols, die Idole; Idol; er war das Idol einer ganzen Generation

Idyll, das (Bild oder Zustand eines friedlichen, beschaulichen Lebens); des Idylls, die Idylle; Idyll; **idyllisch**; sie wohnen in idyllischer Umgebung

Igel, der (Stacheltier); des Igels, die Igel; Igel

Iglu, der/das (Schneehütte der Eskimos); des Iglus, die Iglus; Ig-lu

Ignorant, der (Unwissender); des Ignoranten, die Ignoranten; Ig-no-rạnt; die **Ignoranz** (Unwissenheit, Dummheit)

ignorieren (nicht zur Kenntnis nehmen); du ignorierst, er ignorierte, sie hat meine Anwesenheit einfach ignoriert; ig-no-rie-ren

ihm [Pron.]; ihm; sie hat ihm ein Buch geschenkt; **ihn**; wir werden ihn einladen; **ihnen**; wir müssen ihnen helfen; liebe Frau Müller, ich gratuliere Ihnen zum Geburtstag

ihr [Pron.]; ihr; ihr werdet euch sicher freuen; **ihrerseits**; ih-rer-seits; sie hat ihrerseits alles getan; **ihresgleichen**; **ihretwegen**; **ihretwillen**

illegal (ungesetzlich); *keine Steigerung*; il-le-gal; die **Illegalität**; sie lebten jahrelang in der Illegalität

Illusion, die (Wunschvorstellung, Sinnestäuschung); der Illusion, die Illusionen; Il-lu-si-ọn; **illusionslos**; sie blickt illusionslos in die Zukunft; **illusorisch**; er hat illusorische Vorstellungen

Illustration, die (Abbildung, Erläuterung); der Illustration, die Illustrationen; Il-lus-tra-ti-ọn/Il-lust-ra-ti-ọn; **illustrieren**; ein namhafter Künstler hat das Buch illustriert

Iltis, der (kleines Raubtier); des Iltisses, die Iltisse; Il-tis; → Frettchen

im [Präp.] (in dem); im; im Haus (wo? → Dat.); im Garten; im Allgemeinen, im Besonderen, im Einzelnen, im Großen und Ganzen

Image, das [imidsch] (Ansehen in der Öffentlichkeit); des Images, die Images; Image; das Image der Firma; **imaginär** (nur vorgestellt)

Imbiss, der; des Imbisses, die Imbisse; Im-biss; der **Imbissstand** (*auch* Imbiss-Stand)

Imitation, die (Nachahmung); der Imitation, die Imitationen; Imi-ta-ti-ọn; **imitieren**; sie hat die Lehrerin gut imitiert

Imker, der (Bienenzüchter); des Imkers, die Imker; Im-ker; die **Imkerei**; die **Imkerin**

Immatrikulation, die (Einschreibung an

Stichwörter suchen

2 Wiederhole und erweitere dein Wissen und Können. Wähle dazu aus den folgenden Nachforschaufgaben und Übungen a) – d) aus. Nutze zum Nachschlagen den Wörterbuchauszug auf Seite 266.

a) Kreuze an (Folie) und schlage erst dann nach.
Nach welchem Stichwort findest du ***Imbiss***?
☐ *nach* ***Imker*** ☐ *nach* ***Image*** Begründe!

b) Kreuze an (Folie) und schlage erst dann nach.
Zwischen welchen Stichworten steht ***Igel***?
☐ ***zwischen Idyll und Iglu*** ☐ ***zwischen Iltis und im***
Begründe!

c) Unter welchem Stichwort findest du die folgenden Wörter? Notiere sie jeweils mit dem Stichwort in Klammern.
er hypnotisierte, idiotisch, illustrieren, ihretwegen, Imbissstand, Imkerin
Er hypnotisierte **(hypnotisieren)**,…

d) Jetzt bist du daran. Stelle ähnliche Fragen und Aufgaben.
Ein Mitschüler soll sie beantworten oder lösen.

Wenn Greta nicht genau weiß, ob ein Wort so oder ähnlich geschrieben wird, notiert sie erst einmal beide Möglichkeiten und schlägt dann im Wörterbuch nach:

→ *Mehr zu dieser Strategie erfährst du in der Werkstatt Rechtschreibung auf Seite 225.*

Rund um den Nordpol erstregt / erstreckt sich das Gebiet der Arktis. Die Tundra, die Landschaft am Rand des Polarmeeres, ist kark/karg und baumlos. Bis auf die Fußsohlen / Fusssohlen und die Nasenspitze ist der Eisbär in einen dicken, Wasser abweisenden Pelz gehüllt. Viele Eskimos leben vom Fischfang und von der Jagd /Jakd. Hosen und Anoraks aus Fell schützen die Eskimos vor den eisigen Temperaturen / Themperaturen.

3 Benutze jetzt dein Wörterbuch und schreibe dann die Sätze richtig ab. Notiere hinter jedem Wort in Klammern die Seitenzahl, auf der du das Wort gefunden hast.

Hinweise zu Stichwörtern im Wörterbuch verstehen

schaffen; du schaffst, er schaffte, sie hat die Strecke in acht Minuten geschafft	*Zeitformen der Verben*: *Präsens:* du schaffst *Präteritum:* er schaffte *Perfekt:* sie hat ... geschafft
Schluck, der; des Schluck(e)s, die Schlucke; Schluck; der **Schluckauf**; **Schluckbeschwerden**; **schlucken**; die **Schluckimpfung**, schluckweise; schluckweise heißen Tee trinken	*Deklinationsformen der Nomen:* – *Genitiv Singular:* des Schlucks oder des Schluckes – *Nominativ Plural:* die Schlucke
Synthesizer, der [ßịnteßaiser] (elektronisches Musikinstrument); des Synthesizers; Syn-the-si-zer	*Aussprachehilfen: Sprich das Wort so, wie es hier steht:* ßinteßaiser, *Bedeutungsangaben:* elektronisches Musikinstrument *Worttrennung am Zeilenende:* Syn-the-si-zer
schluderig (*auch* schludrig) (nachlässig); schluderiger, am schluderigsten; schlu̲-de-rig; eine schludrige Schrift; **schludern**	*Steigerungsformen der Adjektive*: – *Komparativ:* schluderiger – *Superlativ:* am schluderigsten *Betonung:* *Punkt* (ụ) = *kurzer, betonter Vokal* *Strich* (u̲) = *langer, betonter Vokal*

4 Welche Angaben findest du zu den Stichwörtern **Hymne, identisch, Idee, Idol, Iglu, illegal** auf Seite 266? Übernimm die Tabelle ins Heft und ergänze sie, soweit wie möglich:

Stichwort	andere Formen	Silbentrennung	Worterklärung
Hymne	...	...	...

5 Überprüft in Partnerarbeit, welche der Angaben und Zeichen in eurem Wörterbuch vorkommen:

a) zur Aussprache
b) Betonung (lang oder kurz)
c) Bedeutung des Wortes
d) Zeitformen des Verbs
e) Genitivform des Nomens
f) Pluralform des Nomens
g) Trennung

Sucht jeweils fünf Beispiele.

6 Einige der Wörter in den folgenden Sätzen sind so geschrieben, wie man sie ausspricht. Schreibe sie richtig auf. Nutze dazu dein Wörterbuch.

a) Die Arbeit der [kaubeus] war hart.
b) Wir sammeln unsere Gartenabfülle in einem [kontener].
c) Die Katze verkriecht sich unter der [kautsch].
d) Am liebsten esse ich [rababer]kuchen.
e) Unsere Basketballmannschaft trägt ein rotes [triko].
f) Mein [kusäng) besitzt einen weißen [zilinder].
g) Die [ägübter] entwickelten die Schrift der [hüroglüfen].
h) Die Schriftzeichen wurden mit einem Pinsel auf [papürus] geschrieben.

7 Besprecht in Partnerarbeit, welche Hilfen aus dem Wörterbuch ihr zur Bearbeitung der Aufgabe nutzen konntet.

8 Setze das richtige Wort in die Sätze a) – d) ein.
- Nutze dein Wörterbuch.
- Probiere auch aus, ob das Rechtschreibprogramm deines Computers dir bei der Aufgabe hilft.

a) Die ✻ ernährt sich von Samen und Insekten. (Lärche oder Lerche?)
b) Ich bekomme nicht ✻ Geld wie mein Bruder. (soviel oder so viel?)
c) Du musst den Schaden wieder ✻. (gut machen oder gutmachen?)
d) Du hast mich aber ✻! (erschreckt oder erschrocken?)

Wörter trennen

Jana schreibt ihre Geschichte am Computer.

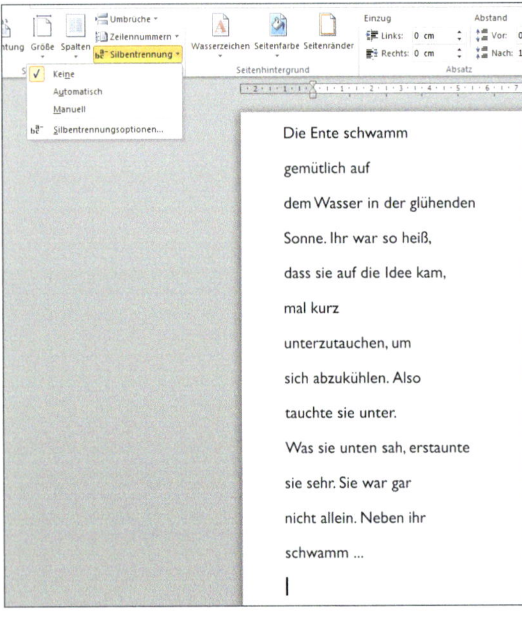

1 Jana hat vergessen, die automatische Silbentrennung einzuschalten.
- Was hätte sie dazu tun müssen?
- An welcher Stellen hätte der Computer wahrscheinlich eine Trennung vorgenommen?
- Was hätte sich am Text dadurch geändert?

Finde Antworten im Gespräch mit einem Mitschüler.

2 Überprüft euer Gesprächsergebnis zu den Fragen in Aufgabe 1 am Computer. Überlegt, probiert aus und lasst euch beraten, wie ihr am besten vorgeht.

3 Sucht zu den Trennungen des Computers nach der passenden Regel, die der Computer automatisch anwendet:

Wörter trennt man nach ***Sprechsilben*** *– so wie es sich beim langsamen und deutlichen Sprechen eines Wortes ergibt:* ***Sil ben tren nung***

a) Wenn in einem Wortteil mehrere Buchstaben für Konsonanten aufeinander folgen, rückt der letzte auf die nächste Zeile: ***schimp-fen, Förs-ter, Wes-pe***

b) *ch* und *sch* bilden eine Einheit und werden so getrennt: ***su-chen, wa-schen***

c) *ck* trennt man so: ***Zu-cker, Ho-cker***

d) Einzelne Buchstaben am Wortanfang oder Wortende werden nicht abgetrennt: ***oben, neue***

4 Trenne die Wörter der Wörtersammlung so oft wie möglich.
- Schreibe sie dazu mit Silbentrennstrich auf: *Abend (d), Ap-fel (a),...*

der Abend	*der Apfel*	*das Auge*	*das Auto*	*das Brötchen*
die Eier	*eigentlich*	*die Fackel*	*flicken*	*fluchen*
freundlich	*die Geschwister*	*die Gespräche*	*gestern*	
herrschen	*horchen*	*huschen*	*Kastanie*	*knirschen*
knuspern	*nisten*	*der Ofen*	*putzen*	*quietschen*
die Ruine	*schwierig*	*tauschen*	*trösten*	*die Vermutung*
wachen	*wahrscheinlich*	*waschen*	*wenig*	*die Wespe*
die Woche	*zwischen*			

Hallo Lisa,
bei der Überfahrt nach
Baltrum war es ganz schön
stürmisch und schaukelnd
auf der Fähre. Dafür wurden
wir heute Morgen durch
strahlenden Sonnenschein
geweckt. Gleich geht es los
zum Strand. Ich werde
für Dich Muscheln und Seesterne
sammeln.
Viele Grüße Benedikt

An
Lisa Brinkmann
Am Dornbusch 4
30167 Hannover

5 Wo hätte Benedikt trennen sollen? Was hätte er dadurch erreicht?

6 Übt gemeinsam: Einer diktiert aus dem Wörterbuch ein Wort. Der andere trennt es mit Silbentrennstrich und begründet die Trennung. Überlegt, wie ihr die Übung am Computer durchführen könnt.

7 Lies die folgenden Wörter.
- Was stellst du fest?
- Kannst du richtig bzw. sinnvoll trennen?
- Schreibe deinen Vorschlag mit Silbentrennstrich auf.

Fernse-
hecke

Zwergels-
tern

Heima-
torte

Klofens-
ter

Bettde-
cke

Hühnerei-
er

Walda-
meise

Blumento-
pferde

Spin-
nennetz

Wochenen-
de

Wissen und Können

Sprechen und Zuhören

Auf dieser Seite findet ihr einige Regeln aus dem letzten Schuljahr. Sie erinnern euch daran, worauf es ankommt, wenn ihr miteinander diskutiert oder etwas vorträgt. Ihr könnt sie zur Vorbereitung und auch als Checklisten nutzen, um eine Rückmeldung zu bekommen, was gelungen ist und was ihr weiter üben solltet:
++ besonders gut / + gut / o fehlt, verbessern, weiter üben.

▸▸ Wenn ihr euch zu einem strittigen Thema austauscht, achtet darauf, dass bestimmte **Gesprächsregeln** eingehalten werden und dass es dabei fair zugeht.

→ S. 272.

Checkliste

( ) den anderen ausreden lassen
( ) zum Thema sprechen
( ) beim Thema bleiben
( ) Aussagen begründen
( ) zuhören
( ) sich auf den anderen beziehen
( ) nachfragen
( ) sich fair verhalten

▸▸ Wenn du ein **Gedicht vorträgst** oder während einer **Buchvorstellung** eine **Leseprobe** gibst, solltest du den Vortrag gut vorbereiten: Nutze dazu die Vorlesezeichen.

Vortrags-/Vorlesezeichen

___ = besonders betonen
/ = kurze Pause
// = längere Pause
‹ = lauter werden
› = leiser werden
⁀ = ohne Pause weiterlesen

Checkliste zur Rückmeldung:

++ besonders gut / + gut / 0 verbessern
( ) Zuhörer angeschaut
( ) Wichtiges betont
( ) Sprechpausen eingelegt
( ) Sprechtempo auf den Text abgestimmt

→ S. 33, S. 117, S. 141

Schreiben

Schreibanlässe und Schreibziele

(1) Du schreibst aus ganz verschiedenen Anlässen und kannst mit deinen Texten unterschiedliche Adressaten und Ziele erreichen:

Du schreibst für dich selbst und notierst deine Gedanken und Gefühle in einem Tagebuch (→ S. 17) oder drückst sie in einem Gedicht aus (→ Parallelgedichte schreiben, S. 144/145).

(2) Du wendest dich an jemanden **mit einer bestimmten Absicht**:

a) Du schreibst jemandem einen Brief (z. B. an den Schulleiter), um ihn mit Argumenten von deiner Meinung zu überzeugen (→ S. 20–23). Mache dir dabei klar, an wen du deine Stellungnahme richtest, damit du den Adressaten richtig ansprechen und ihn überzeugen kannst. (→ Checkliste für eine Stellungnahme, S. 23).

b) Du schreibst einen **Bericht**, in dem du deine Adressaten sachlich, ohne Gefühle und Bewertungen über etwas Besonders oder Interessantes (z.B. über das Leben von Kindern in aller Welt) informierst (→ Checkliste zur Überprüfung eines Berichts, S. 74).

(3) Du schreibst einen **Interpretationstext**, z. B. zu Fabeln, in dem du wiedergibst, von wem die Fabel stammt, was in der Fabel passiert und wie sie aufgebaut ist. Darüber hinaus musst du angeben, welche Lehre die Fabel enthält und darüber nachdenken, ob die Fabel und die Lehre noch in die heutige Zeit passen (→ Checkliste für den Interpretationstext einer Fabel, S. 154-156, S. 162).

(4) Du schreibst mit Fantasie einen Text, in dem du von einem eigenen Erlebnis erzählst oder eine Geschichte erfindest (→ S. 32–39). Du sollst deine Leser „fesseln“: Das gelingt dir am besten, wenn du deine Leser neugierig machst, wenn sie nicht direkt vorhersehen können, was passiert oder wenn du die Gedanken, Gefühle oder Ängste der Personen anschaulich wiedergibst (→ „Spannungsmacher“, S. 33). Solche Erzählungen stehen im Präteritum.

(5) Du schreibst Erzähltexte aus der Jugend- und Kinderliteratur um, versetzt dich in die Personen (→ zwischen den Zeilen lesen, S. 92) und schreibst aus der Perspektive von Textfiguren (→ S. 89), nimmst mit ihnen selbst Kontakt auf und schreibst Briefe oder E-Mails (→ S. 89) oder du gestaltest die Texte um (→ einen Text im darstellenden Spiel gestalten, S. 171-175) oder schreibst sie weiter (→ z.B. S. 89). Nutze hierzu auch die Checkliste für das Um- und Weiterschreiben auf Seite 93.

Schreibprozess

Beim Schreiben all dieser Texte kannst du folgende „Faustregel“ beachten:

- Überlege genau, was im Schreibauftrag von dir verlangt wird.
- Vor dem Schreiben solltest du deinen Text planen und entwerfen.
- Es ist nützlich, wenn du deinen Text überarbeitest.
- Erst dann solltest du die Reinschrift anfertigen und abgeben.

Schreibvorbereitung: den **Schreibauftrag** sorgfältig lesen:

- Der Schreibauftrag weist auf das Thema hin, zu dem du schreiben sollst.
- Er gibt dir an, warum du den Text schreiben sollst.
- Er weist auf einen möglichen Adressaten hin, an den dein Text gerichtet sein soll.
- Er weist auf die Art und Weise hin, wie du schreiben sollst.

Schreibideen sammeln und ordnen:

- Notiere alle Ideen in Stichpunkten oder kurzen Sätzen. Nutze auch Lexika, Wörterbücher, Sachbücher oder das Internet.
- Ordne deine Informationen und Ideen: Was gehört an den Anfang, wie geht es im Hauptteil weiter und was gehört an den Schluss?

Formuliere einen ersten **Textentwurf**. Schreibe ganze Sätze. Ein Text entsteht durch das ständige Erproben von Formulierungen und Einarbeiten von neuen Ideen:

- Trifft die gefundene Formulierung das von mir Gemeinte und das Schreibziel?
- Muss ich etwas ergänzen, weglassen, umstellen oder ganz neu schreiben?

Einen **Text überarbeiten**

- Habe ich wirklich geschrieben, was ich meine und mitteilen will oder soll? Trifft es die Sache, gehört es zum Thema?
- Ist der Text sinnvoll aufgebaut oder sollte man Textteile oder Sätze umstellen?
- Kann der Leser mich verstehen oder muss ich Ausdrücke, Formulierungen oder Sätze umformulieren oder austauschen?
- Habe ich die passenden Wörter gewählt, sind die Sätze vollständig und habe ich Rechtschreibfehler vermieden?

Nach der Überarbeitung fertigst du die **Reinschrift** an. Die Form der Reinschrift ist abhängig von der geforderten Darstellungsweise. Für einen Brief oder eine E-Mail zum Beispiel gelten andere Regeln als für ein Plakat, eine Computer-Präsentation oder einen Vortragstext. Immer aber geht es darum, dass dein Text „leserfreundlich“ ist.

Lesen – Texte und Medien

Literarische Texte

Zu den literarischen Texten zählen **Romane** (z. B. Jugendbücher), **Erzählungen**, **Fabeln**, **Gedichte** oder **Theaterstücke**. Literarische Texte sind von einem Autor oder einer Autorin verfasst worden, um uns zu unterhalten oder zum Nachdenken zu bringen.

Kinder – und Jugendbücher

In diesem Sprach-Lesebuch lernst du viele erzählende Texte aus der Kinder- und Jugendliteratur kennen. Zu literarischen Texten werden dir Fragen gestellt, die du dann schriftlich beantworten musst. Dabei kannst du so vorgehen:

- Überfliege den Text und versuche herauszufinden, worum es geht. Welche Hauptfiguren kommen vor, in welcher Situation sind sie? Wo und wann spielt die Geschichte? Suche und markiere im Text alle Stellen mit Hinweisen zu diesen Fragen.
- Lies die Geschichte jetzt noch einmal genauer und denke über Personen und Handlung nach. Wie würdest du die Personen charakterisieren? Wie verhalten sie sich? Wie fühlen sie sich? Warum verhalten sie sich so? Wie stehen die Personen zueinander? Gibt es Spannungen und Konflikte? Warum?
- Oft sind Gefühle und Spannungen nicht direkt ausgedrückt, sondern du musst zwischen den Zeilen lesen. Markiere wichtige Stellen. Versetze dich in die Personen und mache dir klar, was in ihnen vorgeht. Schreibe ihre Gedanken auf („Gedankenblase“).

▸▸ Lies die Geschichte „Computer- Miri“ von Sabine Jörg (→ S. 120–122):
  - Miri löscht „Rudi 1–13“ auf ihrem Computer. Schreibe die E-Mail, die sie Rudi am nächsten Tag schreibt.

Fabeln

Fabeln sind kurze Geschichten, in denen Tiere menschliche Eigenschaften haben. Fabeln werden erzählt, damit wir Menschen vom Beispiel der Tiere lernen. Fabeln sind immer gleich aufgebaut: Am Anfang steht die Ausgangssituation. Im Hauptteil, der oft als Gespräch gestaltet ist, wird die Auseinandersetzung der Tiere erzählt. Der Schluss der Fabel enthält eine knappe Lösung. Fabeln wollen eine Lehre vermitteln, diese Lehre kann, muss aber nicht am Ende direkt genannt werden. Du kannst eine Fabel folgendermaßen bearbeiten:

- Verschaffe dir einen Überblick über die Fabel und gliedere sie,
- gib die Handlung der Fabel wieder,
- denke über die Fabel nach und versuche die Lehre zu entdecken.

▸▸ Bearbeite die Fabel „Der Rabe und der Fuchs“ (→ Seite 152, S. 154-156).

Gedichte

Gedichte unterscheiden sich von erzählenden Texten vor allem durch ihre Form: Sie sind in **Versen** oder **Zeilen** geschrieben, die oft in **Strophen** zusammengefasst sind. Wenn ein Satz nicht mit einer Zeile endet, sondern noch in die nächste Zeile „springt", nennt man dies **Zeilensprung**. Die Verse/Zeilen können sich jeweils am Ende reimen, müssen es aber nicht. Wenn zwei aufeinander folgende Verse sich reimen, spricht man von einem **Paarreim** *(aabb)*; ein anderer beliebter Reim ist der **Kreuzreim** *(abab)*.
Wenn du ein Gedicht untersuchst, willst du noch besser verstehen, welche Stimmungen, Gefühle und Eindrücke der Dichter vermittelt. Achte auf die Form, auf besondere Wörter und Formulierungen, sprich dir das Gedicht laut vor oder male ein Bild dazu.
Du kannst auch selbst Gedichte nach Spielregeln schreiben, um eine besondere Stimmung oder eigene Gefühle und Gedanken auszudrücken (→ Parallelgedichte schreiben, S. 144/145).

▸▸ Lies das Gedicht „Sommer" von Ilse Kleberger:
- Nach welcher „Spielregel" ist dieses Gedicht verfasst?
- An welche Stellen passen folgende Wörter:
  Schokolade, Brauselimonade, versteckt, Moosen?
- Schreibe das Gedicht weiter. Du brauchst nicht zu reimen:
  Weißt du, wie der Sommer klingt?

Ilse Kleberger

Sommer

Weißt du, wie der Sommer schmeckt?
Nach gelben Aprikosen
Und Walderdbeeren, halb
Zwischen Gras und

nach Himbeereis, Vanilleeis
und Eis aus
nach Sauerklee vom Wiesenrand
und

Sachtexte und Medientexte

Zu den Sachtexten gehören z. B. Briefe (→ z.B. S. 20), Zeitungsberichte (→ z.B. S. 95), Reportagen (→ z.B. S. 66-69), Auszüge aus Sachbüchern (→ z.B. S. 100-117) oder Texte aus dem Internet (→ z.B. S. 125). Dort findest du sie am besten, wenn du sie über eine Kindersuchmaschine suchst, z. B. *www. kindernetz.de* oder *www.blindekuh.de.* Sachtexte enthalten häufig auch Abbildungen, um etwas anschaulich zu machen (→ S. 115/116) oder auch Tabellen und Diagramme (→ S. 128/129), um Informationen kurz und übersichtlich darzustellen.

Sachtexte lesen und verstehen

Lesetipps, um Sachtexte zu verstehen:

- Was erwartest du, wenn du Überschrift und Abbildungen siehst?
- Überfliege den Text und erfasse dabei das Wichtigste.
- Finde Zwischenüberschriften. So verschaffst du dir einen Überblick.
- Informationssuche mit W-Fragen: *Wer? Was? Wie? Wann? Wo? Warum?*
- Denke über das Gelesene nach und beurteile es.

▸▸ Bearbeite den Sachtext „Deine Eltern – (K)ein Problem?! (S. 125). Nutze die Lesetipps.

Abbildungen (z. B. Diagramme) lesen und verstehen

- Stelle fest, um welches Thema es geht. Dabei helfen Überschriften oder Kurztexte.
- Mache dir klar, was die Zahlen, Farben und Balken bedeuten. Dabei hilft dir oft eine Legende (Zeichenerklärung).
- Suche aus dem Diagramm einzelne Informationen heraus und fasse sie in Worte.
- Bewerte die Informationen: Halte fest, was dir besonders auffällt.

Wortbedeutungen entschlüsseln (z.B. Fach- oder Fremdwörter)

- Achte auf den Textzusammenhang. Lies noch einmal die Sätze, die vor und nach dem schwer verständlichen Wort stehen, dann kannst du die Bedeutung erschließen.
- Manchmal werden schwierige oder wichtige Wörter im Text selbst erklärt, z.B. durch Doppelpunkte, Klammern oder Formulierungen wie *z. B., dies bedeutet, darunter versteht man* usw.
- Manche Wörter musst du in ihre Bestandteile zerlegen, um ihre Bedeutungen zu verstehen (Hinweise hierzu: → Zusammensetzungen S. 190/191 , → Ableitungen S. 192/193).
- Ersetze das unbekannte Wort durch ein Synonym (S. 208).
- Schlage die Bedeutung der unbekannten Wörter im Lexikon oder Wörterbuch nach.

Sprache

Wortarten (→ S. 182-184)
Nomen (→ S. 184) kommen in der Einzahl und Mehrzahl vor und werden dekliniert: *der Fuchs, die F**ü**chs**e***
Verben (→ S. 194/195) werden konjugiert *(er frag**t**)* und stehen in verschiedenen Zeiten: *er frag**te** (Präteritum), er **hat gefragt** (Perfekt), er **hatte gefragt** (Plusquamperfekt), er **wird fragen** (Futur)*
Adjektive (→ S. 210/211) können vor Nomen stehen und werden dann dekliniert: *Der Fuchs sah die **reifen** Trauben.*
Artikel (→ S. 185) stehen vor den Nomen und werden auch dekliniert: ***Eine** Maus hatte **dem** Fuchs zugesehen.*
Pronomen (→ S. 185) können Nomen ersetzen: *Die Maus wollte **ihn** ärgern.*
Adverbien (→ S. 187) geben an, wann, wo oder wie etwas geschieht: ***Dann** rannte die Maus weg.*
Präpositionen (→ S. 186) geben Hinweise auf Ort und Richtung, Zeit, Grund oder Art und Weise: *Die Maus flüchtete **in** das Mauseloch.*
Konjunktionen (→ S. 212/213) verbinden Sätze miteinander: *Die Maus blieb in ihrem Loch sitzen, **weil** sie große Angst hatte.*

- ▶▶ Bestimme die Wortarten: *Der Löwe verfolgte eine Ziege und er fiel plötzlich in ein tiefes Loch.*

Die vier Fälle
Nomen, **Artikel** und **Pronomen** verändern sich in Sätzen. Sie stehen in den vier Fällen **Nominativ, Genitiv, Akkusativ** und **Dativ** (→ S. 195, 202, 204).

- ▶▶ In welchen Fällen stehen die unterstrichenen Wörter? *<u>Ein Hase</u> begegnete <u>einem Löwen</u> und bat <u>ihn</u> um Hilfe. <u>Die Antwort</u> <u>des Löwen</u> erstaunte <u>den Hasen</u>.*

Verben und Zeiten
Präsens (→ S. 197): *ich trage, ich laufe*
Präteritum (→ S. 196, 198): *ich trug, ich lief*
Perfekt (→ S. 182): *ich habe getragen, ich bin gelaufen*
Plusquamperfekt (→ S. 198/199) *ich hatte getragen, ich war gelaufen*
Futur (→ S. 197) *ich werde tragen, ich werde laufen*

- ▶▶ Bestimme die Zeitformen: *Nachdem der Löwe eine Zeit lang geschlafen hatte, stand er auf und dachte bei sich: „Ich habe den ganzen Tag noch nichts gefressen und habe großen Hunger. Ich werde mir mal etwas zum Fressen besorgen.“*

Satzglieder (→ S. 194/195)
Sätze bestehen aus verschiedenen **Satzgliedern**. Du kannst sie durch die Umstellprobe bestimmen (→ S. 209).
Subjekt und Prädikat kommen in jedem Satz vor (→ S. 204).
Sätze können außerdem ein **Akkusativobjekt**, ein **Dativobjekt** (→ Seite 194/195) und weitere **adverbiale Bestimmungen** (→ S. 204/205) enthalten.

- Bestimme die Satzglieder: *Nach einiger Zeit begegnete der hungrige Löwe einem Esel an einem Wasserloch.*

Das **Prädikat** ist das Zentrum des Satzes, denn von ihm hängt ab, welche weiteren Mitspieler (Satzglieder) im Satz stehen können (→ S. 194/195).

- Bestimme die Mitspieler zum Verb *geben* (Hilfen auf → S. 194).

Wortbildung
Es gibt zwei Hauptarten der Wortbildung:
Eine **Wortzusammensetzung** (Kompositum) (S. 190/191) ist aus mehreren selbstständigen Wörtern zusammengesetzt: *Laub + Baum = Laubbaum*. Zusammensetzungen bestehen aus einem **Grundwort** (hier *Baum*) und einem **Bestimmungswort** (hier: *Laub*).
Das Grundwort wird durch das Bestimmungswort näher beschrieben:
Laubbaum, Nadelbaum, Maibaum, Obstbaum.

- Markiere alle Zusammensetzungen. Erkläre sie (Hilfen → S. 190/191):

Bergwälder bestehen oft aus Nadelbäumen. Nur oben am Berggipfel gibt es eine waldfreie Zone. An den Berghängen verhindern die Nadelbäume, dass die Erde ins Tal rutscht.

Eine **Wortableitung** (Derivation, S. 192/193) besteht aus mehreren Wortbausteinen.
Wörter mit dem gleichen Wortstamm bilden eine **Wortfamilie** *(**Freund**/**Freund**in, **Freund**chen, sich an**freund**en, (un)**freund**lich, be**freund**et, **Freund**schaft).*
Wortbausteine vor dem Wortstamm (Vorsilbe, Präfix) geben oft Bedeutungshinweise (z. B. *un-freundlich* = Gegenteil von *freundlich*). An den Wortbausteinen nach dem Wortstamm (Nachsilbe, Suffix) erkennst du oft die Wortart (z. B. *-in* = weibliche Person; *-schaft* = Nomen; *-lich* = Adjektiv: *freundlich*).
Wortzusammensetzungen und Ableitungen lassen sich zu allen Wortarten bilden.

- Untersuche die Wortableitungen und trage sie in die Tabelle ein (wie → Seite 193):

Leo und Anna fahren mit dem Rad zur Schule. Lilly ist Fahrschülerin. Sie fährt mit dem Bus. Die Abfahrt verzögert sich. Dann fährt der Busfahrer so schnell, dass Lilly sich während der Fahrt gut festhalten muss.

Rechtschreibung

Fehlerquellen entdecken – Einen Fehlerbogen führen

▸▸ Sammle Wörter, die du häufig falsch schreibst. Nutze dazu eine Tabelle, wie du sie in der Werkstatt Rechtschreiben (→S. 239) findest.

Regelmäßig üben – am besten täglich eine Viertelstunde

▸▸ Führe dazu einen persönlichen Übungsplan. Übernimm darin für jede Übungsphase aus jedem Ideenspeicher A, B und C wenigstens eine Aufgabe.

Ideenspeicher A

1) Wörter **nach dem Abc ordnen**
2) Wörter **nach** der Anzahl der **Silben ordnen:**
   - Wörter mit einer Silbe: *bunt, das Gras, nass ...*
   - Wörter mit zwei Silben: *die Hütte, der Ofen, gelbe*
   - Wörter mit mehreren Silben:
3) Wörter **nach Wortbausteinen ordnen:**
   - Wörter mit vor-/Vor-: *vorlaufen, vorlesen, die Vorfahren*
   - Wörter mit ver-/Ver-: *verlaufen, verlesen, die Verwandten*

Ideenspeicher B

1) Zu einsilbigen Wörtern zweisilbige bilden: *Hut – Hüte, schlaff – schlaffer.* Die zweisilbigen **mit Silbenbögen unterlegen**
2) Zu einem Wort ein verwandtes Wort suchen und **Wortfamilien bilden**: *fahren: fährt, fuhr, gefahren, der Fahrer ...*
3) **Reimwörter bilden**: *nennen, kennen ...*
4) **Ein Wort** mit einem anderen **zusammenfügen**: *Baum: Baumhaus, Baumkrone ...*
5) **Wortzusammensetzungen zerlegen**: *Zwergkaninchen: Zwerg+Kaninchen*
6) Mit **Wortbausteinen** neue Wörter bilden: *fahren: anfahren, verfahren, wegfahren ...*

Ideenspeicher C

1) Mit Übungswörtern ein **Eigendiktat durchführen**
2) Sich Wörter **diktieren lassen** und **gemeinsam kontrollieren**
3) Mit Übungswörtern **kurze Sätze bilden**: *Unser Fernseher steht im Fernsehzimmer.*
4) Möglichst viele **Übungswörter in einem Satz** unterbringen:
   Viele liebe Tiere liegen auf der Wiese.
5) Mit Übungswörtern **lustige Sätze bilden**:
   Schliefen Riesen und sieben Wieselkinder auf der Wiese?

▸▸ Mit den Regeln aus wortstark 5 kannst du deine persönliche Regelsammlung in einem Regelheft anlegen. Ergänze sie nach und nach mit weiteren aus der Werkstatt Rechtschreiben.

Wann steht ein silbentrennendes h?

*die **Schue** oder die **Schuhe**, **geen** oder **gehen**?*

Wenn die betonte Silbe mit einem langen Vokal (auch ie) endet und die zweite mit einem Vokal beginnt, dann setzt man meistens ein h dazwischen. Dieses h zwischen zwei Vokalen nennt man **silbentrennendes h**: *Schuhe, gehen, hohe*

- Das h bleibt in anderen Formen erhalten: ***sieht***, der ***Zeh***, *es **zieht***, der ***Flohzirkus***.
- Wörter mit au, äu und eu haben niemals ein silbentrennendes h: sauer, freuen
- Einige Wörter mit ei haben ein silbentrennendes h, andere nicht: die Reihe, schneien.

Wann schreibt man Wörter mit ie?

*die **Rinde** oder die **Riende**, die **Dibe** oder die **Diebe**?*

- Das **lange i** wird in der betonten Silbe meistens ie geschrieben.
  Die Silbe vor dem i-Laut ist offen: ***gießen***, ***spielen***, die ***Ziege***.
- Das **kurze i** wird in der betonten Silbe mit **i** geschrieben. Die Silbe ist geschlossen: die ***Bilder***, die ***Kinder***.
- Wörter mit einer Silbe muss man verlängern. Dann kann man ie oder i erklären: ***biegt*** mit ***ie***, weil wir ***biegen***, ***Bild*** mit i, weil die ***Bilder***.

m, n, l … einfach oder doppelt?

*der **Hammer** oder der **Hamer**? der **Name** oder der **Namme**?*

- Bei Wörtern wie *die **Mutter*** und ***löffeln*** ist die betonte Silbe geschlossen. Der Buchstabe für den Konsonanten wird in der Mitte verdoppelt, damit der Vokal kurz gesprochen wird: *die **Mutter*** und nicht *die Muter*, ***löffeln*** und nicht *löfeln*.
- Bei Wörtern wie *der **Name*** und *der **Bruder*** ist die betonte Silbe offen. Der Buchstabe in der Mitte wird nicht verdoppelt, damit der Vokal lang gesprochen wird: *der **Name*** und nicht *der Namme*, der ***Bruder*** und nicht *der Brudder*.
- Um zu entscheiden, ob in einem einsilbigen Wort wie bellt der Buchstabe für den Konsonanten verdoppelt werden muss, verlängert man das Wort um eine Silbe: ***bellt*** mit ***ll***, weil *wir **bellen*** und nicht *wir belen*.

Gemeinsam lernen

Viele Aufgaben lassen sich besonders erfolgreich gemeinsam mit anderen lösen. Dazu findet ihr hier einige Methoden, die ihr schon aus dem letzten Schuljahr kennt. So könnt ihr hier nachlesen, wenn ihr euch nicht mehr genau erinnert und Hilfen braucht.

Sprecht nach der Arbeit mit einer Methode immer auch darüber,
- was geklappt hat,
- was man beim nächsten Mal ändern sollte,
- wann man die Methode noch einsetzen kann.

▸▸ Ich-Du-Wir-Methode

1. Jeder löst zunächst in Einzelarbeit die gestellte Aufgabe.
2. Anschließend vergleicht jeder sein Ergebnis mit einem Partner oder einer Partnerin.
3. Beide einigen sich im Gespräch auf ein gemeinsames Ergebnis.
4. Die Partner tragen ihr Ergebnis in der Klasse vor.
   Sie lernen die Ergebnisse der anderen kennen.
5. Sie vergleichen noch einmal ihr Ergebnis mit dem der anderen.
6. Falsche Ergebnisse werden berichtigt, unvollständige ergänzt und unverständliche umformuliert.

▸▸ Ein Karusselgespräch führen (Doppelkreis)

1. Bildet einen Innen- und Außenkreis. Jeweils ein Schüler aus dem Innenkreis und sein Gegenüber im Außenkreis sind jeweils Gesprächspartner.
2. Der Partner aus dem Außenkreis stellt seinem Gegenüber im Innenkreis seine Fragen. Der Partner im Innenkreis beantwortet sie.
3. Die Gesprächspartner wechseln, indem die Teilnehmer im Innenkreis auf ein Zeichen einen oder mehrere Plätze weiterrücken. Jetzt stellt der Partner im Innenkreis die Fragen, sein Gegenüber antwortet.
4. Der Platz- und Rollenwechsel wird zwei-bis dreimal wiederholt.

Eine Gesprächskette organisieren

1. Setzt euch in Gruppen zu einem Gesprächskreis zusammen.
2. Legt jemanden in der Gruppe fest, der als Erster seine Meinung äußert und begründet.
3. Er bestimmt den nächsten Schüler, der darauf reagieren soll.

Einen längeren Text in Partnerarbeit lesen

1. Setzt euch zu zweit zusammen: ein geübter (Lesetrainer) und ein ungeübter Leser (Lesesportler).
2. Der Lesetrainer liest den Text laut, der Lesesportler liest mit.
3. Der Lesetrainer liest den Text laut. Wenn der Lesesportler lesen möchte, gibt er ein Klopfzeichen und übernimmt einige Stellen.
4. Der Lesetrainer liest vor, und der Lesesportler erzählt mit eigenen Worten, was er gehört hat. Der Lesesportler sucht sich 2–3 Stellen aus und liest diese vor.

Einen Text in Vierergruppen erschließen

1. Bildet am besten Vierergruppen.
2. Alle Schüler lesen den ersten Abschnitt still durch.
3. Jetzt erhält jeder eine spezielle Rolle:
   Schüler/in 1 stellt Fragen zum ersten Abschnitt. Die anderen antworten.
   Schüler/in 2 konzentriert sich auf schwierige Wörter und Textstellen und fragt nach, wie die anderen sie verstanden haben.
   Schüler/in 3 fasst den Textabschnitt mündlich mit eigenen Worten zusammen.
   Schüler/in 4 äußert Erwartungen, was im folgenden Abschnitt stehen könnte.
4. Bei den nächsten Abschnitten wechseln die Rollen im Uhrzeigersinn.

Ein Gedicht auswendig lernen

1. Sprich das Gedicht mehrmals. Stell dir dabei alles vor.
2. Lernt zu zweit: Der Lerner spricht laut, der andere ist, wie im Theater, der Souffleur oder die Souffleuse (der Vorflüsterer). Er hilft aus, wenn der Lerner stecken bleibt.
3. Wenn das Gedicht der Klasse vorgetragen wird, sitzt der Souffleur dicht beim vortragenden Schüler und sagt vor, wenn dieser nicht mehr weiterweiß.

Autoren- und Quellenverzeichnis

Äsop
Der Rabe und der Fuchs S. 152
Der Löwe und die Maus S. 154
Maulwurf und Igel S. 162
Aus: Einhundert Fabeln. Hamburger Lesehefte Verlag 2007.

Brender, Irmela
Von Familie Quan S. 94
Aus: Irmela Brender: War mal ein Lama in Alabama. Hamburg: Oetinger 2011. S. 68.

Boie, Kirsten
Was ist mit Ulrich? S. 96
Aus: Kirsten Boie: Mit Jakob wurde alles anders. Hamburg: Oetinger 2011.

Bydlinski, Georg
Sommer S. 141
Aus: Georg Bydlinksi: Wasserhahn und Wasserhenne. Gedichte und Sprachspielereien. Wien: Dachs Verlag 2002. S. 46 (gekürzt).

de la Fontaine, Jean
Die Schildkröte und der Hase S. 158
Die Taube und die Ameise S. 160
Aus: J. de La Fontaine. Gesammelte Werke. Berlin: Fontane-Verlag 1980.

Grimm, Ludwig
Die beiden Ziegen S. 157
Aus: Ehrenwirth-Grundschulmagazin: Zeitschrift für die Unterrichtspraxis. 1981, Bd. 3, H.4. S. 15f.

Guggenmos, Josef
Ich male mir den Winter S. 140
Aus: J. Guggenmos. Ich will dir was verraten. Weinheitm/ Basel: Beltz & Gelberg 1992.

Regen 148
Aus: Josef Guggenmos: Was denkt die Maus am Donnerstag. Beltz & Gelberg 1998.

Hacks, Peter
Die Blätter an meinem Kalender S. 139
Aus: Peter Hacks: Der Flohmarkt - Gedichte für Kinder. 2001 Eulenspiegel Verlag Berlin.

Jörg, Sabine
Computer-Miri S. 120
Aus: Oder die Entdeckung der Welt. Hrsg. von Hans-Joachim Gelberg. Weinheim/Basel: Beltz & Gelberg 1997. S. 162–164.

Kant, Uwe
Der Geschichtenmacher S. 28
Aus: Oder die Entdeckung der Welt. 10. Jahrbuch der Kinderliteratur. Hrsg. von Hans-Joachim Gelberg. Weinheim/ Basl: Beltz&Gelberg 1997. S. 8.

Kilian, Susanne
Der Brief S. 90
Aus: S. Kilian. Kinderkram. Kinder-Gedanken-Buch. Weinheim/Basel: Beltz 1987.

Kirsten, Rudolf
Fuchs und Hase S. 214
Aus: R. Kirsten. Hundertfünf Fabeln. Zürich: Logos Verlag 1960.

Kleberger, Ilse
Sommer S. 276
Aus: Das Jahreszeiten-Reimebuch. Herder Verlag 1992.

Kordon, Klaus
Einer gegen alle S. 14
Aus: K. Kordon. Paula Kussmaul lässt nicht locker. Weinheim/Basel: Beltz & Gelberg 2001. S. 55ff.

Kreft, Marianne
Petra S. 192
Aus: Überall und neben dir. Beltz & Gelberg 1986, S. 24

Kunze, Rainer
Warum sind Löwenzahnblüten gelb? S. 142
Aus:http://www.schulzens.de/Grundschule/Allgemeines/Gedichte_3/gedichte_3.html#Loewenzahnblueten

Leitner, Hilga
Frühling S. 146
Aus: Hilga Leitner: Teddy 3. Esslingen: Schreiber Verlag 1972.

Mai, Manfred
Möglichkeiten S. 12
Aus: M. Mai. 1, 2, 3-Minutengeschichten. Ravensburg: Ravensburger Otto Maier 2006.

Masannek, Joachim
Vanessa, die Unerschrockene S. 86
Aus: J. Masannek. Die Wilden Fußballkerle. Bd. 3: Vanessa, die Unerschrockene. Frankfurt a.M.: Baumhaus Verlag 2002.

Meißner-Johannknecht, Doris
Das Geisterhaus oder Das Grauen lauert hinter der Tür S. 32
Aus: Doris Meißner-Johannknecht. Reihe Texte.Medien. Braunschweig: Schroedel Verlag 2007.

Moser, Erwin
Der alte Baum S. 48
Aus: E. Moser. Fabulierbuch. Geschichten und Bilder. Weinheim/Basel: Beltz & Gelberg 1989.

Nöstlinger, Christine
Frühling S. 144
Aus: Christine Nöstlinger, Der Frühling kommt. Hannover: Schroedel Verlag 1972.

Ogilvy, Ian
Miesel und der Kakerlakenzauber S. 42
Aus: Ian Ogilvy: Miesel und der Kakerlakenzauber. Ravensburg: Ravensburger Buchverlag 2007.

Pestum, Jo
Tato und Paul S. 201
Aus: J. Pestum. Der Feuerkopf. Geschichten vom Anderssein. München: Heinrich Ellermann Verlag 1994.

Schädlich, Hans Joachim
Der Sprachabschneider S. 186
Aus: Hans Joachim Schädlich: Der Sprachabschneider. Hamburg: Rowohlt 2007.

Schniebel, Jan Peter
Rotfuchs verkleidet sich S. 163
Aus: Jan Schniebels Comic strips. Rowohlt Taschenbuch Verlag: Hamburg 1974.

Siege, Nasrin
Jan kommt aus Deutschland S. 66
Aus: Was für ein Glück. 9. Jahrbuch der Kinderliteratur. Hrsg. v. Hans-Joachim Gelberg. Weinheim / Basel: Beltz & Gelberg 1993. S. 255ff.

Solowjow, Leonid
Wie Nasreddin einen Wirt mit dem Klang des Geldes bezahlte S. 176
Der Mehlsack S. 179
Aus: Die Schelmenstreiche des Nasreddin – von Leonid Solowjow! Übersetzt von Thomas Reschke. Berlin: Verlag Volk und Welt 1979.

Texte ohne Verfasserangabe und Texte unbekannter Verfasser

Auf einem Stuhl ... S. 79
Aus: Geolino 5/2012.

Brot und Blumen: Carolina von der Azoren-Insel Pico S. 73
Aus: Geolino 5/2012, S. 7.

Carlottas zahme Ziegen S. 183
Aus: Geolino 5/2010, S. 10 (Text leicht verändert und gekürzt).

Das klingt doch unglaublich: ... S. 186
Aus: GeoMini Ferienheft 2012, S. 64 f.

Deine Eltern – (K)ein Problem?! S. 125
Aus: http://www.blinde-kuh.de/sicherheit/deine-eltern.html.

Deine Eltern meckern gerne mal ... S. 132
Aus: http://www.internet-abc.de/kinder/meldung-umfrage-spielen.php?SID=Yg3oKxzTuxjfcXivzufR2KArUgwheTf.

Der stolze Schmetterling (Sudan) S. 157
Aus: http://www.ta7.de/txt/maerchen/maer0007.htm.

Die Expertin Iris Röll ... S. 83
Aus: Focus Schule, Heft 3/2011. Focus Magazin Verlag GmbH.

Die Wasserfledermaus S. 257
Aus: Klaus Richarz: Fledermäuse beobachten, erkennen und schützen. Stuttgart: Franckh-Kosmos Verlags-GmbH & Co. KG, 2011.

Dieb schickt Dali-Meisterwerk per Post zurück S. 203
Aus: ae/dpa, 30.06.2012.

Es ist nicht entscheidend ... S. 11
Aus: http://www.spruch-archiv.com/completelist/?user=Franz+Schmidberger&katsearch=18&skat=1.

Esel statt Müllwagen S. 213
Aus: Geolino 5/2007. S. 61 (Text leicht verändert).
Funkpirat verändert Bestellung bei Driveln-Restaurant S. 180
Aus: Echt wahr? Kuriose Meldungen der dpa. Hrsg. Fremdkörper. Tandem Verlag 2007.

Hase mit Engel S. 191
Aus: dpa, 19.06.2012.

Herbst S. 137
© 2008 GSM Grundschulmaterial Verlagsgesellschaft.

Interview mit Herrn Ries S. 51/52
Aus: kinatschu wald. Kinder&Naturschutz. Hrsg. v. Bundesamt für Naturschutz. S. 22–23.

In zwanzig Tagen um die Welt S. 198
Aus: dpa/AP.

Juan aus Kolumbien S. 64, S. 70.
Aus: http://www.younicef.de/fileadmin/Medien/PDF/geolino/Geolino-November-2011.pdf.

Kein Platz für wilde Tiere? S. 59
Aus: kinatschu wald. Kinder&Naturschutz. Hrsg. v. Bundesamt für Naturschutz. S. 11.

Klick für Klick ein Trick S. 225
Aus: Geolino 5/2012, S. 11.

Laila: Einmal Nepal und zurück S. 255
Aus: http://www.wasistwas.de/naturtiere/die-themen/artikel/link//ff54e6e610/article/laila-einmal-nepal-und-zurueck.html. 19.12.2011.

Leben als Hausmann S. 95
Text von Susanne Klaiber. Aus: www.sueddeutsche.de/leben/leben-als-hausmann-ist-ihre-frau-gar-nicht-da-1.1.1010865.

Ling lebt im Regenwald S. 62
Aus: http://www.gfbv.de/inhaltsDok.php?id=98.

Löwenzähne S. 143
Text von Philipp Günther. Aus: http://bildungsserver.hamburg.de/contentblob/2038038/data/handbuch-teil-3.pdf

Mädchen sind super! S. 84/85
Aus: Gregs Tagebuch. Meine besten Freunde. Köln: Baumhaus Verlag 2011.

Namaste! S. 77
Aus: Tanya Roberts-Davis. Kinder Nepals. Die Stimmen der Rugmark-Kinder. München: Blauburg Verlag 2002. S. 26f.

Nicht alles verdammen S. 125/126
Aus: Borkener Zeitung, 16.02.2012.

Ramsingh wehrt sich S. 196
Aus: Dietmar Mertens: Wald. Von Tieren, Pfllanzen, Urwaldmenschen. Stuttgart: Kosmos Verlag 2007. S. 58.

Spielend lernen – am Computer S. 130
Aus: http://www.dradio.de/dkultur/sendungen/ewelten/1806707/ (gekürzt). Von Nikolaus Steiner. 11.07.2012.

Spritztour im Auto S. 208
Aus: Geolino 10/2008, S. 4.

Till Eulenspiegel rächt sich an seinen Mitbürgern S. 169
Till und die Honigdiebe S. 173
Aus: Till Eulenspiegel. Würzburg: Arena Verlag 2006. S. 19 ff.

Unsere lieben Lehrer S. 217
Aus: Dein Spiegel 2/2011, S. 22 ff.

Urwälder – unberührte Natur S. 54 / S. 259
Text von Sixta Görtz. Aus: kinatschu wald. Kinder&Naturschutz. Hrsg. v. Bundesamt für Naturschutz. S. 4-5.

Wie Eulenspiegel zu Erfurt einen Metzger um einen Braten betrog S. 168.
Aus: Hermann Bote. Till Eulenspiegel. Kurzweilig neu erzählt von Walter Scherf. Würzburg: Arena 1975.

Zwei britische Polizisten ... S. 209
Aus: dpa, 14.06.2007.

Bildquellen

|akg-images GmbH, Berlin: 153 unten, 217. |Aktive Musik Verlagsgesellschaft mbH, Dortmund: Dimiter Inkiow: Aesops Fabeln 153 oben. |alamy images, Abingdon/Oxfordshire: 150, 150, 150, 151, 151, 151, 151. |Anzenberger Agentur für Fotografen, Wien: Mario Weigt 79. |Baumhaus Verlag in der Bastei Lübbe AG, Köln: Gregs Tagebuch: meine besten Freunde, 2008 © Diary of a wimpy Kid-Do-It-Yourself-Book by Amulet Books/ Harry N. Abrams, Inc., New York 84, 85, 85, 85. |Bildagentur Geduldig, Maulbronn: 54 links, 211 unten. |Blickwinkel, Witten: K. Wothe 55 rechts. |Börsenverein des Deutschen Buchhandels Stiftung, Frankfurt am Main: 117 links unten. |Bundesamt für Naturschutz, Bonn: 50. |creativ collection Verlag GmbH, Freiburg: 47 rechts. |Dorling Kindersley Verlag GmbH, München: 81, 81 beide Mitte oben, 101, 101 rechts und links, 117 2.v. oben; Foto: 123RF.com: inginsh 117.1. |F1online, Frankfurt/M.: Cultura Images 46 links. |Fabian, Michael, Hannover: 7, 9, 25, 126, 219, 242, 249, 261. |fotolia.com, New York: 300dpi 189; Alx_ Yago 61; Stormcab 204. |GEOlino, Hamburg: 81 links. |Gerstenberg Verlag GmbH & Co. KG, Hildesheim: Cover zu Maja Nielsen: Jane Goodall & Diane Fossey, Hildesheim 2008 117 unten rechts. |Getty Images, München: Mcbride, Joe 244; Monika Klum/National Geographic 196. |Hintz, Ingrid, Bad Salzdetfurth: 253. |Intro, Berlin: Rainer F. Steussloff 52. |Köcher, Ulrike, Hannover: 243. |laif, Köln: Anita bck 186 unten; Eva Haeberle 225. |Langer, Martin, Hamburg: 46 rechts. |Lochmann, Sabine, Frankfurt: 224. |Marckwort, Ulf, Kassel: 40. |mauritius images GmbH, Mittenwald: 3, 54 rechts, 55 unten; Hiroshi Higuchi 136 unten rechts; Thonig 190 oben. |Microsoft Deutschland GmbH, München: 264, 265, 270, 270. |Nationalpark Hainich, Bad Langensalza: Thomas Stephan 55 oben. |OKAPIA KG - Michael Grzimek & Co., Frankfurt/M.: 47 Mitte oben; Baumann 257; Reinhard 51; Willi Rolfes 136 2. v. rechts oben. |PantherMedia GmbH (panthermedia.net), München: 34 rechts. |Picture-Alliance GmbH, Frankfurt/M.: 47 links oben, 75, 136 links oben, 191, 203, 203; dpa-Report 205; Fabrice Coffrini/KEYSTONE 198; Lehtikuva_ Oy/dpa Bilderdienste 77; Link, Hubert/ZB 24. |plainpicture, Hamburg: 211 oben; alt-6 136 2.v. links oben. |Quest to Learn, Humanities Educatinal Complex, New York: Rachelle Vallon 130. |Reinhard-Tierfoto, Heiligkreuzsteinach: 210. |REUTERS, Berlin: 81 rechts oben; Guiseppe Piazza 213. |Rinspeed AG, Zumikon: 208. |Rowohlt Verlag GmbH, Hamburg: aus Jan P. Schniebel: Fuchs-Jux. Comic strips © 1974 rororo, Reinbeck 163. |RUGMARK / TRANSFAIR e.V., Köln: 77. |Schilling, Benjamin, Dortmund: 4, 64, 65, 70, 73. |Schmiedeskamp, Katja, Hannover: 260. |Shutterstock.com, New York: F. JIMENEZ MECA 34. |STADTLANDFLUSS, Frankfurt: Horst Noll 197. |Stapelfeldt, Tatjana, Hamburg: 183. |Stark, Friedrich, Dortmund: 67. |still pictures, Berlin: 66 oben. |Suhrkamp Verlag AG, Berlin: Till Eulenspiegel 173. |Superbild - Your Photo Today, Ottobrunn: Martin Rügner 136 rechts oben. |TESSLOFF VERLAG, Nürnberg: 100, 100, 100, 255; Doppelseite aus WAS IST WAS Band 58 WIKINGER, Copyright © 2016 TESSLOFF VERLAG Nürnberg 116. |Thinkstock, Sandyford/Dublin: Titel. |ullstein bild, Berlin: Gloger/JOKER 136 links unten; MEDIUM 212. |vario images, Bonn: 64 oben, 66. |Verlagsgruppe Beltz, Weinheim: Cover zu Klaus Kordon: Paula Kussmaul lässt nicht locker, Gulliver 2005 14; Cover zu Kühne Abenteuer und fruchtlose Entdecker, 20 spektakuläre Expeditionen rund um den Globus 101 Mitte; Hudemann, Katja: „Sombo, das Mädchen vom Fluss“ im Unterricht, Beltz, 2006 81 unten. |Wandmacher, Ingo, Bad Schwartau: 34 unten links. |Wefringhaus, Klaus, Braunschweig: 12, 12, 12, 12, 18, 103, 104, 108, 110, 111, 164, 164, 165 Mitte, 165 links, 165 rechts, 166, 167, 172, 176, 180, 180. |Westend 61 GmbH, München: Martin Rietze 68. |Wiesmann, Fritz, Borken: 170 Mitte links; Fritz Wiesmann 170 Mitte rechts, 170 links, 170 rechts; Wiesmann 131, 170. |wikimedia.commons: Grünbrücke B31/ DKrieger 59. |Zimen, Erik Dr., Haarbach: 47 Mitte unten.

Textsortenverzeichnis

Stichwortverzeichnis